学前教育专业（新课程标准）系列精品教材
“互联网+”新形态立体化教学资源特色教材



# 学前儿童
# 家庭教育

主　编◎李亚西　方　臻
副主编◎邹　玲　王宁浚　吉忠慧

中国轻工业出版社

**图书在版编目（CIP）数据**

学前儿童家庭教育 / 李亚西, 方臻主编. --北京 : 中国轻工业出版社, 2024. 8. --（学前教育专业（新课程标准）系列精品教材）（“互联网+”新形态立体化教学资源特色教材）. --ISBN 978-7-5184-5016-9

Ⅰ. G781

中国国家版本馆CIP数据核字第202401Q3D0号

责任编辑：崔丽娜　　责任终审：高惠京

设计制作：锋尚设计　　责任校对：朱燕春　　责任监印：张京华

出版发行：中国轻工业出版社（北京鲁谷东街5号，邮编：100040）

印　　刷：三河市国英印务有限公司

经　　销：各地新华书店

版　　次：2024年8月第1版第1次印刷

开　　本：787×1092　1/16　印张：11.75

字　　数：280千字

书　　号：ISBN 978-7-5184-5016-9　定价：45.00元

邮购电话：010-85119873

发行电话：010-85119832　010-85119912

网　　址：http://www.chlip.com.cn

Email：club@chlip.com.cn



232389J1X101ZBW

# 前　言

2021年10月23日，第十三届全国人民代表大会常务委员会第三十一次会议通过的《中华人民共和国家庭教育促进法》强调，引导全社会注重家庭、家教、家风，增进家庭幸福与社会和谐，培养德智体美劳全面发展的社会主义建设者和接班人。可见，我国已经充分认识到加强家庭教育工作的重要意义，开始推动家庭、学校、社会密切配合，以共同致力于家庭教育质量的提升。深入探讨学前儿童家庭教育的理论与实践问题，对于提高家庭教育的质量，促进儿童的全面发展具有极其重要的意义。

《学前儿童家庭教育》这本教材旨在全面系统地介绍学前儿童家庭教育的相关知识和理论，为广大家长和教育工作者提供实用的指导和建议。首先，本教材从家庭的概念、结构、特点和功能入手，深入分析了家庭教育的产生、发展和性质，进而阐述了学前儿童家庭教育的概念、特点、目的、任务和内容；其次，本教材还详细介绍了学前儿童家庭教育的原则和方法，探讨了影响学前儿童家庭教育的各种因素，并针对不同年龄阶段、不同类型家庭以及特殊儿童家庭的教育问题提出了具体的策略和建议；再次，本教材也为幼儿园与家庭、社区的合作共育提供了理论支持和实践指导，有助于构建良好的教育生态环境，促进儿童的全面发展；最后，本教材结合我国新形势下学前儿童家庭教育的实际情况，探讨了学前儿童家庭教育的发展趋势和未来方向，为推动我国学前儿童家庭教育事业的发展贡献智慧和力量。

本教材主要体现以下特点：

1. 科学系统性。本教材以心理学、教育学、伦理学、社会学等学科基本原理为依据，从家庭、家庭教育、学前儿童家庭教育的概念入手，逐步深入探讨学前儿童家庭教育的各个方面。重点介绍在当代中国新环境下，不同年龄与不同类型学前儿童家庭教育的特征及家庭教育的策略，为学前教育专业的学生在从事幼教工作的过程中，能够对幼儿家庭提供必要的教育指导，尝试为家园共育提供多种形式的思考或参照。

2. 融合性。本教材作为中国高等教育学会“2023年度高等教育科学研究规划课题”重点课题《融合教育背景下高校学前教育教师专业发展的质性研究》（23PXZ0209）、“2022年山东省学前教育研究课题”《微观生态视阈下学前“边缘儿童”社会支持研究》的阶段性研究成果，突出融合教育思想中随园就读的特殊儿童家庭教育内容。学前特殊儿童作为学前儿童群体中的一部分，他们拥有独特的教育需求。因此，学前儿童家庭教育的范畴自然涵盖了特殊儿童家庭教育的内容。深入探讨学前阶段特殊儿童家庭教育的特点与内容，不仅有助于学前教育专业学生更好地理解和应对融合教育环境中的挑战，还能为他们提供针对这些特殊需要儿童进行专业指导的能力。这种能力不仅是融合教育和全纳教育时代的必然要求，也是幼儿教师专业成长和学前教育专业学生应具备的基本素养。通过这样的教育培养，学前教育专业的学生将能更好地满足社会对多样化教育需求的期待，为特殊儿童的成长和发展贡献自己的力量。

3. 可操作性。本教材呈现学前儿童家庭教育基本理论与实践操作的紧密结合，体现出目标明确、层次清晰、重点突出、案例鲜活、应用性强的特点。教材紧密围绕“课岗赛证”，每章开头设置“学习目标”“知识导图”与“案例导入”，将学习目标、知识点、能力、专业情感、思维拓展等融为一体，以引导学生培养从事幼儿教育必备的基本专业素质，更加注重理论与实践的联系；正文中穿插设置的“拓展阅读”“对点案例”“岗位链接”可以开阔读者的视野与理解，“真题链接”中的大量真题，将教材中的知识点与幼儿园教师资格证考试的考点相结合，旨在帮助学生顺利通过考试；章节末设置的“章节测验”，以利于学生巩固学习要点，提高学生对理论的实践应用能力，为后续的学习与发展打下良好的基础。

本教材由潍坊学院李亚西、青岛恒星科技学院方臻担任主编并进行全书的大纲制定与统稿工作。潍坊学院邹玲、山东师范大学王宁浚、潍坊智谷幼儿园吉忠慧担任副主编。各章节编写分工如下：第一章、第二章与第四章由李亚西编写，第三章、第五章与第六章由方臻编写，第七章与第八章由王宁浚编写，第九章由邹玲编写，教材中的历年教资真题由吉忠慧搜集和整理。

本教材在编写过程中参考与选用了大量全国一线幼儿园教师的优秀案例，以及引用了国内外专家与学者的研究成果。在此，向各位专家学者和幼儿园教师表示诚挚的谢意！

由于时间和能力的局限，我们深知在教材中可能存在一些尚需进一步推敲和完善之处。我们诚挚地邀请同行、专家学者提出宝贵的建议，以帮助我们不断改进。作为教育工作者，我们深知持续学习的重要性，特别是在学前儿童家庭教育这一领域，我们将不断钻研，深化理解，力求使本教材更加贴近实际，更具指导意义。我们期待在未来的日子里，通过不断修订和完善，使本教材成为学前儿童家庭教育的经典之作，为培养更多优秀的学前教育工作者贡献力量。

编者

# 目 录



微视频

### 微视频

# 第一章 家庭与学前儿童家庭教育

## 学习目标

1. 理解家庭、家庭教育和学前儿童家庭教育的概念以及家庭的特点与功能。
2. 了解家庭的结构、演化和家庭教育的产生和发展。
3. 明确学前儿童家庭教育的目的、内容和任务，掌握学前儿童家庭教育的特点。

## 知识导图

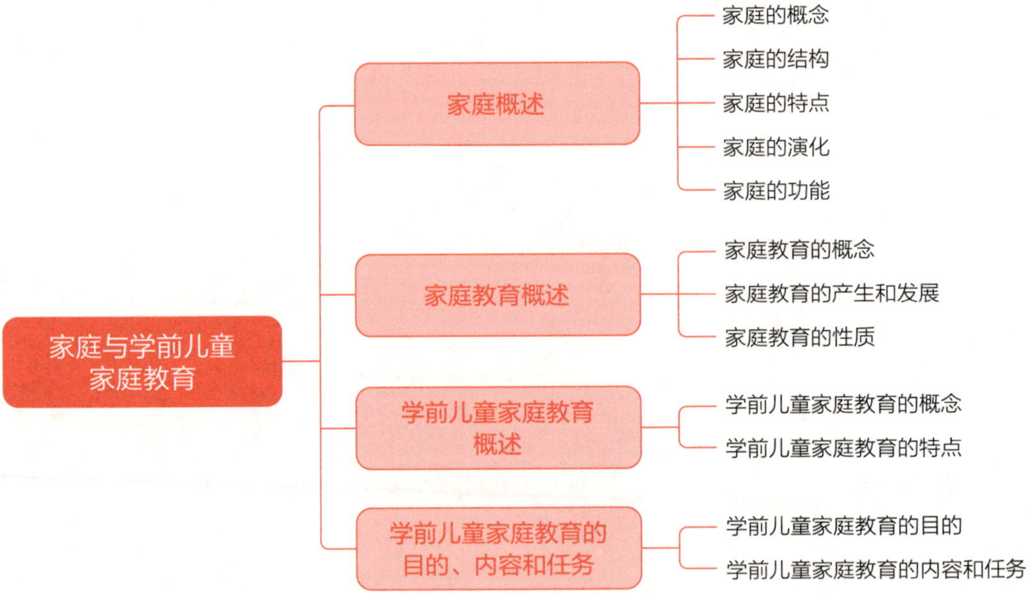


# 第一节　家庭概述

**案例导入**

一位家长在教幼儿认识蔬菜的时候，在黑板上挂上青菜、西红柿等图片，告诉幼儿它们的名称和特征、用途；另外一位家长则带领幼儿到附近菜农的地里参观菜农是如何种菜、施肥和浇水的，并在家里给幼儿设置了自然角，种上蔬菜，做好观察记录。

思考：你觉得哪一个孩子会学得更快？哪一位家长的教育方法更适合幼儿？为什么？



从出生时的第一声啼哭，到最后离开这个世界，家庭始终围绕着我们，陪伴我们度过所有的岁月。可以说，每个人都生活在家庭之中，总会受到来自家庭的影响；反之，每个家庭成员也会给家庭带来或多或少的影响。尽管这种相互影响的程度不尽相同，但个体与家庭的关系是不能被割断的。那么，究竟什么是家庭？家庭与社会发展的关系又是怎样呢？

## 一、家庭的概念

尽管这世界上的绝大多数人都有属于自己的家，过着正常的家庭生活，但是如果想给家庭下一个广泛而又具有适用性的定义却也十分困难。在不同历史时期的不同国家和民族中，中外学者由于思考问题的角度不同，在描述家庭时侧重点也有所不同，所以形成的家庭概念也不尽相同。

美国社会学家伯吉斯（E. W. Burgess）和洛克（H. J. Locke）在《家庭》(1953）一书中提出：“家庭是被婚姻、血缘或收养的纽带联合起来的人的群体，个人以其作为父母、夫妻或兄弟姐妹的社会身份相互作用和交往，创造一个共同的文化。”

日本社会学者森冈清美给家庭下的定义：“所谓家庭，就是以夫妇、亲子、兄弟等少数的近亲者为主要成员，由成员间深厚的相互感情联系结成的、最初的社会福利之间的集团。”

马克思、恩格斯则从社会关系角度明确界定家庭，认为：“每日都在重新生产自己生命的人们开始生产另外一些人，即繁殖。这就是夫妻之间的关系，父母和子女之间的关系，也就是家庭。”意思是说，家庭的本质是婚姻和血缘关系，是由夫妻、子女及其他生活在一起的近亲所组成的小团体。

《现代汉语词典》（第七版）对家庭的解释：“以婚姻和血缘关系为基础的社会单位，包括父母、子女和其他共同生活的亲属在内。”

综合以上观点，我们可以把家庭的概念概括为：家庭是由具有婚姻关系、血缘关系或收养关系的人们所组成的社会生活的基本单位。

**【真题链接】**

（2022年下半年）下列关于家庭关系的特点叙述不正确的是（　　）。

A．家庭关系是以婚姻血缘为纽带的

B．家庭关系最为持久、稳定

C．家庭关系不具有连续性和承先启后性

D．家庭关系受到法律的保护和道德的监督

正确答案：C

## 二、家庭的结构

一个完全成熟和完整的家庭中有众多成员，他们互相之间有着交错的关系，并在日常生活中互相作用，形成一张表现形式多样的家庭关系网络。家庭结构是指家庭成员之间的姻缘和血缘关系，以及由这种关系形成的家庭构造和模式。[①]总体而言，家庭中的成员人数和代际关系能够共同形成家庭结构的模式。从这个角度看，我们大致可以将家庭结构划分为以下几种类型。

### （一）核心家庭

核心家庭是由一对夫妻和其未婚子女构成的家庭。其特点是结构简单、规模小、人数少、家庭成员之间的关系密切，因而比较稳固。随着社会发展，核心家庭越来越被人们所接受，成为现代社会较为常见的家庭结构类型。

### （二）主干家庭

主干家庭又称直系家庭，是在核心家庭的基础上构建而成的家庭，一般有三代人及以上共同居住生活，这样的家庭结构内部关系较为丰富。除了夫妻关系和亲子关系，还有祖孙关系、婆媳关系等。主干家庭能在一定程度上培养代际之间的同情心，联络代际之间的感情，也能在赡老、抚幼和管理家务上提供一些便利；但是，由于家庭中有两对夫妻、两个中心，因而由谁执掌家庭权利的问题很难解决。

① 郑全红．中国家庭史（第五卷：民国时期）［M］．广州：广东人民出版社，2007：43.

### （三）联合家庭

联合家庭是指由有血缘关系的两个或多个性别相同的人及其配偶和子女，或者两个以上同辈兄弟姐妹结婚后组成的家庭类型。或有父母长辈，或没有。

联合家庭主要有以下两种结构形式：

（1）异代联合家庭，即两对以上同代夫妇及其未婚子女与父母所组成的家庭。

（2）同代联合家庭，即两对或两对以上同代夫妇及其未婚子女所组成的家庭。

联合家庭一般是兄弟们结婚后不分家而形成的，兄弟不分家大多是出于共同继承财产的需要。父母房屋多或经济宽裕，可以提供住房或补贴，婚后子女才可能在一起共同生活。另外，如果已婚子女缺少分开居住的住房条件，那么他们除了与父母生活外没有其他选择。也就是说，我国联合家庭大多是由于经济上的原因而形成的，仅仅以感情为基础而形成的联合家庭较少。

随着现代社会文明的多元化发展，家庭结构的类型也日趋多样。比如，夫妻不育子女就构成丁克家庭，子女长期在外工作父母独自留在家乡的空巢家庭，父母离异后的单亲家庭。这些家庭结构类型都进一步改变了传统家庭的定义和存在模式。另外，还有许多学者从其他角度划分家庭结构。比如，按照家庭中的人数多少，将其分为5人以上的大家庭，4人及以下的小家庭，非常规情况造成的单亲家庭；按家庭成员的居住处所分为从妻居家庭、从夫居家庭和单居制家庭等。

拓展阅读

**非传统家庭结构的几种形式**

1. 单亲家庭：由单身父亲或母亲养育未成年子女的家庭。
2. 单身家庭：人们到了结婚的年龄不结婚或离婚以后不再婚，而是一个人生活的家庭。
3. 重组家庭：夫妻一方再婚或者双方再婚组成的家庭。
4. 丁克家庭：有生育能力但不要孩子的家庭。
5. 空巢家庭：只有老两口生活的家庭。

## 三、家庭的特点

家庭作为一种特殊的社会组织形式，具有与其他社会群体不同的特点，概括起来主要有以下几点。

### （一）普遍性

从古至今，世界各国各地都存在着不同形式不同性质的家庭。每一个个体与家庭都有割舍不了的血脉关系，每个人的出生及其一生都会与家庭有着千丝万缕的关系。即便是孤儿，也总是由合法的或不合法的家庭所诞生。又或是“单身者”，也是由家庭派生或游离出来的。所以，家庭是社会上所有社会群体中最普遍的群体。

### （二）亲密性

从家庭的性质看，成员之间的关系主要以爱情、亲情为基础和纽带，由具有血缘关系、亲属关系的成员组成。由于家庭成员在经济、情感方面利益一致，虽然有时家庭成员间也会有矛盾，但当面临有损家庭利益的外力时通常会一致对外，可以说是“千丝万缕”“血肉相连”。这种亲密程度是任何其他社会关系都无法比拟的。

**【真题链接】**

（2016年下半年）在人类关系中，亲子关系是直系血亲关系中亲缘联系（　　）的一种关系。

A．最近　　B．较近　　C．最远　　D．较远

正确答案：A

### （三）微小性

家庭在组成规模上与其他社会团体相比，具有微小性的特点。虽然有些大家庭由三代人或四代人组成，家庭成员可达几十人，但与学校、工厂等其他社会团体比，仍是小规模社会组织团体。随着社会经济发展和现代化进程的深入，家庭规模会向着越来越小的方向发展。

### （四）关系性

家庭成员间拥有共同的过去和多种关系，如夫妻关系、父子关系、母子关系、兄妹关系等。它包括至少整整三代人的情感关系，代与代之间由血缘、法律或是历史机缘的纽带联系在一起。家庭是个体和社会力量的双重产物，它最主要的价值是关系，关系是无法被替代的，家庭关系是最重要的情感关系。

**【真题链接】**

（2022年上半年）在家庭关系中处于核心地位的是（　　）。

A．夫妻关系　　B．亲子关系　　C．祖孙关系　　D．经济交往关系

正确答案：A

### （五）迫切性

任何的社会组织都对自己的成员有一定的要求，然而家庭对其成员的要求比其他任何团体都要迫切，如“望子成龙，望女成凤”“妻以夫贵”“母以子贵”“株连全家”等，这些说法都说明了家庭对家庭成员的要求之迫切程度。这是因为在家庭里，一个成员发展的成败与每个家庭成员都有着直接的关系，上一代人未达成的愿望通常希望下一代人能够实现。

### （六）更替性

家庭是一个随着时间不断变化的系统。从纵向看，家庭是长久的，一代代人如同接力赛跑一样传下去。但从横向看，每一代人的家庭又是短暂的，最长不过几十年，然后就被下一代的家庭所替代。男女青年双方，从二十多岁结婚，到七八十岁死亡，这个家庭只不过维持五六十年。当然，子孙还在延续，但子女从小到大，往往在家庭中由从属地位上升到主导地位。家庭还是这个家庭，但代际关系变化了。

## 四、家庭的演化

家庭并不是人类一出现就随机产生的，家庭是人类姻缘和血缘关系长期演化的产物，随着社会的逐渐进步和发展，家庭也在不断地发展变化。著名人类学家摩尔根指出，家庭是一个能动的因素，它从来不是静止不动的，而是随着社会从较低阶段向较高阶段的发展，从较低的形式进入较高的形式。人类家庭演化史极其复杂，从家庭的起源和历史发展来看，大体经历了血缘家庭、普那路亚家庭、对偶家庭、一夫一妻制家庭四个发展阶段。

### （一）血缘家庭

人类最初处于杂乱性交关系的原始状态，没有父母、夫妻、子女的区别，没有配偶家庭。由于在生物进化过程中自然选择的作用，人们朦胧地认识到，通过血亲杂交生育的后代体力和智力都不健康，不利于群体的发展和壮大。大约在170万年前，也就是人类由原始群向氏族公社过渡的时期，血缘家庭出现了，这是人类社会上出现的第一种家庭形态，也是群婚制的初级形式。其特征是：氏族内部通婚。两性关系的结合是按照辈分划分的，同一辈分的一群男女互为夫妻，没有近亲限制，即使同胞兄弟姐妹之间的性关系也被看作是非常自然的事情。因为允许通婚的兄弟姐妹之间有血缘关系，所以称为“血缘家庭”。这种家庭形式是家庭发展的低级形式，但与原始血亲杂交相比，有了一定进步，它排除了不同辈分之间的婚姻关系，建立了有长幼之分的所谓家庭形式。血缘家庭形态在世界上早已绝迹了，它是美国民族学家亨利·摩尔根于19世纪70年代依据遗留在夏威夷的马来亚式亲属制和群婚的残余推论出来的。不过世界上许多民族中都有兄妹通婚的古老传说。

### （二）普那路亚家庭

普那路亚家庭是人类家庭的第二种形式，又称亲族家庭、伙伴制家庭。由美国人类学家摩尔根（L. H. Morgan）命名，并将它作为群婚家庭的典型。普那路亚（punalua）是夏威夷语，意为“亲密的伙伴”。这个名称是从最早发现实行这种家庭形式的夏威夷群岛的土著人那里得来的，由共妻的一群丈夫互称“普那路亚”；共夫的一群妻子也互称“普那路亚”。这种家庭关系是群婚发展的最典型阶段。原始社会发展到旧石器时代的中、晚期，由于人工火的发明和石器的不断改进，人类狩猎活动和原始农业的进一步发展，促使了生产力水平的提高，人类居住地相对地稳定下来；但由于人口的繁衍，一个血缘家族不得不分裂成几个族群。为了扩大物质资料生产，满足日益增长的人口的生活需要，族群之间必须保持一定的经济合作和社会联系，于是便产生了各族群之间的通婚。同时，在人类本身的生产方面，经过长期生活经验的积累和自然选择规律的作用，人们逐渐认识到族外通婚对后代体质发育有益，于是在家庭内部开始排除兄弟姐妹间的婚姻关系，实行两个族群之间的通婚，这就是普那路亚家庭形式。根据民族学的研究，这种婚姻家庭形式至今还遗留在许多地区的原始部落之中。

### （三）对偶家庭

对偶家庭是原始社会母系氏族公社晚期的一种家庭形式，由普那路亚家庭发展而来，属个体婚制，是群婚制向一夫一妻制过渡的形式。

随着原始公社经济的发展，人口密度增大，氏族之间往来频繁，氏族不断禁止血亲通婚，婚姻禁忌越来越多，婚姻范围越来越小，最后只剩下结合得很不牢固的一对配偶了，群婚便开始向对偶婚过渡。对偶婚的产生还因为生产的发展产生了剩余产品，男女交往出现了礼品交换的经济往来，由此巩固了配偶同居。这样就在母系氏族社会的晚期出现了对偶婚，产生了对偶家庭。

对偶家庭是由一对配偶在对偶婚的形式下结合而成，所生子女属母亲所有。其特点是：成对配偶在或长或短的时间内出现了相对稳定的同居关系，即一个男子在许多妻子中有一个主妻，一个女子在许多丈夫中有一个主夫。但男女双方仍分别属于自己的氏族，这种同居关系也很不牢固，男女双方可以自由离开。随着社会生产力的逐步提高，对偶家庭也不断发展。起初，双方都住在自己母亲的氏族中，通常由丈夫到女家拜访妻子，或双方到专为他们建筑的公房中去过夫妻生活，即所谓“望门居”；随着母系氏族的发展，氏族分裂为母系大家庭，丈夫便迁到妻子家中居住，即所谓“从妻居”；至父系氏族制初期，在妻方居住的制度则改为在夫方居住的制度，即所谓“从夫居”。对偶家庭的发展，从人类原始社会时期只知其母不知其父，发展到知其母又知其父，为后来的父系氏族和一夫一妻制家庭的产生创造了条件，这是人类婚姻家庭发展史上的又一个进步。对偶家庭普遍存在于世界各民族的历史发展中，它的遗迹在当代一些不发达的民族中随处可见。

### （四）一夫一妻制家庭

一夫一妻制家庭又称专偶家庭，是以一男一女结为夫妻的婚姻形式，出现在原始公有制社会向私有制、阶级社会过渡期。原始社会后期，随着私有财产的出现和男子经济地位的增强，男子掌握了私有财产权，男子已经不满足于传统的母系继承制，他要让自己的子女能够继承自己的财产，这最终导致了父权制的确立、氏族公社的解体和一夫一妻制家庭的出现。一夫一妻制家庭的特征：它有着比以往家庭更坚固、更稳定的婚姻关系，能够确保财产沿着父系传递和继承，这一方面适应了个体家庭作为生产单位的社会要求；另一方面也推动了私有制的发展，推动了家庭从一个单纯的、自然的繁殖机构变为一个社会生产单位、经济单位和宗教集团。

一夫一妻制家庭是家庭发展史上的一次质变，恩格斯曾说其是“文明时代开始的标志之一”。它的确立是文明时代开始的标志之一，是人类有史以来最后一种婚姻家庭形式，也是迄今为止人类历史上最终的和最进步的婚姻形态，并适应于整个文明时代。

## 五、家庭的功能

### （一）生育功能

社会要存在和发展，必须不断补充人口，而家庭作为主流的繁育后代形式，理所当然地承担着人口繁衍的功能。家庭生育功能是家庭的基本功能，但其功能性质与以前迥然不同了。因人的生产已被纳入社会发展的整体规划之中，生育子女不再是个人的事，而变成了一种社会责任。这样在国家计划生育政策干预下，人们的生育观念也发生了转变——从早生、多生转向晚生、少生。生育子女的目的也发生变化，主要是为了增强夫妻感情，享受天伦之乐，而不纯粹为了“传宗接代”“养儿防老”。由此导致人口出生率迅速下降，这极大地削弱了家庭的生育功能。[①]

家庭的功能

### （二）经济功能

家庭在历史上曾经承担过全部经济职能，在自然经济时代家庭曾经是生产、分配、交换、消费的经济单位。美国经济学家加里·斯坦利·贝克尔提到，“在包括现代市场经济在内的社会里，家庭对一半以上的经济活动承担着责任”[②]。甚至有学者认为，家庭的本质就是一种经济关

---

① 孙丽燕. 20世纪末中国家庭结构及其社会功能的变迁［J］. 西北人口，2004（5）：13-16.

② 加里·斯坦利·贝克尔. 家庭论［M］. 王献生，王宇，译. 北京：商务印书馆，1998：27.

系，这些都显现了家庭在经济生活中的作用。家庭的经济功能由家庭的物质生产功能和消费功能构成。家庭的物质生产功能是指以家庭为生产劳动的组织单位，占有生产资料，为社会及家庭成员创造物质财富，以满足人们的基本生活需求的功能。例如，传统社会的男耕女织、家庭作坊就是物质生产功能的体现。在现代市场经济大潮中，随着生产的社会化，家庭的物质生产功能被大大地削弱了，与此同时，家庭的消费功能日益凸显。家庭的消费功能是指家庭通过衣、食、住、行等方面的物质消费及精神、文化等方面的消费，来维持其成员的生育、养育、教育、赡养，以满足其各种生活需求的功能。在当代随着人们消费水平的提高，家庭消费日益多元化，除了基本的生活消费之外，人们在教育、娱乐、养生、旅游、医疗保险、生活精致化等方面的投入越来越多，家庭消费变得越来越丰富而广泛。由此可见，家庭的生产功能是历史性的，而消费功能是永存的。

### （三）教育功能

在我国，家庭的教育职能是法定的，《中华人民共和国婚姻法》规定："父母对子女有抚养教育的义务"。家庭的教育功能既包括父母教育子女，也包括家庭成员之间的相互教育，其中父母教育子女在家庭教育中占有重要的地位。传统家庭教育主要依靠家庭和家族的力量来完成未成年人的教育任务，教育内容主要与谋生的技术有关，如婴儿从出生起就进行着学习吃饭、走路、说话、交往到成长为一个独立合格的社会成员。同时，家庭教育也是双向的，也存在着晚辈对家庭中长辈的影响甚至是教育，比如在使用现代化家用电器、现代化设备以及学习外语和新技能方面，在变革陈旧落后的各种观念方面，年长者可能都得向晚辈甚至是向儿童学习。①

### （四）抚养和赡养功能

抚养和赡养功能具体表现为家庭代际关系中双向义务与责任，抚养是上一代对下一代的抚育培养，赡养是下一代对上一代的供养和照顾。由于人类个体的成长发育有着较长的依赖期，在此期内生活不能独立，必须由双亲抚养，同时生理上、感情上也需要双亲的照顾，因此抚养子女就是家庭的一个重要功能，②许多国家通过法律的形式对其给予明确规定。

父母有抚育子女的责任，子女也有赡养父母的义务。人都要走向衰老，在丧失劳动能力、身体各种机能失调后，需要子女的照顾。值得提出的是，在传统社会中养老责任是由家庭来承担的，当年老的父母不能以自己的劳动来养活自己时，子女就承担起赡养老人的义务，赡养老人历来是我国重要的伦理道德。在现代社会中，由于家庭结构和家庭规模的变化、社会福利制度的发展和完善，家庭的赡养功能出现弱化趋势。但作为社会福利机构的养老院在精神上对老人的慰藉功能无法跟家庭等同，家庭的赡养功能是其他社会机构所不能取代的。



### 【真题链接】

（2005年下半年）下列关于家庭功能的观点中，属于家庭的历史功能的是（　　）。

A．生育功能　　B．性生活功能

C．抚养和赡养功能　　D．娱乐功能

正确答案：C

① 王乃正，王冬兰，张小永．学前儿童家庭教育［M］．北京：北京师范大学出版社，2013：15．

② 丁连信．学前儿童家庭教育［M］．北京：科学出版社，2011：8．

### （五）情感交往功能

情感交往是形成和维护家庭的重要基础，全家人能够建立起一家人的归属感，彼此亲近，使得每个人都有一定的安全感。苏联教育家苏霍姆林斯基曾说："家庭不仅是舒适的住宿，是工作之余休息的地方，而且首先是丰富多彩的精神生活场所。"家庭建立在亲缘关系的基础上，只有在家庭才能享受到天伦之乐，无论夫妻之间、亲子之间、兄弟姐妹之间都需要感情交流。当一个人遭受病痛折磨时、工作生活遇到挫折失意时，都需要家人的抚慰、鼓励和帮助。

对于孩子来说，家庭是人格养成和满足亲情的场所。孩子在家里得到爱的呵护、体谅、尊重，身心才会获得满足与寄托。亲子感情好的家庭，当孩子有过失时，只要父母稍微提醒、暗示一下，孩子就会很快接受并改正；亲子关系紧张的家庭里，彼此感情疏远，心里有隔阂，孩子对父母的管教会认为是故意挑剔、批评，常会表现出桀骜不驯，与父母对着干。因此，家庭成员互敬互爱、互相尊重，互相鼓励、互相理解是孩子健康成长的重要支撑。

随着社会的发展和经济水平的提高，人们的闲暇时间增多，工作之余的大部分时间是在家里度过的，与家人度过节假日，一起休闲娱乐，都是增进家人感情、提高精神生活质量的重要形式。尤其在竞争日益激烈的快节奏社会里，人们对亲情的获得更为强烈，家庭在满足人们情感需求方面的功能日益凸显和重要。

**拓展阅读**

**孩子眼里的理想家庭**

1. 孩子在场，父母不吵架。
2. 对每一个孩子一视同仁。
3. 不对孩子失信或撒谎，说话算数。
4. 父母之间相互谦让，不相互责怪。
5. 父母对孩子关心，关系亲密无间。
6. 孩子的朋友来做客时，家人表示真诚欢迎。
7. 对孩子不忽冷忽热，不随意发脾气。
8. 家里尊老爱幼，决定关系全家的事情时征求全家人的意见，有家庭民主。
9. 家里搞文体活动，星期天至少玩半天。
10. 父母有缺点，孩子也可以批评。

（资料来源：陈鹤琴. 家庭教育［M］. 北京：中国青年出版社，2012.）

# 第二节 家庭教育概述

案例导入

4岁的小宝周末在家中玩耍，由于家中玩具较多，部分玩具被随意摆放在地板上。小宝在奔跑时不慎踩到了一个被丢弃在地上的硬塑料玩具，尖锐的边缘刺痛了他的小脚，他立即痛得大哭起来。听到哭声，小宝的妈妈急忙从厨房跑出来查看情况，面对哭泣的小宝，妈妈并没有立即上前安慰或责备他，而是蹲下身来，仔细查看小宝的脚是否受伤。在确认没有严重的外伤后，妈妈做了一个出乎意料的举动——她自己也踩了一下那个玩具，并表现出疼痛的表情。随后，妈妈告诉小宝："小宝，妈妈也踩了一下，真的好痛啊。妈妈能理解你为什么哭，因为真的很痛。"听到妈妈的话，小宝似乎感受到了妈妈的理解和关心，他的哭声渐渐停了下来。妈妈接着安慰小宝并趁机告诉他不能随便乱扔玩具，并和他一起清理了地板上的玩具，确保不会再次发生类似的事情。

思考：案例中小宝妈妈的做法是否正确？你觉得家庭教育与学校教育、社会教育相比有什么不同？

## 一、家庭教育的概念

关于家庭教育这一概念，我国家庭教育工作者提出了不同的看法，做出了不同的解释。但多数学者还是认为家庭教育应有广义和狭义两种解释。

### （一）广义的家庭教育

广泛的家庭教育是指家庭成员之间相互实施的一种教育和影响。不仅父母或其他年长者对子女施教，年幼的子女同时对父母或其他长者也会施加影响。同样，父母之间、兄弟姐妹之间都在相互影响和教育。事实上自古以来，这种所有的家庭成员相互影响、相互教育的现象在家庭教育中时有发生。美国社会学家玛格丽特·米德在《文化与承诺》一书中提出"前喻文化""并喻文化"和"后喻文化"三个概念。"前喻文化"是指晚辈主要向长辈学习；"并喻文化"是指晚辈和长辈的学习都发生在同辈人之间；"后喻文化"是指长辈反过来向晚辈学习。近几十年来，随着网络化、信息化、全球化的迅猛发展，人们已经进入到"后喻文化"时代，家庭中孩子教父母的"后喻"现象越来越普遍。他们以自身特点接受来自父母教育的同时，也会给父母的观念、行为等带来影响。可见，子女或其他年幼者既是教育的客体，也是教育的主体。教育过程中父母与子女之间、长者与年幼者之间意见的沟通、情感的交流和思想行为的理解极其重要。因此，家庭教育不是单向施教，而是双向互动。

### （二）狭义的家庭教育

狭义的家庭教育是指在家庭生活中，父母或其他年长者在家庭中自觉地有意识地对未成年子女或其他年幼者实施的教育和影响。这一界定告诉人们：第一，家庭教育的教育者主要是父母、祖父母等年长者。《中华人民共和国未成年人保护法》明确规定："父母或者其他监护人应当学习家庭教育知识，正确履行监护职责，抚养教育未成年人。"家庭教育是一切教育的基础，其最

## 拓展阅读

**后喻时代**

所谓后喻时代，指的是在某种条件下晚辈（或学生）给先辈（或教师）传授知识和培养能力的时代。文化反哺是后喻时代最基本的特征。

在后喻时代，学生通过网络或其他方式比家长、教师更早、更多地获得信息，当学生对事物的感知与教师所教的知识发生冲突时，学生会大胆地对教师的“教育”进行评价或批判。

大的特点是潜移默化的教育，父母对孩子的抚养教育职责是义不容辞的，也是任何人都不能替代的，他们在教育中起主导作用。第二，受教育者主要是未成年的子女、孙辈子女等其他年幼者。孩子的身体还处在生长发育过程中，心智还不健全，社会认知还不充分，情感和意志还不成熟，孩子行为习惯尚在养成之中，道德观念也没有完全明确，他们各方面都需要依赖成人。第三，教育是自觉的有意识的实施过程。无论家长有没有意识到，不论教育方法如何，也不论教育效果如何，以及家长的教育水平高低，家长通常通过以下几种方式教育子女：①言传，即讲道理、提要求，告诉孩子该怎么做，为什么要这样做；②身教，即施教者身体力行，为孩子做出榜样，树立自己的威信，增强教育效果；③家庭环境，家长尽量为孩子营造一个比较好的学习及成长环境，充分发挥家庭潜移默化的作用。

本教材所讲述的有关学前儿童的家庭教育问题，主要涉及的是狭义的家庭教育。

## 二、家庭教育的产生和发展

教育是人类永恒的社会现象，它随着人类社会的产生而产生，但家庭教育却不同。它是一种历史现象，是社会发展到一定阶段，产生了一夫一妻制家庭以后才出现的，并在不同社会的家庭形态中表现出不同的特征。

### （一）原始社会——家庭教育的源起

原始社会是人类历史发展的第一种社会形态，也是人类教育产生和发展的起点，原始社会在数百万年漫长的历史发展中，经历了前氏族时期、母系氏族时期、父系氏族时期。

前氏族时期时间最为漫长，生产力低下，生产资料公有，没有阶级，没有剥削。人们以血缘关系为纽带组成氏族部落，他们集体进行采集和狩猎。在婚姻上，过着群居杂婚的生活，儿童“但知有母，不知有父”，属于整个部落公有。成年男女白天外出觅食，年老体弱者留下来看管动物，同时还要照顾儿童，成为幼小儿童的实际教养者，在儿童教育中发挥着特殊作用。

在母系氏族时期，即新石器时期，原始的畜牧业和种植业成为氏族部落的主要生产内容，两性分工形成。在婚姻上，开始形成对偶婚制，女性在社会占主导地位。儿童主要在妇女身边受教育，男女儿童在8岁之前，不分性别地生活在一起，统一由大家庭中的妇女负责照管。8岁以后，男孩由成年男子指导，学习男子应做的事情，女孩则由妇女教导，学习女子应尽的职责。

进入父系氏族时期，人们发明了金属工具，生产力水平大大提高，并产生畜牧业、农业和手工业的社会大分工。男子取代女子在氏族公社占据主导地位。儿童的教育一般由父系为主的大家庭中的成年妇女来教导，但在施行一些严格训练时，生母的弟兄、儿童的祖父或外祖父都提供帮助。在这种制度下，儿童感到全家成年人都是可以依靠的，必须服从他们的教导。儿童生活在复杂的血缘关系和氏族部落中，从孩提时代就必须接受适应家庭生活和社会生活常识方面的训练。例如，认识各种亲属和血缘关系，接受部落风俗习惯、道德意识、宗教文化、军事体育等，目的是养成对于部落大家庭的自豪感、责任感，效忠部落、勇于为集体牺牲的奉献精神。

原始社会的教育和生产劳动是紧密结合且注重实际应用的。学习的途径和方法除了游戏、模仿和在操作中学习外，还有长辈的讲解示范、讲故事、奖励、训导和启发引导等。

## （二）奴隶社会的家庭教育

### 1．奴隶的家庭教育

在奴隶社会，生产关系的基础是奴隶主占有生产资料和奴隶，奴隶主居于统治地位，奴隶主的家庭是奴隶社会结构的基本经济单位，奴隶只是会说话的工具，没有任何权利和人身自由，他们的身体、生命和子女都属于奴隶主所有，可以任意买卖、杀戮。因此，在奴隶社会中，奴隶只能世世代代当奴隶，没有自由，没有具体完整的家庭生活，更谈不上家庭教育。

### 2．奴隶主的家庭教育

奴隶社会已经有了学校，但学校教育很不发达，诸如“庠”“序”“校”之类的机构，与如今我们所说的学校相差甚远，而且主要为奴隶主阶层服务。在进入学校之前，奴隶主的子女主要在家中接受教育，学习与维护阶级统治相关的知识，其中最有代表性的就是宫廷教育，古代的宫廷内教育实际上就是家庭教育，古代君主为了权力的世袭，非常重视对自己的接班人——太子的教育，形成了一套专门的教育措施。例如，我国西周之前就设置了师、傅、保的官员，专门辅导和教谕君主和太子，各种保傅之官有着明确的分工：保，负责身体保育方面；傅，负责道德培养方面；师，负责知识和经验教导方面，合称“三公”。在内廷，从后宫妃妾中选择“宽裕、慈惠、温良、恭谨、慎而寡言者”，分别担任子师、慈母和保姆，与外廷的师、傅、保相对应，称为“三母”。可见，奴隶主统治者对子孙教育的安排非常全面且有计划性。

古代其他文明古国的奴隶主对子女的家庭教育，虽形式有所不同，但为统治阶级服务的实质是相同的。例如，古希腊的著名城邦斯巴达，统治者为使自己的子孙成为强悍的军人，对新出生的婴儿实行严格的体格检查，只有身体健康的新生儿才被允许存活下来。儿童7岁之前主要由母亲在家中抚养，但必须接受国家监督，家庭教育的主要目的是培养儿童吃苦耐劳、坚毅勇敢的性格和强健的体魄。为此，斯巴达的母亲们着重训练孩子不怕黑暗、不怕独处、不挑食、不顽皮、不哭闹。男孩子长到5～6岁时，还经常带去公众场所聆听英雄事迹的演讲，观摩成年男子的活动，为7岁以后进入正规的国家军事教育场所打下坚实的基础。

### 3．平民的家庭教育

在奴隶社会中，除了奴隶和奴隶主两个对立的阶级外，还有一部分相对自由的平民和手工业者阶层，他们占有少量的生产资料，但无权进入学校接受教育，一生中只能在家中接受父兄的教育。不同职业的家庭对子弟教育的内容不同，传授的知识技能都是世世代代从事的职业经验。例如，古代希伯来奴隶制王国，非常重视对子女进行职业技能的传授，如果做不到这一点，子女就难以谋生。后来出现的《经解》中所言，“凡不教子学习职业的人，便是教子从事盗窃”，即认为对子女进行职业技能的传授是难以推诿的父职，家庭教育的过程，主要是职业教育的过程。因此，平民的家庭教育的效果较好，一般都能达到子承父业的预期目的。

## （三）封建社会的家庭教育

在封建社会，地主阶级和农民阶级是两个相互对立的阶级。地主阶级占有大量的生产资料，实行自给自足，是封闭的自然经济状态。农民占有少量的生产资料，以劳动获得生存，同样是自给自足。在这种自然经济状态下，每一个家庭就是一个独立稳定的经济单位、生活单位和生产单位。

在中国数千年的封建社会，实行的是“家天下”统治，“国”与“家”相通，政治统治是建立在以父权家长制为核心的家族制和宗法制基础之上，家庭教育对于治国安邦具有基础性作用。《大学》中提出“修身齐家治国平天下”的思想，就是把“修身”“齐家”作为“治国”“平天下”的基础，而搞好家庭教育是“齐家”的重要内容。为了保证统治地位的世代传承，他们制定了一套套“家规”“家法”，灌输以“忠君”“孝悌”为目的的“三纲五常”“宗法观念”，目的是培养忠臣顺民。封建社会的家庭实际是一个微型社会，经济上相互依赖，政治上祸福相依，荣辱与共，每个家庭成员的命运与家庭息息相关，家庭教育的主要目的是传宗接代、光耀门楣。

传递劳动经验，为生产服务也是封建家庭的重要职能。统治者的子弟主要学习的是“治人之术”，轻视自然科学技术。广大农民仍是原始形态的教育，只能在家里接受简单的生产知识技能。医生、商人、手工业者的子女接受的家庭教育始终围绕着职业训练。中国古代很早就有“克绍箕裘”的说法，就是父兄从事哪种职业，就传授哪方面知识，长大后自然而然就“子承父业”，世代相传。到了唐宋以后，家塾、蒙馆更为发达，有能力的家庭可以让子弟接受粗浅的读、写、算教育。流传多年的《三字经》《千字文》《百家姓》等蒙养教材，都与生产、生活实际紧密联系。在我国两千多年的封建社会中，许多思想家、教育家、文人学士根据自己的教育实践，著书立说，提出了对家庭教育的见解，如胎教思想、及早施教、严慈相济、重视品德教育、注重环境影响、尊重儿童天性等，对封建社会的家庭教育起着广泛而深远的影响。

总之，中国封建社会的家庭教育相当发达，学龄前儿童的教育全部是在家庭里进行，小学教育大部分也是在家庭里实施。当时许多私塾、书馆本身就是家族所办。家庭教育的广泛性、深刻性是其他任何社会所无法比拟的，家庭作为培养人才的重要场所，其教育功能发挥达到顶峰。

### （四）现代社会的家庭教育

现代社会是指现代资本主义社会和社会主义社会。这两种社会制度最大的区别在于生产资料所有制不同，资本主义的大部分资产是资本家个人所有，社会主义社会大部分生产资料为全民和集体所有。但是中国特色社会主义和现代欧美资本主义相比也有许多共同的地方。因此家庭教育也存在许多共同特征。

由于资本主义工商业的发展和科学技术的飞速进步，家庭的生产职能大部分转移到社会上。社会大生产对人的素质提出越来越高的要求，传统的家庭教育已经不能胜任这一工作，学校教育得到迅速普及和完善，培养社会需要的各级各类人才的任务逐步由家庭转向社会和学校。许多国家施行普及义务教育的政策，普及年限也由于社会生产力的发展而不断延长，从而把培养劳动者的任务由家庭、社会逐步转入学校。与之对应的，家庭在传授生产知识技能方面的内容大为减少，学校教育在整个教育中的地位日益显著，使家庭教育的部分功能弱化。

资本主义上升时期，在新的生产方式冲击下，传统的大家庭逐渐解体，新的核心家庭成为主流，底层家庭的成年人和部分儿童为生计要长时间做工，这使得学龄前儿童的家庭教育形成真空。在这种形势下，专门的学前教育机构纷纷成立，承担了很大一部分照管、教育幼儿的责任，客观上减轻了家长的负担。但子女在长大独立生活前，大部分时间仍是在家里度过的，父母要承担起抚养未成年子女的义务，由于家庭教育具有终身性、全面性、渗透性等特点，儿童的身体健康发育、道德品质、为人处世，尤其社会化发展是任何教育机构无法代替的，而且有愈发加强的趋势。

作为现代社会国民教育体系的重要组成部分，家庭教育成为学校教育和社会教育的基础和补充，已不再是一家一户的私事，而是与国家、民族的前途命运息息相关的大事，社会和国家逐步加强对家庭教育的干预和指导。许多国家纷纷制定和颁布有关法律法规，规定了父母养育、教育子女的责任，家长对子女抚养教育必须接受社会的约束和法律的监督。各国还普遍建立了家庭与教育机构的合作机制：①社会、教育机构有义务向家庭普及科学育儿知识，指导家长提高教育质量；②吸引家长积极参与、配合各种有益家庭教育的活动，逐步形成家庭、学校、社会三方分工合作、互惠互利的开放教育体系。

从历史发展可见，家庭教育源远流长，与家庭的产生、发展紧密相连，并随着社会政治、经济、文化、科学技术的发展而发展，是多种因素综合作用的结果，在不同的社会形态下具有不同的特点。研究家庭教育的发展历史，去粗取精，去伪存真，借鉴前人家庭教育中的有益部分为我们所用，对于我们认识家庭教育的本质、提高家庭教育质量、把握家庭教育的发展趋势是颇为有益的。

## 三、家庭教育的性质

### （一）私人性

从教育过程的人际关系维度来看，教育可分为公共教育与私人教育，二者是按教育者和受教育者之间的关系这一标准划分所得。公共教育活动的人际关系仅仅是施教者和受教育者的关系，施教者是代表特定的政府、社会组织或个人的利益去实施教育，以达到其教育目的和要求，而不能以个人意志为转移，例如学校教育和社会教育就属于公共教育。

家庭教育不同于学校教育和社会教育，家庭教育是私人教育。私人教育指教育者和受教育者之间有血缘、收养或隶属关系，受教育者的发展由教育者个人意愿决定。从施教人员来看，家庭教育的实施者主要是家长及长辈，他们无需获得上岗资格证书，孩子从孕育到呱呱坠地，父母的工作就已经开始。施教者和受教育者之间有血缘关系或收养关系，属于私人关系的范畴。从管理体制来看，家庭是私人空间，社会和他人不能或不容易对家庭教育进行直接的行政干预，更多通过多种方式进行宣传、渗透和引导来施加影响，使之适应社会需要。[①]而家庭作为社会的细胞，历史的发展，社会的变革，势必会改变家庭生活方式，进而影响家庭教育。社会发展到现在，家庭教育的开放性越来越强，政府、社会对家庭教育的关注度也越来越高。

### （二）非正规性

从教育活动实施的组织形态看，教育可分为正规教育和非正规教育两大类。所谓正规教育是有组织、有计划并由专职人员承担的全面系统的教育活动。教育者必须受过专门训练，具备相应的教育知识和能力，有固定的校舍，适合的教材，统一的学制和明确的培养目标；受教育者年龄相仿，文化水平相当；教育实施过程具有统一性、连续性、标准化和制度化的特点。例如幼儿园、中小学、大学都属于正规教育。

家庭教育属于非正规教育。父母对子女的教育，虽然是有目的、有意识的，但不像学校和社会团体那样系统。家庭是生活环境，家长大多数没有经过专业培训，只要生下孩子，自然而然升格为孩子的第一任老师。家庭教育的目的、内容没有统一的要求，政府和其他社会组织只能进行指导而无权进行直接的干预；家庭教育没有固定的模式、固定的时间和地点，一般是寓教于日常

① 成洁萍，张爱玲．学前儿童家庭教育［M］．沈阳：辽宁大学出版社，2013：17．

生活之中，随时随地实施的。这种寓教育于生活之中的非规范化教育，具有内容的丰富性、方式的灵活性、训练的实践性等特点。

### （三）终身性

从教育实施的时间维度来看，教育分为阶段教育和终身教育。系统的学校教育虽然持续时间较长，但相对人的一生来说它只是一个阶段，例如幼儿园、小学、初中、高中和大学等都是短暂的教育阶段；社会教育往往也是阶段性地陆续进行的，时间更为短暂。家庭教育则大不相同，具有很强的稳定性、持久性。一个婴儿自诞生之日起，就与父母朝夕相处，接受“人之初”的启蒙，甚至可上溯到胎教，上幼儿园、小学后，每天仍有很多时间与父母家人在一起。长大成人后，在就学择业、为人处世、恋爱结婚、养育子女等方面，父母仍给予无微不至的教导、帮助，因此，家庭教育是一种终身教育，在人的一生中起着不可替代的作用。

**【真题链接】**

1.（2022年上半年）家庭教育对儿童的社会化起着（　　）。

A. 重要作用　　B. 奠基作用　　C. 决定作用　　D. 相反作用

正确答案：B

2.（2021年下半年）家庭教育的目的具体表现为两个方面：保证学前儿童的全面发展和（　　）。

A. 个性发展　　B. 品德发展　　C. 身体发展　　D. 性格发展

正确答案：A

## 第三节　学前儿童家庭教育概述

**案例导入**

5岁的小美从出生便跟随爷爷和奶奶一起生活，直到在她3岁那年，父母将她接回身边，这使她的生活发生了很大改变。父母都在企业上班，虽然生活还算殷实，但忙碌的工作节奏让他们很少有时间陪伴小美。面对小美的顽皮与倔强，他们时常感到力不从心，甚至有时会选择忽视或采取较为严厉的教育方式。

一天，小美妈妈身体不舒服，疲惫地躺在沙发上。小美在一旁聚精会神地看着动画片，声音很大。小美妈妈先轻声地提醒她减小音量，但小美因被绚烂的动画世界深深吸引，对外界的声音充耳不闻。妈妈最后生气地关掉了电视，希望小美能意识到自己的错误。然而，小美却选择了沉默。当妈妈刚刚躺下，小美又执拗地打开了电视，妈妈再次关掉，她却又一次打开。最终，妈妈忍无可忍地对小美动了手。

思考：案例中小美妈妈对小美的态度和做法正确吗？作为幼儿教师，你会如何指导该家长？学前儿童家庭教育具有哪些特点？

## 一、学前儿童家庭教育的概念

什么是学前儿童家庭教育？中外学前教育工作者对这个概念做出了不同的界定，提出了不同的观点，主要有以下几种：①学前儿童家庭教育是实施学前教育的重要组成部分，主要是指在家庭中对学前儿童实施的非正规教育。学前家庭教育一般由儿童的家长，如法定监护人、养护人或其亲属承担。[1]②父母或家庭里的其他年长者自觉或不自觉地、有意或无意地对儿童施行的教育和影响。[2]③虽称之为“教育”，但并不是要“教”特地有所准备的东西。而是亲子、兄弟姐妹之间在感情的“自然流露”中所进行的教育。

学前儿童的家庭教育有广义和狭义之分。广义的学前儿童家庭教育，主要是指家庭成员之间的相互影响和教育。在家庭生活中，实际上不仅父母或其他年长者要对学前儿童实施教育、施加影响，他们还会受到学前儿童的教育和影响。狭义的学前儿童家庭教育，则指的是在家庭生活中，由家长（主要是父母或其他长辈）对学前儿童进行的教育和施加的影响。不论这种教育是有意识的、自觉的，还是无意识的、不自觉的，但都发生在家庭生活之中，并以亲子关系为中心，从体、智、德、美诸方面积极地影响儿童，把儿童培养成为社会所需要的人。[3]

### 拓展阅读

**学前儿童家庭教育与学前机构教育（幼儿园）的比较**

| 场所 | | 学前机构教育（幼儿园） | 学前家庭教育 |
| --- | --- | --- | --- |
| 相同点 | 教育目的及目标 | 根据学前教育法规、社会需要和儿童特点，促进儿童身心的健康发展，为入小学做好准备 | 使为国教子与为家教子、为子教子相统一，把孩子培养成社会所需要的人 |
| | 教育任务及内容 | 对儿童进行体育、智育、德育、美育等方面的教育 | 对孩子进行健康、认知、品行、审美等方面的教育 |
| 不同点 | 教育性质及功能 | 专门场所，保育、教育儿童是唯一功能 | 综合场所，除了有教养孩子的功能以外，还有休闲娱乐等功能 |
| | 教育环境及设备 | 有保育、教育儿童的各种专门设施和设备，做到教育化、艺术化和儿童化 | 有一些教养孩子的设备和器械，并不一定做到儿童化 |
| | 教育者及教育对象 | 教师受过职前培训，负责教育全班30～40个儿童，有纵向辈分及横向平辈关系 | 家长在做父母前并不一定都受过培训，一般负责教养1个孩子，主要是纵向辈分关系 |
| | 教育途径及形式 | 园所内外的各种活动以集体教育为主，小组教育和个别教育为辅 | 家庭内外部生活，以个别教育为主 |
| | 教育管理及评价 | 组织性、计划性强，依法办事，多向多层评价 | 灵活性、随意性强，家长主宰，单向单一评价 |

（资料来源：李生兰. 学前儿童家庭教育［M］. 上海：华东师范大学出版社，2006：3.）

---

① 卢乐山，林崇德，王德胜. 中国学前教育百科全书（教育理论卷）［M］. 沈阳：沈阳出版社，1995：7.
② 祝士媛，唐淑. 幼儿教育百科辞典［M］. 上海：上海教育出版社，1989：26.
③ 李生兰. 学前儿童家庭教育［M］. 上海：华东师范大学出版社，2006：3.

## 二、学前儿童家庭教育的特点

学前儿童家庭教育是针对出生至入学前的儿童进行的一种早期教育，与幼儿园教育、社会教育相比较具有自身特点。这些特点既有其他教育所没有的优势，也有一定的局限性。我们应该充分认识其优势和不足，在实践中扬长避短，最大限度地发挥其优势，并创造条件，化不利因素为积极因素，充分发挥学前儿童家庭教育的作用。

学前儿童家庭教育的特点

### （一）学前儿童家庭教育的优势

#### 1. 早期性和奠基性

家庭是儿童生命的摇篮，是人出生后接受教育的第一所学校，家长是儿童的启蒙之师。学前儿童家庭教育对一个人的智力发展、道德观念的形成、性格的培养都具有至关重要的启蒙意义。

我国著名幼儿教育家陈鹤琴先生指出："幼稚期（0～7岁）是人生最重要的一个时期，什么习惯、言语、技能、思想、态度、情绪都在此阶段打下一个基础。若基础打得不稳固，那么健全的人格就不容易建造了。"例如，印度"狼孩"卡玛拉，从小被狼叼去，7～8岁时才被人发现，但她的生活习惯几乎与狼一样，四肢爬行，嗜吃生肉，昼伏夜行，后来经过人为的训练，2年后才能站立，6年后可以像人一样行走，4年内仅学会了6个单词，在她17岁去世时，智力水平仅达到3～4岁孩子的水平。可见，儿童早期的生活经验，对人一生的发展是非常重要的。而家庭是儿童成长的初始环境，家庭教育的影响表现在儿童身上往往具有难以磨灭的铭刻性，正所谓"少若成天性，习惯成自然"。

人的安全感、对亲人的依恋感、对世界的最初印象和看法都是在人生最初几年奠定的，许多基本能力也是这个年龄阶段形成的，如语言表达、基本动作的协调以及生活行为习惯等，品德、性格也在逐步形成。俗话说：3岁看大，7岁看老，就是告诉人们学前时期是一个人一生发展的极其关键、极其重要的时期。意大利幼儿教育家蒙台梭利曾说："儿童出生后3年的发展在其程度和重要性上超过儿童一生的任何阶段。"因此，学前家庭教育为儿童接受其他教育奠定了重要基础。

**对点案例**

**"蝴蝶效应"——婴儿期（0～3岁）**

"一只蝴蝶在巴西轻拍翅膀，可以导致一个月后美国得克萨斯州的一场龙卷风。"这可不是美国气象学家爱德华·罗伦兹的信口胡诌。这个著名的"蝴蝶效应"理论对人类启蒙教育有着深刻的启示。它使人们明白，人类婴儿时期的教育将对人的一生产生深刻而悠远的影响。

请用心呵护那些可爱的蝴蝶吧，它们今天的一呼吸一轻动，或许就意味着明天将是丽日蓝天还是狂风暴雨。

**"泡菜效应"——幼儿期（3～7岁）**

同样的蔬菜在不同的水中浸泡一段时间后，将它们分开煮，其味道是不一样的。人在不同的环境里，由于长期的耳濡目染，其性格、气质、素质和思维方式等方面都会有明显的差别，这就是"泡菜效应"。

作为父母，应该特别在意自己给孩子营造了怎样的物质环境，创造了怎样的精神环境。

（资料来源：崔振邦. 给父母和教师的100条建议［M］. 北京：北京大学出版社，2017.）

### 2. 自然性和随机性

家庭本身作为儿童生活过程中的一个天然学校，家长就是儿童天然的启蒙老师。家庭教育的自然性是指家庭生活各方面因素都会对孩子起着潜移默化的渗透作用。其中父母的价值观、职业观、文化观、儿童观和教育观等因素起着关键性作用。

家庭教育的自然性导致了它的随机性。家庭教育不像学校教育那样有课堂、有教材、有系统性，它不受时间、地点、场合、条件的限制，可以随时进行。特别是父母的思想言行对孩子的影响更为深刻，通过生活实践或与孩子共同参与活动，“遇物则诲”“相机而教”，利用一切可利用的机会向孩子进行教育，方法十分灵活，比幼儿园、学校教育要及时和方便，更容易被孩子所接受。另外，“知子莫过父，知女莫过母”，这也为家长及时地、有针对性地进行教育提供了条件。

### 3. 全面性和广泛性

学前儿童家庭教育是一种全方位的教育，而非单一、片面的。在不同的家庭生活环境、交往关系、生活方式中，儿童可随之获得不同的信息和生活的经验，学习一些行为规范、生活技能等。可以说，幼儿园、学校教育要学要管，家庭教育同样要学要管；幼儿园、学校教育不教不管的，家庭教育仍然要教要管。社会教育要完成的，家庭教育必须完成，社会教育触及不到的，家庭教育责无旁贷。总之，家庭教育所涉及的内容和范围是其他教育很难代替的。

全面性和广泛性的另一层含义就是指参与人员的全员性。社会上有多少个家庭就有多少个教育场所。只要有家庭、有孩子，就必须承担起教育子女的责任，完成家庭教育的义务。家长对孩子的潜移默化、言传身教随时可见，随着家长素质的提高，对子女教育越来越重视，越来越趋向自觉地、有意识地进行。家长对子女的求学择业、待人处世、社会交往、恋爱婚姻等方面都有十分重要的影响。

### 4. 亲情性与权威性

父母与孩子之间的血缘关系和亲缘关系，使父母的喜、怒、哀、乐对孩子产生强烈的感染作用。人们常说“母子连心”“骨肉情深”，父母以孩子之乐而乐，以孩子之忧而忧。同样，孩子对父母的依恋、依赖、信任，也是无可比拟的。孩子对父母的言行举止往往能心领神会，以情通情，对家长所持的态度很容易引起情绪共鸣，即使是不懂事的小婴儿也是如此。马克思曾说过：“还有什么比父母心中蕴藏着的情感更为神圣呢？父母的心是最仁慈的法官，是最贴心的朋友，是爱的太阳，它的光焰照耀、温暖着我们心灵深处的意向。”我国历史上也曾留下了像“孟母三迁”“岳母刺字”等美传佳话。

正是因为父母与子女之间存在着的血缘和情感联系，使子女对家长形成了深深的依恋和信赖。正是有了这种“血浓于水”的亲情联系，才形成了父母在孩子心目中天然的权威，而建立在这种关系上的权威性，不但有一般的教育力量，而且自然而然地蕴含着浓厚的亲情色彩。父母的权威有着强大的人格感化作用，这是一种无形的教育力量。年纪越小的儿童，越是崇拜父母。例如，幼儿园的小朋友在玩耍游戏中，当出现争执不下的情况时，往往会引用父母的话来证实自己的言语行为是正确的，他们喜欢说“我爸爸说……”或“我妈妈说应该……”等。由此可见，父母在孩子幼年时期始终扮演着双重角色：既是孩子安全生存的保护者，又是孩子人生启蒙的向导。

### 5. 终身性和继承性

孩子从出生起就开始接受家庭教育，即使到了入园、入学的年龄，家庭教育始终贯穿其中。父母对子女既是第一位教育者，也是终身的教育者。虽然不同阶段的家庭教育其内容重点不同，作用大小不同，但始终伴随着其人生。

继承性即延续性。每个家庭都有其独特的教育方式、教育内容、教育思想。当一个孩子出生后生活在特定的家庭环境中，父母的言行举止，他们对人接物的态度，以及他们独特的教育理念，如同细雨润物般悄无声息地渗透进孩子的心灵。孩子在这些潜移默化的影响下，逐渐形成了自己的生活行为方式，并将这些观念深深镌刻于心底，最终转化为一种根深蒂固的潜意识，引导着孩子日后的成长轨迹。现实生活中，人们会经常看到小时候被父母用棍棒教育的孩子，长大走入社会后，同样会以武力解决问题，成家立业、为人父母后，大多也会与其父母一样对待自己的孩子，用从祖、父辈那里接受影响和教育所形成的思想观点、行为习惯，去影响和教育自己的后代。这种延续性又体现在家风上，往往延续几代人、十几代人、几十代人。我国著名科学家钱学森家族的《钱氏家训》指出"利在一身勿谋也，利在天下必谋之"，正是这句家训使钱氏家族的子孙为国家贡献了众多像钱学森这样报效祖国的科学人才。从古至今，我国还涌现了许多"杏林之家""梨园世家""书香门第"等。这种所谓的"家风"对孩子的品行、习惯、个性、价值观的熏染非常深厚，很难改变。

家庭教育的继承性对于培养儿童、青少年的思想品德和造就具有特殊才能的人，有着十分重要的意义。具有特殊才能的家长，应努力把家庭建成造就特殊人才的摇篮，为社会造就更多更好的、有特殊技能和专长的宝贵人才。

## 【真题链接】

（2023年上半年）家庭教育影响从孩子出生就伴随着孩子一生，并且这种影响是长久的，也是持续的，这反映了家庭教育的（　　）。

A．终身性　　B．深刻性

C．率先性　　D．交往密切性

正确答案：A

### 6．时代性和社会性

家庭是社会的细胞，它随着时代和社会的发展而不断变化，作为家庭主要功能之一的教育也是如此。

首先，在不同的历史时期，由于国家政策、经济水平、家庭结构等因素的不同，学前儿童的家庭教育呈现出了不同的特点。例如，在20世纪50—70年代，我国家庭教育的对象是多子女，家庭教育的内容以文明礼貌、艰苦朴素为主；而到了20世纪80—90年代，则发生了许多变化，独生子女成为家庭教育的主要对象，创造教育、情感教育成了家庭教育的重要内容。

其次，在不同的国度，由于政治制度、文化观念、教育体制等因素的不同，学前儿童的家庭教育也会表现出不同的特征。例如，同样是面对学步的孩子，当其走路不小心跌倒时，一些西方国家的一些家长往往是"视而不见"，继续做自己的事情，而我国的一些家长则是赶紧放下手中的事情，快步跑过去，把孩子扶起来。家长的这种不同的教养方式与其国家的教养传统、价值观念不无关系。

最后，在同一国家的不同区域，由于开放程度、生活水平的不同，学前儿童的家庭教育也展现出不同的特点。例如，在我国一些经济发达地区，一些家长非常重视对孩子的教育投资，不惜一切代价让孩子学习英语、弹奏钢琴，但在经济较为落后的地区，一些家长则更为关注对孩子的保育投资，只求孩子能吃得好、穿得好。[①]

① 李生兰．学前儿童家庭教育［M］．上海：华东师范大学出版社，2006：5.

拓展阅读

### 请不要去触碰孩子的五大底线

成年人都有自己的底线，孩子同样也有自己的底线。如果父母挑战了他们的底线，就会让他们产生逆反心理，从而故意和大人对着干。那么，孩子们都有哪些“事”是家长不能触及的底线呢？

1．隐私的“事”

家长不要公开暴露孩子的隐私，不能当众说孩子尿床，也不能把孩子和自己说的秘密抖出去，比如孩子说不喜欢某个人，说长大后要与某人结婚等。家长不要以为孩子小，说给别人听也无妨。当众暴露孩子的隐私，既会伤害其自尊，又会让其缺乏安全感，从此不再信任家长。

2．被愚弄的“事”

孩子在成长的过程中可能会遭到成人或大孩子的欺骗，比如大孩子把洗衣粉用彩纸包好骗孩子说“好吃”，孩子真吃了，随后大孩子哈哈大笑，孩子方知上当受骗。家长如果在孩子面前提起这件事，既会让孩子感到难堪、后悔，又会让其感到人心复杂，不敢与人交往。被愚弄的事，家长不要拿出来嘲笑孩子，否则会让孩子憎恨那个骗他的人，并对家长产生不满。

3．被打骂的“事”

如果孩子犯了错，家长打骂了他，之后又在别人面前提起，甚至把打骂的情形逼真地描述出来，这无形中会造成对孩子的“二次伤害”。被打被骂，对孩子来说是不堪回首的“屈辱史”。往事再提，会伤害孩子的自尊心，也会增加孩子对家长的反感，然后故意和家长对着干。

4．出糗的“事”

在成长的过程中，孩子肯定会有不少出糗的事，比如穿衣分不清正反面，说话口齿不清，分不清“灰”和“飞”，登台唱歌忘词，等等。出糗的事家长不应再提，否则会让孩子感到尴尬，也会打击孩子的自信心。

5．干不好的事

有些日常的小事，一般孩子都能干好而自家孩子却干不好，比如2岁了还不会走路，3岁了不会骑童车，5岁了不会搭积木，等等。这些事情孩子没干好，可能是因为自家孩子发育比同龄人慢，这是正常现象。如果过分渲染就会让孩子产生自卑心理，对自己进行消极的暗示，给自己贴上“笨”的标签，从而影响孩子今后的成长。



### （二）学前儿童家庭教育的局限性

家庭教育是在特定的家庭范围、特定的家庭关系中所进行的一种教育活动。相对于幼儿园教育来说，一些先天的劣势或不足，应当引起人们的重视。

1．家庭教育的差异性

每个家庭的经济情况、家庭环境、家庭结构、生活方式，家长的自身素质及人生观、价值观等都不相同，甚至差异很大，家庭教育的效果自然也不同。

（1）家长自身素质不同。有的家长具有较高的教育素质、优秀的品德行为、广博的学识水平和健康的心理素质，有能力、有精力把孩子教育好；有的家长没有意识到早期教育的重要性；有的家长只顾自己享乐，对孩子漠不关心，放任自流；有的家长文化素质不高，有心无力，不知道怎样解决孩子成长中出现的问题。

（2）每个家庭的生活环境不同。从物质条件上看，近年来我国居民生活水平和以往相比普遍有了很大提高，但一些贫困家庭仍然存在，这些家庭的父母为了改善生活条件，早出晚归，辛勤劳作，没有多余的时间和精力，也没有能力放在孩子身上；还有一些家庭，物质生活比较优裕，但家长或忙于职场打拼，或忙于应酬交际，没有时间陪伴孩子，只好用玩具、金钱弥补对孩子的愧疚。

（3）每个家庭的精神生活状况不同。有的家庭父母感情融洽，孝敬老人，对待孩子民主、宽容，一家人相亲相爱，其乐融融；也有的家长不注意给孩子营造一个有益身心发展的精神氛围，如夫妻感情不和，婆媳关系紧张，“小吵天天有，大吵三六九”，久而久之，会使子女紧张焦虑，从而影响其人格发育和心理健康。

### 2．家庭教育的非理性

由于亲子间的血缘关系，父母和子女之间关系极为亲密，亲情使得亲子之间相处容易情绪化，处理问题缺乏理智，感情用事。尤其是对待孩子的态度上，经常是忽冷忽热，受情绪支配，弄得孩子莫名其妙，无所适从。例如：时而对孩子娇惯溺爱，姑息迁就；时而拳脚相加，严厉苛刻，事后又后悔不已，自责歉疚。正如蔡元培指出的：“父母闲暇了，高兴了，子女就是有不好的事，也纵容他；忙不过来了，不高兴了，子女就是有好事，也瞎骂一阵，乱打几拳。”这种情况是许多家长存在的通病。

情绪化的另外一种偏误是期望值过高，要求过多，“爱之深，责之切”，当孩子达不到设定的目标时，就“恨铁不成钢”，操之过急，往往采取简单粗暴的方法，甚至造成悲剧发生。

**对点案例**

#### 哪一个苹果更甜?

一位母亲问她10岁的儿子：“如果妈妈和你出去玩，我们渴了，又没带水，而你的小书包里恰巧有两个苹果，你会怎么做呢?”

儿子歪着脑袋想了一会儿，说：“我会把两个苹果都咬一口。”

可想而知，那位母亲有多么失望。她本想和别的父母一样，对孩子训斥一番，然后再教孩子怎样做，可即将说出口的那一刻，她忽然改变了主意。

母亲摸摸儿子的小脸，温柔地问：“能告诉妈妈，你为什么要这样做吗?”儿子眨眨眼睛，一脸的童真：“因为……因为我想把最甜的一个给妈妈!”

霎时，母亲的眼里闪动着泪花。我们都为那位母亲庆幸，因为她对儿子的宽容和信任，使她感受到了儿子的爱。我们也为男孩庆幸，他能纯真而善良地流露，是因为母亲给了他把话说完的机会。

### 3．家庭教育的封闭性

“自家的羊自家赶，自家的娃自家管”，描绘出了中国传统社会家庭生活方式的封闭状态。在封建社会，小农经济家庭，不论是生产方式还是生活方式都非常封闭。所以，传统儿童观认为孩子是家庭的私有财产，家长按自己的主观意志教育孩子，旁人无权干涉。社会发展至今天，越来越多的家长成为社会的主流，家庭生活也逐渐走向开放，但还是有一些家长持有这种观念，把教育孩子看作是自家的“私事”，希望孩子按照自己的意愿发展。

随着社会经济的发展，居民的住房条件得到改善，如从平房、大杂院、低层楼房，到独门、独户的高楼大厦，无形中把家庭教育囿于一个狭小的空间里，影响了孩子与人交往的能力、运动能力、适应能力，尤其是社会化发展。在这一方面，农村孩子就比城市孩子要好很多。

#### 4. 家庭教育的随意性

家庭教育越来越受到广大家长的重视，而家教中的从众随流成为不少家长的选择。在多数情况下，从众随流可以使家长借鉴其他家长和教育工作者的经验与方法，避免走弯路。但有些家长没有主见，不是从自家、自身和自己孩子的具体情况出发，而是盲从、赶时髦，其结果往往出乎家长的预料。例如，在家教投资上的盲目攀比。随着家庭生活水平不断提高，使家长有更多的钱投入子女教育，别人家孩子学的，自己家孩子也得学，人家孩子没有的，自己家孩子要有；还有的家长不去了解、分析孩子学习不好的原因，而是盲目花高价请家庭教师，这样做不仅会造成浪费，而且会助长孩子的依赖性。

随意性还造成一些家长对孩子的教育是片面的、畸形的。有的家长急功近利，希望孩子有朝一日成为明星；有的家长朝令夕改，一天一个主意，纯粹跟着感觉走，今天学钢琴，明天学书法，后天学英语，随意变化，家长自己也弄不清到底学什么才有前途，结果使孩子筋疲力尽，家长心力交瘁，大多半途而废。由于这部分家长没有形成正确的、科学的教育理念，造成过分重视知识的获得，忽视创造性培养；重视特长培养，轻视习惯养成；重视智力开发，忽视心理素质等教育偏误。

家庭对于学前儿童来说，是一种不可选择的环境，特别是家庭关系，是天然造就的，不能更改。这就需要全社会尤其是家长必须重视家庭教育，充分发挥积极因素，克服消极因素，努力创设良好的家庭环境，提供科学的家庭教育，促进儿童健康成长。

### 拓展阅读

#### 古代家教名典《童蒙须知》

我国南宋教育家朱熹，其从政之余，亲自在书院执教，有50年教育工作的丰富经验。在中国教育史上，朱熹是第一个将儿童教育与青年教育视为统一过程来考察的教育家。他认为以15岁为分界，人的一生要分为小学教育和大学教育这两个阶段，他主张要不失时机地给儿童讲述道德格言，为此他编著了《小学》一书，内收各种有关忠君、孝亲、事长、守节、治家等内容的格言、训诫、故事。为了使儿童能用体现名分的礼节规则来规范自己，他又专门编著了《童蒙须知》。此书依照封建的三纲五常的精神，对儿童的穿戴、饮食、洒扫、应对、出入、容貌、形态、读书、写字等都做了明确的、条文式规定。显然，这种教育的内容是封建主义的，应予批判，但其中有些关于礼貌、读书、写字、个人卫生的要求，至今仍有参考价值。

# 第四节 学前儿童家庭教育的目的、内容和任务

案例导入

星星是从哪儿来的?

妈妈正在做包子，5岁的女儿坐在小凳子上看着。女儿忽然提出了一个问题：“星星是从哪儿来的?”妈妈没有急于回答，而是说：“你想想看。”女儿出神地注视着母亲揉面的动作。母亲揉面，揪面团，擀面饼，包包子……看了好一阵子，女儿突然说：“我知道星星是怎么做出来的了，是用做月亮剩下的东西做的。”妈妈听了先是愣了一下，然后特别激动地亲吻了自己的女儿：“宝贝，你的想象真奇特。”

爸爸听了这件事以后也非常高兴，拉过女儿给她讲起了女娲造人的传说……

思考：爸爸妈妈的做法是否正确？为什么？

教育目的是指教育活动要达到的预期结果，是人们对受教育者达成状态的期望。学前儿童家庭教育的目的就是人们希望通过家庭教育，让学前儿童在身心诸方面发生什么样的变化，或产生什么样的结果。学前儿童家庭教育的目的制约着家庭教育的任务和内容、途径和方法，指导着家庭教育的过程和活动，影响着家庭教育的方向和评价，决定着家庭教育的效果和成败。如果没有目的，学前儿童家庭教育的任务就会陷入盲目状态，杂乱无章；而如果没有任务，学前儿童家庭教育的目的就会落空，无法实现。

## 一、学前儿童家庭教育的目的

家庭教育的目的是学前儿童家庭教育活动的出发点和归宿点。有了明确的教育目的，学前儿童的家庭教育就有了前进的方向，就能朝着既定的目标努力。学前儿童家庭教育的目的，是家庭教育中的核心问题，已引起国际社会的广泛关注。国际21世纪教育委员会提出新世纪教育的宗旨是使儿童“学会认知”，善于学习；“学会做事”，具有较强的动手能力、解决问题能力、人际交往能力和冒险精神；“学会共同生活”，能够了解别人，尊重别人，参与别人的活动，与别人进行合作；“学会生存”，发展体力、记忆力、判断推理能力、增强自主性和责任感，提高审美能力，充分展现自己的人格特征。[①]

根据联合国《儿童权利公约》的规定，教育儿童的目的应是：①最充分地发展儿童的个性、才智和身心能力；②培养对人权和基本自由以及《联合国宪章》所载各项原则的尊重；③培养对儿童的父母、儿童自身的文化认同、语言和价值观、儿童所居住国家的民族价值观、其原国籍以及不同于其本国的文明的尊重；④培养儿童本着各国人民、族裔、民族和宗教群体以及原为土著居民的人之间谅解、和平、宽容、男女平等和友好的精神，在自由社会里过有责任感的生活；

① 联合国教科文组织总部．教育：财富蕴藏其中（联合国教科文组织教育丛书）[M]．联合国教科文组织总部中文科，译．北京：教育科学出版社，1996：75-88．

⑤培养儿童对自然环境的尊重。

我国政府也格外重视学前儿童家庭教育目的这一根本性问题，在不同的历史时期提出了不同的要求。第八届全国人民代表大会第四次会议通过的《国民经济和社会发展“九五”计划和2010年远景目标纲要》指出：精神文明建设的根本任务是培育有理想、有道德、有文化、有纪律的社会主义公民，提高全民族的思想道德素质和科学文化素质。特别要把青少年素质作为工作重点。

1996年9月全国妇联、国家教委还制定了《全国家庭教育工作“九五”计划》，指出家庭教育是社会主义教育的组成部分，家长要面向新的世纪，促进儿童身心健康发展，培养有理想、有道德、有文化、有纪律的社会主义事业的建设者和接班人。

1997年3月国家教委、全国妇联在颁发的《家长教育行为规范》中，指出家庭教育要重在教子做人，提高子女思想道德水平，培养子女遵守社会公德习惯，增强子女法律意识和社会责任感；关心子女的智力开发和科学文化学习，培养良好的学习习惯，要求要适当，方法要正确；培养和训练子女的良好生活习惯，鼓励子女参加文娱体育和社会交往活动，促进子女身心的健康发展；培养子女参加力所能及的家务活动，支持子女参加社会公益劳动，培养子女的自理能力及劳动习惯。

2021年10月第十三届全国人民代表大会常务委员会第三十一次会议通过《中华人民共和国家庭教育促进法》（简称《家庭教育促进法》），2022年1月1日正式实施。《家庭教育促进法》不仅明确父母或者其他监护人应当树立家庭是第一个课堂、家长是第一任老师的责任意识，承担对未成年人实施家庭教育的主体责任，用正确思想、方法和行为教育未成年人养成良好思想、品行和习惯。同时，还规定了家庭教育的内容。比如，要求家长培养未成年人树立维护国家统一的观念，铸牢中华民族共同体意识，培养家国情怀；培养未成年人良好社会公德、家庭美德、个人品德意识和法治意识；关注未成年人心理健康，教导其珍爱生命等。《家庭教育促进法》的施行，让家庭教育得到社会重视，也提供了很多家庭教育的新方法和思路，值得家长研究学习。

综上所述，学前儿童家庭教育的目的可以表述为：家长充分利用家庭优势和社区资源，创设良好的家庭环境，对学前儿童施以多种影响，培养学前儿童良好的生活习惯和自理能力，增强体质，激发认知兴趣，提高认知能力，掌握社会行为规范，塑造良好个性品质，发展审美能力，促进学前儿童身心全面、和谐、健康发展。

**【真题链接】**

（2016年下半年）学前儿童家庭教育的目的决定着学前儿童家庭教育的方向和（　　）。

A. 规格　　B. 效果　　C. 未来　　D. 希望

正确答案：B

## 二、学前儿童家庭教育的内容和任务

学前儿童家庭教育与幼儿园教育、学前儿童社会教育紧密结合，按照国家和社会规定的目标，培育学前儿童健康成长。从原则上讲，学前儿童家庭教育与幼儿园教育的目标是一致的。参照目前幼儿园教育的任务和内容，结合目前我国学前儿童家庭教育的现状，学前儿童家庭教育的内容主要包括健康教育、认知教育、品行教育和审美教育。在各个不同的层面和不同年龄阶段，学前儿童家庭教育的具体任务和基本要求也不尽相同。

### （一）学前儿童家庭健康教育

学前儿童家庭健康教育是指家庭成员对学前儿童进行的以身心健康为主要内容的教育。学前期作为个体成长与发展的起始阶段和终身教育的奠基阶段，健康教育构成了该时期家庭教育最重要的组成部分。因为个体的健康存在是保证个体全面发展的前提，是一切活动的前提和保障。

健康教育的任务是科学照料孩子饮食，做好卫生保健工作，教给孩子简单基本的生活与卫生知识，培养良好的生活和卫生习惯，培养一定的生活自理能力，培养自我保护意识和能力，培养体育锻炼的兴趣和能力，保障生命安全与身体的健康发育、成长。具体表现在以下几个方面。

#### 1. 生活卫生习惯的培养

生活卫生习惯包括良好的睡眠、盥洗、如厕、饮食等，即培养孩子的生活自理能力。例如，家长要培养孩子按时作息、饭前便后洗手、睡前刷牙、如厕有规律、吃饭不挑食等习惯，而且要自理自立，如自己穿衣穿鞋、自己洗手吃饭、自己脱衣睡觉等。这些内容虽然简单琐碎，但对孩子的独立意识、独立能力和自我意识的形成影响深远。

#### 2. 动作发展

动作发展体现在两个方面：①活动兴趣的培养。家长要培养孩子参加体育活动的兴趣和习惯，增强体质，提高对环境的适应能力。②发展大、小肌肉动作。家长要有意识地锻炼孩子走、跑、跳、钻、爬等大肌肉的动作能力，以及穿、插、拼、贴、撕等手部小肌肉的动作能力，提高孩子动作的协调性、灵活性，并培养孩子坚强、勇敢、不怕困难的意志品质和主动、乐观、合作的态度。

#### 3. 安全与卫生保健

安全与卫生保健具体体现在以下三个方面：①安全教育。主要包括饮食的安全，玩具、游戏活动的安全，外出活动的安全，日常生活安全常识以及看电视的安全。②疾病预防与治疗。主要包括家长对孩子疾病的预防、治疗和护理时的一些科学做法；还包括教给幼儿一些简单的预防与自我护理的技能，如根据天气的冷热加减衣服等。③饮食营养。家长要为幼儿提供营养、科学合理的膳食，幼儿的饭菜要注意荤素搭配，要注意粗细搭配；家长要培养孩子少吃零食的习惯，包括各种小食品和冷饮等，因为孩子过多地吃零食不但会影响其正常的一日三餐，而且这些零食中多为油炸、膨化、高糖或含有人工添加剂的食品，对孩子的健康极为不利；家长要注重让孩子通过正常饮食摄入全面均衡的营养，不宜给孩子进补，如食用各种保健品等。

### （二）学前儿童家庭认知教育

学前儿童家庭认知教育主要是丰富学前儿童的知识经验，激发求知兴趣，培养学前儿童动手、动口、动脑的能力，促进其认知能力发展的教育。学前儿童家庭认知教育对于学前儿童乃至个体一生的健康和谐发展具有独特的教育价值。

认知教育的任务是发展孩子倾听及理解语言的良好习惯及能力，进而训练孩子的语言表达能力，主要指口头语言，也包括力所能及的书面语言的学习和使用能力。此外，还要结合生活内容，教孩子了解简单的科学知识，培养其科学精神和态度，养成初步的科学的行为方式，激发孩子的学习兴趣。其具体体现在以下几个方面。

#### 1. 语言教育

良好的语言教育对学前儿童一生的发展具有重大的意义。学前儿童家庭语言教育的内容包括以下几个方面：①倾听理解，即倾听习惯、理解能力；②表现表达，即表现欲望、表达能力；③早期阅读，即兴趣习惯、阅读能力；④前书写准备，包括正确姿势、兴趣等。例如，别人讲话要认真倾听，不要随意打断他人的谈话；要坚持讲普通话，注意发音清楚正确，不断地丰富孩子的词汇；鼓励孩子大胆发言，体验交流的乐趣；学习使用礼貌用语；接触优秀的儿童文学作品，培养孩子早期阅读的兴趣和前书写的技能（比如可以让孩子涂画文字、让其抚摸凹凸不平的文字、描镂空的文字、用小棍摆文字等）。有条件的也可以同孩子用多种语言进行交流，可适当地让孩子接触和学习一种或几种语言，目的不是考级或赶时髦，而是为了从小训练其正确发音，培养语感，开阔视野，接受多元文化，培养民族和国际意识。

2. 科学教育

（1）自然科学常识。主要包括自然、环境、科技等方面的知识经验，以及数量方面的经验，即时间、空间、形体、守恒、数等简单基本的知识。同时，通过自然科学常识的教育，发展幼儿的认知能力，即观察力、记忆力、注意力、概括能力、推理能力、判断力、想象力以及创造力等。良好的认知能力不是一朝一夕能够形成的，需要家长有意识地、持之以恒地培养。

（2）社会科学常识。主要包括孩子对周围的社会环境、社会机构、社会劳动与角色分工等的认识，以及对自己家乡、祖国风土人情的认识和对“地球村”的理解等。

（3）生命科学常识。主要包括对学前儿童的生命教育与性知识教育。①生命教育。生命教育的本质是尊重生命及其存在的价值，生命教育的基本目标是培养儿童珍惜生命，即尊重生命、肯定生命的价值与意义，以及培养孩子乐观向上、积极进取的生命价值观，避免自我伤害与自杀行为的发生，也避免伤害他人和动物。②性知识教育。家长应当根据孩子的需要，回答孩子关于性知识的提问，并结合日常生活的恰当时机，帮助孩子增进对性的认识和理解。例如，孩子关于性别的提问，关于男厕女厕的困惑以及对于自己生殖器的好奇等，只要孩子提出来，家长应尽量给予恰当的答复，介绍一些简单的性知识。

## （三）学前儿童家庭品行教育

学前儿童家庭品行教育是指在家庭环境中，父母或其他监护人通过言传身教、榜样示范等方式，培养孩子形成良好的品德和行为习惯的教育活动。在这个阶段，孩子的道德观念、行为习惯等正处于形成的关键期，家庭作为孩子最早接触和长期生活的环境，对于其品行的发展具有深远的影响。

品行教育的任务是培养孩子良好的品德和文明行为，培养孩子的责任感、同情心及关爱、体谅等积极的情感，培养其上进、不怕困难、合作和良好的交往能力，培养其客观积极的自我意识和活泼开朗的性格。品行教育具体体现在以下几个方面。

1. 培养孩子的同情心

同情心是指能在一定程度上感知和理解他人的感受并且愿意给予一定帮助的心理，是许多良好品质的基础，包括善良、尊重、诚实、责任感、独立等。要做一个有道德的人，首先要具备同情心，这是能够进行积极的社会行为的关键因素，也是人与人之间所有关系的基础。那些在成长过程中缺乏同情心培养的孩子长大后一般表现为以自我为中心、麻木不仁以及自恋。

“望子成龙，望女成凤”，这是许多做父母的共同愿望，但社会是由人组成的，人与人之间的关系是复杂的且又是多层次、多样化、多元化的，若无一颗同情心，待人处事小肚鸡肠、自以为是、办事刻薄，纵有天大的本事，也很难在社会上立足。现在的孩子，多数是独生子女，很多家长对其重视智力投资，所以现在的孩子知识面广、信息量多、精力充沛、活动能力强，他们敢想、敢说、敢做。但由于备受宠爱，很多孩子从小养成了以自我为中心的思想，只有被人爱的体验，没有同情人、爱护人的体验，往往以自我为中心，专横、任性、懦弱、自私、霸道，缺乏豁达、宽容、同情心。同情心是人重要的优良道德品质之一，在孩子幼小纯真的心灵中，同情心是很美好的，但现实生活中有一部分孩子缺乏关心和爱护他人、体谅与帮助他人的习惯，往往出现自私自利、冷漠无情、不合群等现象，这将会影响孩子未来适应社会能力的正常发展。

2. 培养孩子的合群性

据调查，在3～7岁儿童中，约有35%的儿童“只和一两个孩子玩或喜欢独处”，孩子缺乏与人合作的意识、交往能力薄弱，这应该引起家长的高度重视。作为家长，应该主动进行教育，而不应等到孩子不合群后才被动地进行纠正。

（1）父母要抽出时间亲近孩子，每天有一定的时间与孩子一起交谈。节假日多带孩子去公园或亲朋好友家走走，积极创造条件让孩子与小伙伴们一起玩耍。刚开始时，父母可陪伴在旁边与他们一起做游戏，当熟悉之后可让他们自己玩耍。游戏后父母应表扬孩子玩得好、玩得有趣，让孩子在玩乐中感受到小伙伴的可爱和集体活动的欢快。

（2）父母要有意识地培养孩子的合作能力。父母可以交给孩子一些靠个人难以完成的任务，鼓励孩子与别人合作完成，或向父母求援完成，这样可以增加孩子与别人交往的机会。父母要引导孩子懂得一个人的力量很小，有些事情一个人是办不到的，需要大家一起去做的道理。

（3）父母要让孩子学会交朋友。心理健康的孩子都有自己要好的朋友，在孩子与小朋友的交往中，父母要教育孩子严于律己，宽以待人，朋友之间要互相信赖，彼此尊重，以培养孩子团结合作的精神。对于爱捣乱、爱逞能、爱惹是生非的孩子，父母要纠正他们的行为，使孩子慢慢地融入集体之中。

#### 3. 培养孩子的抗挫力

如今的父母总是帮助孩子打理好生活中的一切事务，让他们无忧无虑地成长，甚至规划好未来的发展。但孩子往往也因过于“万事顺利”而无法承担生活中小小的不如意，出现输不起、挫折容忍力差的状况。孩子从出生起，就被父母的细心呵护包围着，而新一代的年轻父母，更是懂得“爱”的教育，让孩子从小就在鼓励和赞美中长大，唯恐稍有疏忽，伤害了孩子幼小的心灵。

专家认为，坚持度的高低决定幼儿完成一件事情的成果。坚持度高的孩子，做事情会坚持到最终完成，否则绝不罢休，而且还常有挑剔、追求完美的倾向；坚持度低的孩子，做事情很容易半途而废，或草草了事，令人觉得他不够努力。同时，环境造就人的个性，孩子会观察与模仿父母如何处理失败与挫折。如果父母在日常生活中，较多地强调或者暗示凡事都要赢，孩子就会以此为准则。比如家长在孩子表现出色时，就人前人后夸耀不已，而当孩子表现平淡无奇时，就在眉宇间显露出失望的神情，这些都会让孩子觉得“表现不好，爸妈就不爱我了”，因此，孩子会更加力求表现，只许成功不能失败，以博得父母关爱的眼神。

### （四）学前儿童家庭审美教育

学前儿童家庭审美教育是指在家庭环境中，家长以教育者的身份，借助自然美、社会美、艺术美等内容，通过形象化的手段，对学前儿童进行的审美教育活动。家庭是审美教育的摇篮，是幼儿社会化的最初场所。苏霍姆林斯基说过：“儿童时代错过了的东西，到了少年时期就无法弥补，到了成年时期就更加无望了。”可见，家庭美育是一件“百年树人”的大事，具有重大的意义。因此，在对孩子进行审美教育的时候，家长要尤其重视让孩子用自己的眼睛去发现美，用自己的心灵去体会美，用自己的双手去创造美。

审美教育的任务是充分利用生活环境、事物、人物及生活事件等，增进孩子对美的感受和体验，培养孩子正确的审美观点，培养孩子表现美、创造美的能力，培养孩子一定的生活情调，塑造孩子美的心灵。审美教育具体体现在以下几个方面。

#### 1. 树立正确的家庭美育观念，提高家长的审美修养

观念是行动的先导。在家庭中实施美育，从家长树立科学的美育观念开始。家长能否树立起科学的美育观念往往又和其自身修养的高低紧密相关。读书越多、见识越广、生活经历越丰富的家长，往往越容易树立全面而正确的美育观念。幼儿期和青少年阶段的孩子在生理和心理上都未发育成熟，对美丑、善恶也没有建立起明确的判断标准，很容易受周围环境的影响。因此，家长要坚持不断地学习，不断提升自身的审美能力和修养，才能为孩子筛选美育内容，开展美育活

动。如果家长的审美修养高，他们就更有可能使孩子学会欣赏美、创造美。如果家长自身的审美修养较低，甚至表现出庸俗低劣的言行举止，那么孩子就很可能在潜移默化中成为没有审美能力的人。例如，当与别人产生冲突时，家长能很好地控制自己的情绪，和对方良性沟通，顺利地化解矛盾，就能让孩子强烈地感受到社会美，并学会解决问题的有效方式和策略。如果家长在日常生活中时常闯红灯或者肆意采摘公园里的花草，那么孩子就很难感受到社会美，更不用说创造美了。

### 2. 应尊重孩子的艺术爱好

艺术集中反映了现实生活中的美。高尔基曾说过："照天性来说，人人都是艺术家。"因此，成人应为幼儿营造一个良好的艺术氛围，加强他们对艺术的熏陶。无论在幼儿园还是在家，都可以让孩子接触一些绘画、工艺、美术品，多带他们欣赏一些音乐剧和电影，指导他们如何从这些作品中汲取美的精华；也可以在阳光灿烂的日子里，带幼儿走进大自然，感受大自然的风光，启迪他们美好的情趣；还可以根据幼儿的身心特点以及孩子的兴趣爱好，让他们多参加一些促进智力开发的美育活动，如绘画、剪贴、弹琴等，以引导孩子去发现美、创造美。

**对点案例**

#### 什么才是孩子的真正兴趣爱好？
#### ——一位心理学家眼中的儿童成长（片段）

为了发展孩子的兴趣和爱好，女婿和女儿让丫丫先后参加了游泳班、舞蹈班和钢琴班。每个周末都要安排2~3小时学习这些技艺。这对孩子的身心健康有很好的作用。记得有一天，晚上8点左右，女儿回到家，草草吃了一点饭，就让丫丫弹钢琴。如果有弹得不对的地方，女儿会提醒她。有一次，丫丫遇到了一处不会弹的地方，她侧过脸来，用期待的眼光看着我的女儿说："妈，这个地方我不会。"女儿回答："你是真不会吗？"这时丫丫"哇"地一声哭出声来："妈，我真的不会。"我问女儿："你为什么这样问丫丫？"女儿解释说："她有时不想弹钢琴了就会说'我不会'，不是真的不会。"我知道丫丫可能感到委屈了，就赶紧走过去安抚她："不要哭，如果真的不会，可以问姐姐啊。"这时姐姐走过来教她，丫丫才继续弹下去。丫丫学习钢琴的时间并不长，但我总觉得，她对学钢琴似乎有点勉强，如果不是妈妈让她学，她是不会主动要学的。

丫丫喜欢画画。家里有一个画架，上面立着一个黑板，旁边还有彩色的粉笔，想画的时候随时都可以在黑板上画起来。她的卧室和我的房间的墙壁上到处都张贴着她的作品。女婿还选择了她的一幅儿童画，挂在了门柱上，每次我们从外面回来，都会见到丫丫的这幅作品。画面上有花有草，简单明快，线条搭配合适，整体上很协调。丫丫每次经过这里都会受到鼓励，相信她也一定会感到自豪和高兴！丫丫还学会了用手机拍照片，喜欢自拍和给别人拍照。她的动作很快，近乎达到抢拍的速度。你还没有准备好，她就拍完了。因为速度快，反而能抢到一些好镜头，看上去很自然。每次我们全家外出时，不论是女婿还是女儿开车，丫丫都会自告奋勇充当向导，什么地方应转弯或应直行，她都清楚，这说明她的"定位系统"和方向感发展得也都比较好。女婿、女儿都开车，可能为她这种能力的发展创造了外部条件。

丫丫的兴趣看上去很广泛，但什么才是孩子真正的兴趣呢？孩子的主要兴趣是什么？家长要发现和引导孩子的兴趣，为孩子提供发展的条件，但不要把自己的愿望强加在孩子身上。真正的兴趣还要从孩子自己的选择中才能判断清楚。

### 3. 应重视语言美和服饰美的熏陶

幼儿时期的孩子模仿能力较强，因此成人要时刻注意自己的言行举止及服饰打扮。在孩子有缺点或错误时，不能动辄打骂、恶言训斥，而应以平和的态度教育他们，并使用礼貌用语。在着装方面，要讲究大方、得体，用正确的朴素美引导幼儿。有时在幼儿园，老师会看到小女孩在指甲上涂着指甲油，当老师问她为什么要涂时，孩子会说："妈妈也涂了。"由此可见，成人的言行举止和服饰打扮对孩子的影响，涂指甲油，不仅会影响孩子的身体健康，而且也会破坏孩子心目中自然美的要素。

## 【真题链接】

（2022年上半年）学前儿童家庭教育的任务包括（　　）四个方面。

A．健康教育、认知教育、品德教育、审美教育

B．健康教育、知识教育、品德教育、审美教育

C．品德教育、智力教育、体育、劳动教育

D．品德教育、智力教育、体育、美育

正确答案：A

## 章节测验

### 一、思考与练习

1. 什么是家庭教育？你是如何理解这一概念的？
2. 现代家庭结构的变化对家庭成员之间的关系产生了哪些影响？如何保持家庭成员之间的紧密联系和良好沟通？
3. 我国古代家庭教育中哪些有益的思想仍对现代家庭教育有指导意义？
4. 为什么说家庭教育是一种终身教育？
5. 随着社会的变迁和科技的进步，现代家庭教育面临着哪些新的挑战和机遇？

### 二、材料分析题

小明是一个4岁的男孩，他的父母经常带他参加社区活动，与不同年龄层的人交流，父母经常陪伴他，关心他的情绪变化，及时给予关爱和鼓励，让他建立起安全感和自信心。他喜欢画画，父母就为他买了各种绘画工具，并带他去参观艺术展览，让他更加深入地了解艺术。

1. 请结合材料分析学前儿童家庭教育有哪些突出特点？
2. 以上材料反映了现代家庭教育理念怎样的发展趋势？

第二章

# 学前儿童家庭教育的原则和方法

## 学习目标

1. 了解学前儿童家庭教育的基本原则和主要方法。
2. 理解学前儿童家庭教育的原则、方法的具体含义及要求。
3. 能够运用所学的家庭教育原则和方法，解决家庭教育中遇到的实际问题。

## 知识导图

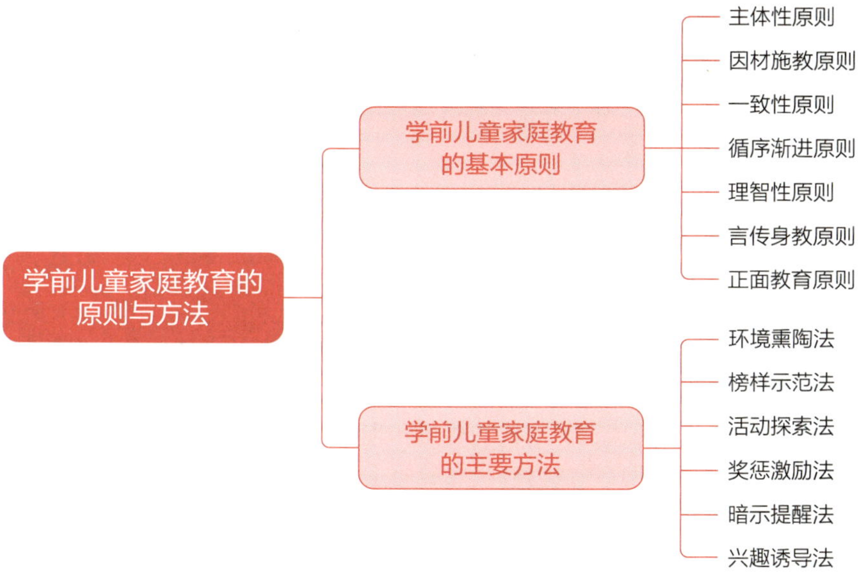


# 第一节　学前儿童家庭教育的基本原则

**案例导入**

星期五傍晚，当妈妈去幼儿园接女儿燕子时，燕子一边高兴地说“妈妈，告诉你一个好消息，下星期一我们大（1）班的小朋友要表演节目，老师要我穿这双红色的长筒袜子”，一边指着自己脚上的袜子。到家以后，妈妈对女儿说：“你要把这双袜子脱下来洗一洗，下星期一就能穿上干净的袜子了。”燕子请求妈妈帮她洗一洗，妈妈说：“不行，我们俩一人洗一只。”燕子撒娇说：“我不会洗。”妈妈说：“你照着我的样子洗，我怎么做，你也怎么做。”正当母女俩开心地洗袜子时，爸爸下班回来了，他惊喜地说道：“哟，我们的女儿真能干，会自己洗袜子了。”这时，姥姥买菜回来了，看到孙女在洗袜子，她心疼地说道：“这么点大的孩子，却叫她洗那么长的袜子，真是懒妈养了勤快女儿。”

思考：你认可案例中哪位家长的做法？为什么？家长在实施学前儿童家庭教育时应遵循哪些原则？

学前儿童家庭教育的原则是指家长在实施家庭教育时必须遵循的基本要求和基本准则。它是根据我国教育目的的要求、学前儿童身心发展的特点和个性、品德的形成规律，以及儿童家庭教育的任务制定的，是学前儿童家庭教育经验的总结和概括。编者根据家庭教育的特点和作用，结合实践经验，汇总出以下家庭教育的原则。

【真题链接】

（2020年下半年）（多选）学前儿童家庭教育原则制定的根据有（　　）。

A．儿童发展特点　　B．个性品德形成规律　　C．家庭教育任务

D．家庭教育过程规律　　E．家庭环境

正确答案：ABCD

## 一、主体性原则

### （一）含义

主体性原则是指学前儿童家庭教育过程中，要尊重学前儿童的主体地位，发挥其主体作用，调动其主动性。学前儿童家长应认识到，孩子是社会的人，是独立的个体，有着做人的尊严和价值，有自己的想法和特点，渴望得到家长的尊重和理解。因此，家长在实施家庭教育的过程当中，应当充分尊重孩子，使孩子真正成为自我发展的主体。

### （二）要求

#### 1．尊重学前儿童的人格

所谓人格，是指个人在社会中的地位和作用的统一，是做人的尊严、价值和品格的总和。现代幼儿教育家陈鹤琴先生认为“父母对子女应当有相当的礼貌”，“做父母的不应迁怒于子女”，即做父母的不可常常用命令式的语气去指挥孩子，而应相互尊重。孩子是有思想、有感情、有尊严、有主观能动性、有发展潜力的行为主体。受到尊重，经常与他人进行平等交流的孩子才能发展独立健全的个性。尊重孩子、把孩子看成一个独立的个体，而不是自己的附属品，孩子才能像花朵一样自然、积极、快乐地开放。家长应该尊重孩子的人格尊严和孩子在家庭中的主体地位，注重发挥孩子在自身成长中的主观能动性。

#### 2．尊重学前儿童的精神情感需求

尊重、平等是创造良好家庭氛围的基础。“蹲下来，与孩子平视”是每个父母和孩子沟通交流时所应该遵循的。父母不能忽视孩子的地位，不能轻视、压制孩子的正确意见，而应该把孩子当作家庭中的一员，使孩子乐于发表自己的见解。只有保持家庭成员的人格平等，彼此之间才不会产生心理隔阂。如果家长经常忽视孩子的精神、情感需要，孩子和家长就会无话可说。因此，家长要学会和孩子多交流、多沟通，特别是在做出与孩子相关的决策时，一定要听取孩子的意见，维护孩子的参与权和人格尊严。通过与孩子的平等交流，可以增进相互之间的理解、促进感情，进而增强家庭教育的针对性、主动性和时效性。

#### 3．尊重学前儿童的生存和发展

学前儿童所处的特殊年龄阶段，容易被视为“重点保护对象”。在许多成人眼里，学前儿童是弱小的、无知的、不成熟的，而忽视了他们是社会的人，生来就具有人的尊严和价值且享有人的各种权利。当前家庭教育中不尊重儿童的问题，主要表现为家长常常剥夺儿童应有的权利，如替孩子穿衣、喂他们吃饭、怕他们摔倒、限制他们自由游戏的时间、不愿意让他们与别人交往等。殊不知，这些“包办”与“限制”是对学前儿童应有权利的侵犯，会使学前儿童自身的潜在能力逐渐退化，不利于儿童的生存和发展。陈鹤琴先生曾反复强调，对子女应该爱护，但是绝对不可溺爱，“凡是儿童自己能够做的，应当让他自己做，凡是儿童能够自己想的，应当让他自己想”。家长的责任是帮助学前儿童生活、自立和做人，给孩子以关心和爱护，帮助他做事，而不是代替他做事。

岗位链接

一件“坏事”

有一个小男孩，今年3岁多，他最近干了一件“坏事”，他把一碗滚烫的菜汤倒进了花盆里——这盆名贵的花，是他爸爸刚刚从花市里选的，又亲自搬回来的。

爸爸怒不可遏，觉得孩子太淘气了，简直就是个破坏分子。这时3岁的儿子看爸爸到处找扫帚，已经吓得哇哇大哭了。此时妈妈冲上去拉住了爸爸，她说：“你别忘了，我们是在养孩子，而不是在养花！”

妈妈的一番话，提醒了爸爸：孩子和花，到底哪个更重要？更何况在没有弄清楚他那么做的原因之前，就要开打，是不是表示孩子的自尊和快乐，还远远不如一盆花重要呢？

妈妈蹲下来帮孩子擦干了眼泪，轻声地问：“宝宝为什么要把汤倒在花盆里啊？”

小男孩抽泣着说：“奶奶说……热热的菜汤有营养……我想让花长得高高。”

思考：你是如何看待案例中父母的做法的？你认为在日常生活中应该如何运用儿童的主体性原则？

## 二、因材施教原则

### （一）含义

因材施教原则也称从实际出发原则，是指家长对学前儿童进行教育时，要从实际出发，根据他们的年龄特征和个性差异进行教育，采用适当的教育形式和方法。我国最早的一部教育专著《学记》中指出：“教也者，长善而救其失也。”南宋的教育家朱熹总结教育家孔子的教育思想和大量教育实践，归纳为：“夫子教人，各因其材。”因材施教这一原则发展到今天，也是学前儿童家庭教育的一条非常重要的原则。由于先天的遗传素质、后天的生活环境和教育影响的不同，每个孩子在身心发展的可能性、方向和水平上都存在着差异，所以家长要从孩子实际出发，因材施教。

### （二）要求

#### 1. 根据孩子的年龄特征和个性差异教育

了解孩子是教育孩子的基础。家长要想教育好自己的孩子，首先必须了解他们。从一定意义上讲，每个孩子都是一本书，一本家长必读的书。作为家长，要教育好孩子，必须在掌握一定科学育儿知识的同时，读懂“孩子”这本书，即了解孩子的年龄特征、个性特点与发展水平，了解孩子所思所想及他的兴趣与潜能，在此基础上进行教育，比如：有的孩子自信心强，有的孩子比较自卑，对这两类孩子，家长在教育上就要有所不同。对前者，家长应在保护孩子自信心的同时，注意让孩子看到自己的不足之处；对后者，则要帮助孩子看到自己的优势与潜力，注意为孩子创设获取成功的机会，并给予适当的鼓励，以增强自信心，克服自卑感。根据孩子实际情况进行有针对性的教育，会取得较好的效果。

#### 2. 抓住时机适时教育

家长教育孩子不但需要知识，更需要智慧，要抓住教育的有利时机。每个孩子都是不一样的，如同树上的叶子。要使孩子最大程度地发挥自己的潜能。有这样一个案例：一位妈妈在厨房洗东西，听到她的儿子在院子里跳个不停，妈妈好奇地问：“你在玩什么呀？”孩子回答：“我跳到月球上去了！”当时这位妈妈愣了一下，但随后她很温和地说：“千万不要忘了回来呀！”许多年后，这个孩子长大了，他成了我们地球上第一个登上月球的人，他的名字叫阿姆斯特朗。这个案例告诉我们，适时教育幼儿需要关注他们的兴趣和需求，抓住他们好奇、好问的时机，引导他们主动探索和学习。同时，家长和教育者应该给予幼儿足够的支持和鼓励，让他们在愉快的氛围中成长和发展。

#### 3．根据孩子特长因材施教

有的家长为了使孩子赢在起跑线上，在孩子很小时就给孩子定下了发展方向，让孩子专学一门技艺，发展特长。发展孩子的特长需要注意以下问题：①不能完全凭家长的主观愿望和判断，或者受某些社会风气左右。随着物质生活的不断丰富，社会上出现了钢琴热，许多家长就期望自己的孩子能够成为钢琴家，于是就开始让自己的孩子练习钢琴，不管孩子喜不喜欢，其结果是不尽如人意的；②要在全面发展的基础上，确定孩子的兴趣特长。一个造诣很深的专门人才，除了具有专门的知识和技能技巧外，还必须具有广博的知识基础，这就犹如高楼大厦一样，房子盖得越高，地基就要打得越宽越牢。一个知识贫乏、孤陋寡闻的人在专门业务上的发展是具有局限性的。由此可见，要发展孩子的特长，培养专门人才，还必须以全面发展为基础，两者的发展是相辅相成的。家长应具有的正确态度是：要让孩子的生活充满快乐，尊重孩子的选择，对孩子的兴趣加以引导，根据孩子自身的实际，发展特长。

**对点案例**

郑渊洁作为儿童文学作家，在国内可谓家喻户晓，在国际上也颇负盛誉。除了“童话大王”的头衔之外，最让教育界津津乐道的，就是他对儿子郑亚旗独特的教育方式。除了在文学上造诣非凡，郑渊洁对孩子的教育也具有独特的见解。郑渊洁的儿子郑亚旗在上完小学之后，和很多孩子一样，萌生了厌学的思想，不再想去学校上课。好在家庭开明，父亲和爷爷都很赞成郑亚琪的这一想法。从此郑渊洁就开始了家庭教育的艰辛探索。郑渊洁亲自为儿子编写了十多部教材，还把刑法里的一个个罪名都编成了故事绘本，来为儿子普及法律知识。郑渊洁还发明了逆向考试法，即让儿子学完以后出试卷给他做，只要能让他考不过，儿子也就合格了。郑亚旗在这样的家庭环境中自学成长，接受父亲的教导，最后成为了一名出色的年轻企业家。

郑渊洁在教育孩子方面非常成功，但好的家庭教育方式是很难复制的，因为这是郑渊洁以自身的经历和在教育孩子方面的体会凝练而成的独特的教育模式。但“因材施教”这一不变的教育法则，却是适合所有家庭的。



## 三、一致性原则

### （一）含义

一致性原则是指在家庭教育中，家长应当确保教育的内容、方式、目标和态度等各方面在孩子面前保持一致，形成协调、连贯的教育氛围。这一原则旨在促进学前儿童的全面发展，帮助他们树立正确的价值观，培养良好的习惯，形成健康的人格，为他们的未来发展奠定坚实基础。

家庭教育中如何贯彻一致性原则

### （二）要求

#### 1．对所有子女要一视同仁

随着生育政策的放开，二孩三孩家庭越来越多。在多子女家庭教育中，家长应该对所有子女一视同仁，尽可能在态度上、管理教育上掌握平衡，施以同样关心、同样爱护、同样要求，但这并不意味着完全无差别的对待。每个孩子都是独特的个体，他们有不同的性格、兴趣、能力和需求。因此，家长在提供教育时，应该根据每个孩子的特点来制定适合他们的教育方案。

（1）一视同仁的核心在于给予每个孩子平等的关爱、尊重和机会。家长应该避免因为某个孩子的性别、年龄、学习成绩或其他因素而给予其过多的偏爱或忽视。每个孩子都应该感受到自己在家庭中的重要性和价值。

（2）家长应该关注每个孩子的成长和发展，及时发现他们的优点和不足，并提供相应的支持和帮助。在孩子的成长过程中，家长应该给予他们足够的自主权和选择权，鼓励他们根据自己的兴趣和特长去发展自己。

（3）当某个孩子可能需要更多的支持和引导来克服某些困难或问题时，家长可以对其给予更多的关注或帮助。

总之，多子女家庭教育中，家长应该尽力做到一视同仁，但也要根据每个孩子的实际情况和需求来制定个性化的教育方案。这样才能确保每个孩子都能在家庭中健康成长，并发挥出自己最大的潜力。

#### 2．家长对待孩子的态度和要求应一致

在学前儿童家庭教育中，家长对孩子的态度和要求一致是至关重要的。这种一致性有助于孩子形成稳定的价值观和行为习惯，避免因为家庭内部的教育矛盾而给孩子带来困惑和不安。

（1）一致的态度能够让孩子感受到安全和稳定。当父母或其他家庭成员在教育孩子时持有相同的观点和态度，孩子就能够明确地理解什么是正确的、什么是错误的，从而形成清晰的价值判断。这种一致性也有助于孩子建立起对家庭的信任感，使他们更愿意接受家庭的教育和指导。

（2）一致的要求有助于孩子养成良好的行为习惯。当家长在日常生活中对孩子的要求保持一致时，孩子就能够逐渐适应并内化这些要求，形成良好的行为习惯。这种习惯一旦养成，将对孩子未来的学习和生活产生积极的影响。

当然，要实现家长对孩子态度和要求的一致性，并不是一件容易的事情。家庭成员之间可能存在不同的教育观念和方法，这就需要进行充分的沟通和协商，找到一个彼此都能接受的平衡点。同时，家长也需要不断学习和更新自己的教育理念，以更好地适应孩子成长的需求。

#### 3．家、园对待孩子的态度和要求要一致

在学前儿童家庭教育中，家庭和幼儿园对待孩子的态度和要求保持一致性是至关重要的。孩子在家庭和幼儿园这两个主要的生活环境中，都会受到各种教育和影响，因此，如果这两个环境对孩子的态度和要求存在明显差异，可能会给孩子带来困惑、不安甚至行为上的矛盾。

（1）一致的态度和要求有助于孩子形成稳定的心理预期和行为模式。当家庭和幼儿园都表现出对孩子的关爱、尊重和信任时，孩子能够建立起积极的自我认知和情感安全感。他们会更自信地探索世界，更勇敢地面对挑战。相反，如果家庭和幼儿园对孩子的态度和要求存在冲突，孩子可能会感到无所适从，甚至产生焦虑或退缩的情绪。

（2）一致的态度和要求有助于孩子养成良好的行为习惯和价值观。家庭和幼儿园作为孩子社会化的重要场所，都承担着教育孩子、塑造孩子性格的任务。如果两个场所对孩子的行为规范、道德标准等方面的要求保持一致，孩子就能更好地理解和接受这些规范，从而逐渐养成良好的行为习惯和价值观。

因此，家长和教师应该密切配合和沟通，比如定期交流孩子的成长情况，分享教育经验和心得，共同制订教育计划，确保对孩子的教育目标和方法保持一致。这样不仅可以减少教育上的矛盾和冲突，还可以增强教育的针对性和有效性。

4. 教育要一以贯之

学前儿童正处于身心发展的关键时期，他们的认知、情感、社会性和行为习惯等方面都在迅速发展，需要连续、稳定的教育引导。

（1）教育的一以贯之首先体现在家长对待孩子的态度和要求上。家长应该始终保持对孩子的关爱、尊重和理解，避免因为情绪波动或其他原因而频繁改变对孩子的态度。同时，家长对孩子的教育要求也要保持一致，避免因为个人喜好或环境变化而随意调整要求，这样有助于孩子明确自己的行为标准和方向。

（2）教育的一以贯之还体现在教育内容和方法的连贯性上。家长应该根据孩子的年龄和发展阶段，制订合适的教育计划，并坚持执行。在教育过程中，家长要注重培养孩子的各项能力，包括语言表达能力、思维能力、社交能力等，并确保这些教育内容的连贯性和系统性。

此外，家长还应该注重自身言行的一致性，为孩子树立良好的榜样。孩子的模仿能力很强，他们会不自觉地模仿家长的言行举止。因此，家长在日常生活中要注意自己的言行，确保自己的行为和教育要求相符合，这样才能更好地引导孩子健康成长。

**岗位链接**

孙子想要买个变形金刚

奶奶：“家里玩具堆成山了，还买？”

妈妈：“这是现在最流行的，别人孩子都有，我儿子也得有。”

奶奶：“赚钱容易吗？这样乱花钱养成了大手大脚的习惯怎么办？”

妈妈：“一家只有这么一个孩子，6个人赚钱1个人花，总不至于过得像你们那么辛苦。”

思考：经过这次争论，孩子是否会认为妈妈是大方的，花钱的事只要找妈妈一定没问题？如果妈妈不在，只要跟奶奶说“6个人赚钱1个人花，总不至于过得像你们那么辛苦”，奶奶一定无话可说并答应孩子的请求吗？这种教育方式对孩子的影响是怎样的？

## 四、循序渐进原则

### （一）含义

循序渐进原则是指在家庭教育过程中，家长应遵循儿童身心发展的规律，按照由易到难、由简到繁、由具体到抽象的顺序，有计划、有步骤地进行教育。

### （二）要求

1. 尊重儿童的身心发展规律

学前儿童的身心发展是有规律的，家长需要了解这些规律，遵循儿童的身心发展顺序进行教育。例如，在培养儿童的生活自理能力时，家长应先让儿童学会自己吃饭、穿衣等基本生活技能，再逐渐引导儿童学会更复杂的技能，如整理房间、洗碗等。

2. 设定合理的教育目标

家长应根据儿童的年龄、兴趣、能力等因素，设定合理的教育目标。目标应具体、明确、可操作，既不过于简单，也不过于复杂，以确保儿童能够在家长的引导下逐步达成目标。

3. 逐步增加教育难度

家长应根据儿童的实际情况，逐步增加教育的难度。例如，在教授儿童认字时，家长可以先从简单的汉字开始教起，随着儿童认字能力的提高，逐渐增加认字的数量和难度。

4. 给予儿童足够的时间和空间

家长需要给予儿童足够的时间和空间，让他们在实践中逐步掌握知识和技能。家长不应急于求成，而是应该耐心地引导和鼓励儿童，让他们在不断尝试中逐渐成长。

对点案例

拔苗助长

古时候有个农夫，种了秧苗后希望能早早收成。一天天过去了，他总觉得秧苗长得太慢，他等得不耐烦了，心想：怎么样才能使秧苗长得高、长得快呢？想了又想，他终于想到了一个好办法。经过一番辛劳后，他把每株秧苗都拔高一截，还得意地回家告诉妻子和儿子："今天可把我累坏了，我帮助咱家的秧苗长高一大截！"他的儿子听后很不放心，赶快跑到地里去看一看，结果发现秧苗全都枯死了。

## 五、理智性原则

### （一）含义

理智性原则是指家长在对待学前儿童的教育过程中，应坚持理智、冷静和客观的态度，以理性的思考和决策来指导教育行为。这一原则强调家长在教育孩子时，不仅要有爱心和关怀，更要以理智为基础，确保教育行为符合孩子的成长需要和教育目标。

### （二）要求

1. 理性施爱

爱是父母的天性，也是教育的基础。家长通过无私的爱去感化孩子，他们针对孩子的身心发展水平与特点对其进行教育，既不拔苗助长，也不放任自流；既不一味地溺爱、放纵孩子，也不过分地限制、压迫孩子，而是施加一种受理性支配的爱。只有将感情与理智相结合地施爱，孩子才能健康成长，否则会造成孩子心理障碍。法国教育家卢梭曾经这样告诫年轻的父母："你们知道造成你们孩子的不幸的最可靠的方法是什么吗？那就是他要什么便给他什么。"在百依百顺的环境中长大的孩子，一旦步入社会，就会表现出明显的不适应，进而失去生活的勇气。

2. 要求适度

没有要求就没有教育，严格的要求才是认真有效的教育。但严格要求不等于过度苛刻、不合理的要求，而是从教育目标出发，符合儿童年龄特点和身心发展水平的要求。每一个孩子都是唯一的，他们有鲜明的个性，有自身潜在的各种能力，在他们成长的过程中孩子表现出极为明显的个体差异，他们的某些方面有快有慢、有先有后，这些都是很正常的。作为家长要了解自己孩子的成长与发展，给他们提供适宜的教育，不要盲目攀比，切忌用一把尺子衡量所有的孩子。正确的方式是应该理性地对待孩子，尊重他们的兴趣，尊重他们的选择，尊重他们的发展。

3. 严爱结合

严爱结合，即理性施爱和要求适度相结合。每位家长都深爱自己的孩子，但有一些家长对孩子爱得过度，出现了娇纵、溺爱的现象，应该说，过分的严和爱都不利于孩子的身心健康发展。

在教育孩子上，家长应做到严爱结合，对子女要爱护但决不可溺爱。家长对孩子太娇惯是不对的，但主张“棍棒之下出孝子”也有失公平，过分的严厉会使孩子变得胆小自卑。然而，在学前儿童家庭教育实践中，真正做到严爱结合并不是一件容易的事，不少家长从道理上也知道应该将爱与严结合起来，但是一遇到问题，特别是当孩子哭闹不止时，就往往会动摇家长严格管理和教育的决心，常常以感情代替理智，不能坚持原则。因此，要做到严爱结合，还需家长有坚强的教育意志。

**对点案例**

### 抉择爱

有兄弟四人，感情一直很好。有一天，小弟接到单位指令，要去非洲工作半年。小弟离婚独自带着孩子，他一走，孩子就成了问题。三位哥哥合计，每个人先轮流照顾1个月，再让孩子选择一家。

最先接手的是三哥，三哥的妻子是个农民，她对孩子可好了，孩子想要什么想吃什么，只要孩子说得出，很快就能送到手上。接着是二哥，他的妻子是一位老师，对孩子期望很高，那个月她天天都要陪着孩子看书，周末还要带孩子去参加钢琴和画画的培训。最后是大哥，他的妻子是位心理医生，在她那里，小孩基本没有享受到什么高贵的待遇，衣服是自己洗，想要的玩具也要自己去买，至于辅导，孩子提出喜欢书法，她就每个周末带他去学习一次。

3个月后，小孩选择了在大哥家继续待3个月。其他两名兄弟带着困惑去了大哥家，他们看到小家伙规规矩矩地起床、叠被、拖地，又给大哥一家去买早餐，便问孩子：“你这样做，是自愿的吗?”小家伙笑着点点头，快乐地走了。

三兄弟对孩子都是爱。三哥家把孩子当成宝，含在嘴里，挂在心上，是疼爱；二哥家生怕孩子学少了，把孩子当成了池塘，拼命地灌，是关爱；大哥家让孩子做自己喜欢的事，让孩子自由地成长，当然也少不了引导，这样的爱才是至爱。

（资料来源：路书红，乔资萍．中外家庭教育经典案例评析100篇［M］．济南：山东人民出版社，2010：27.）

**【真题链接】**

（2022年下半年）学前儿童家长在对孩子的非期望行为进行管教时，能注意调节自己的情绪，克制无益的冲动，试着了解孩子的感受和动机，这体现了（　　）。

A．理智性原则　　B．渐进性原则　　C．适切性原则　　D．科学性原则

正确答案：A

## 六、言传身教原则

### （一）含义

言传身教原则是指家长在教育孩子时，既要注重言语上的引导和教育，也要以自己的行为给孩子做出榜样。这一原则强调家长在教育过程中的双重角色，即作为教育者和榜样的角色。

### （二）要求

1．言传是家庭教育的基础

家长应该与孩子多交流、多沟通，通过言语来传递正确的价值观、道德观和行为准则。在沟通过程中，家长需要营造良好的交流氛围，理解孩子的需求和感受，引导孩子积极思考、独立解决问题。同时，家长要避免使用负面语言或过于严厉的语气，以免给孩子带来心理压力或恐惧感。

2．身教是家庭教育的关键

家长要以身作则，通过自身的行为来示范给孩子看。孩子的模仿能力很强，他们会不自觉地模仿家长的言行举止。因此，家长在日常生活中要注意自己的言行，遵守社会公德、家庭美德，做到诚实守信、尊重他人、勤劳节俭等，这样孩子才能从家长身上学到正确的行为方式和价值观。

3．身教和言教相结合

父母在实施家庭教育过程中，要根据学前儿童的年龄特点和接受程度，将身教和言教相结合，循循善诱，从而可以让孩子由无意识的模仿到有意识的模仿。无身教的言教是没有力度的，是不具体的；无言教的身教也是不充分的。孩子是祖国的未来，他们具有极强的可塑性，而父母是他们的第一任老师，孩子的许多习惯是从父母那里学习来的，家长的一言一行都会潜移默化地影响和感染孩子，因此，家长更应该规范自己的行为，用爱心来培育孩子，用细心去照顾孩子。孩子就像是一张白纸，父母若不注意，很容易将不良习气传给孩子，在白纸上留下污点。父母只有不断加强自身修养，将言传身教相结合，才能帮助孩子养成良好的习惯。

【真题链接】

（2022年上半年）家长在将子女培养教育成人的过程中，（　　）是最重要的因素。

A．教育知识　　B．以身作则　　C．教育能力　　D．成功的范例

正确答案：B

## 七、正面教育原则

古今中外的教育家们历来都重视对学前儿童的正面教育。古希腊的教育家柏拉图认为，幼儿教育应以正面引导为主。我国幼儿教育家陈鹤琴先生根据儿童喜欢称赞、嘉许、奖励，而不喜欢禁止、阻挠的心理特征提出了“正面教育”的原则。

### （一）含义

正面教育原则是指家长在进行家庭教育时，应以正面的事例和引导为主，积极向孩子展示正确的行为和价值观。这一原则主要基于学前儿童身心发展的特点，他们辨别是非、善恶的能力相对较弱，因此，通过正面的教育和引导，可以更有效地帮助他们形成正确的世界观、人生观和价值观。

### （二）要求

1．讲清道理，正面疏导

家长在育儿过程中，尽管投入了大量的时间和精力，但有时可能仍然发现教育效果不佳，甚至出现“适得其反”的现象。例如，一些家长平时眼睛老盯着孩子的缺点，整天唠唠叨叨批评个没完，或者总爱当着孩子的面去数落孩子的缺点。这种做法不仅不能帮助孩子克服缺点，对于幼

儿来说往往还会强化缺点。因为对年龄小的孩子来说，通常是以成人的评价来认识自己的，成人说他怎么样，他就会认为自己是怎样的，而且这种数落很容易伤害孩子的自尊和自信心，不利于幼儿的身心发展。孩子有了缺点，家长应该怎么办呢？首先，家长应通过讲故事、讲道理等方式耐心教育孩子。学前儿童在进行诗歌、故事模仿时，教育者应该引导他们采取好的言辞、好的音调、好的节奏，只有这样才能使儿童受到良好的道德环境的熏陶，才能和优美、理智融合在一起，最终形成积极乐观的精神状态，成为道德高尚的人。其次，当孩子在家长的教育下有了进步时，要多进行肯定、鼓励、表扬，促进孩子的行为朝着家长所期望的、良好的目标前进。一个经常得到家长正面教育的孩子总会充满信心地、愉快地成长。陈鹤琴先生主张要多给予孩子积极的鼓励和引导，不要给予消极的刺激，要多用言语来激励他，使他居于主动的地位，而且使他很高兴地去做。

### 2. 注重正面榜样和实例激励

对学前儿童而言，榜样的影响力是不可忽视的。孩子出生后，首先接触的是父母和家庭成员，这些早期的接触者对于孩子的行为习惯形成具有决定性的影响。在孩子还未掌握语言工具的阶段，他们主要通过观察和模仿来学习和理解周围的世界，并且对于好的和不好的行为习惯都会不加选择地模仿，因此，父母和家庭成员应当意识到自身的责任重大，必须注意自己的言行举止，确保为孩子提供正面的行为示范。此外，家长还可以利用生活中的实例，如孩子身边的小朋友，来对其进行正面的引导和教育。这些实例对于孩子来说更为熟悉，容易理解和接受。通过这种方式，家长可以激发孩子的上进心，促进他们形成积极向上的品德和行为习惯。

由此可见，家长在孩子行为习惯形成过程中扮演着至关重要的角色。家长应当以严谨、稳重、理性的态度，注意自身的言行举止，为孩子树立正面的榜样，并善于利用生活中的实例进行正面的引导和教育。这对于培养孩子的良好行为习惯和品德发展至关重要。

**对点案例**

妈妈和儿子坐在公交车上，途中上来一位老爷爷，妈妈连忙起身让座。过了一会儿，一位抱着婴儿的阿姨上车了，还没等大家反应过来，儿子跳下座位说："阿姨，您坐这吧！"看着小婴儿的眼睛，母子俩会心地笑了。

思考：家长要想教育好孩子，重要的是讲大道理，还是为孩子做榜样呢？

**拓展阅读**

#### 不要打孩子

"年轻的父母，你不要打小孩子，倘若要打的话，你便是先打自己。"这种话，很多家长听了，可能会不高兴："难道小孩子是好的，父母反而是坏的？小孩子是对的，父母反而是错的？小孩子不听话，应当挨打；小孩子调皮，应当挨打；小孩子不诚实，应当挨打；小孩子不肯用功读书，应当挨打。打是矫正这种种过失的特效药。古人说得好：'棒头底下出孝子'，小孩子不打，是不成事的，也是不能成器的。哪里会有做父母的反而应当挨打呢？"

“打”的问题是很复杂的，对于年轻的父母，首先要扪心自问：“孩子为什么不听话，为什么不诚实，为什么顽皮，为什么不肯用心做事，为什么不肯用功读书呢?”

一些家长可能会说：“这是没有什么理由可讲的，都是孩子的问题，孩子生来就是很坏的，长大后又看别人家孩子的坏样，就变得更加坏了。”

其实，孩子生来都是好的，即使不好，也是父母影响他的，不是他的过失。

长大后学得不好，这又是环境的影响，是教育的效果。

（资料来源：陈鹤琴. 家庭教育［M］. 上海：华东师范大学出版社，2011：233.）

## 第二节　学前儿童家庭教育的主要方法

**案例导入**

乐乐今年4岁，平时有爱打人的坏习惯，不管是在幼儿园还是平时和小伙伴玩儿，一有不开心的感觉，就会动手打人，导致小朋友们都不喜欢和他玩儿。幼儿园老师找家长沟通这一情况，家长当即表示回家一定“好好收拾他”。老师很诧异，询问如何收拾。家长的回答竟然是不行就打一顿，说了不听就得打。老师后来得知，乐乐的爸爸经常以打骂的方式来“管教”乐乐。

思考：乐乐家长的教育方法正确吗？为什么？应该采用什么方法更为合适呢？

家庭教育在孩子成长的过程中起着至关重要的作用。家长不仅需要决定教育的内容，即希望孩子学习什么，更重要的是，需要找到合适的教育方法，即如何将这些知识、技能和价值观传授给孩子。法国教育学家爱尔维认为，即使孩子的天赋并不出众，只要教育方法得当，他们仍然有可能成为不平凡的人。家庭教育方法是家长在对孩子进行教育时所选择和运用的策略及措施，直接关系到家庭教育的成功与失败。父母在坚持正确教育内容的前提下，要达到预想的效果，就必须选择科学的教育方法。

### 一、环境熏陶法

#### （一）含义

环境熏陶法是指在家庭教育中，家长有意识地通过创设良好的家庭环境和氛围，对孩子施加潜移默化的影响的教育方法。陈鹤琴先生指出：孩子生来大都是好的，到了后来，或者是好，或者是坏，都是环境的关系。环境好，小孩子就容易变好；环境坏，小孩子就容易变坏。[①]环境熏

① 陈鹤琴. 家庭教育：怎样教小孩［M］. 北京：教育科学出版社，1994：187.

陶从表面上看“无求”“无言”“无形”，而实际上隐藏着家长的无限希望，它往往把教育因素融入家庭人际环境、孩子自身的言行和情感中，在不知不觉中发挥教育功能。

### （二）要求

#### 1. 美化家庭环境

根据家庭条件安排好家庭的物质生活环境。家庭中的一桌一椅、一灯一盏、一草一木、一书一画，都是子女无声的教师。例如：使家庭环境清洁、整齐、卫生；合理选购、摆设家具，打造风格优雅、色调协调、美观大方、舒适宜人的物理环境，实现审美教育的任务；购置一些健康的书籍，为上学的孩子建立一个简单的图书角和学习角；建立良好的起居生活制度，使孩子生活规律化；家庭环境的布置和卫生工作，让孩子参与意见，并参与布置和打扫；注意环境艺术建设，增强高雅的情趣等。

#### 2. 创造和谐的家庭生活氛围

父母与孩子之间的血缘关系和亲缘关系的天然性和密切性，使父母的喜怒哀乐对孩子有强烈的感染作用。例如，患得患失、斤斤计较、悲悲戚戚的父母通常会有同样品质的孩子。在家长高兴时，孩子会参与欢乐，在家长表现出烦躁不安和闷闷不乐时，孩子的情绪也容易受影响，学前儿童更是如此。如果父母亲缺乏理智而感情用事、脾气暴躁，就会使孩子盲目地吸收其弱点，家长在处理一些突发事件时，表现出惊恐不安、措手不及，对子女的影响也不好；如果家长处事不惊、沉稳坚定，也会使子女遇事沉着冷静，这样对孩子心理品质的培养可以起到积极的作用。这就要求家长要有良好的个性品质，具备诚实守信、勤奋好学、正直勇敢、乐于助人、对人有礼貌，做事有恒心、坚韧不拔，并有开朗、热情、自信、乐观、宽容、自制等性格特征。家庭成员之间，特别是父母之间，要互相尊重、互相信任、平等待人、和睦相处，共同关注孩子的成长。在一个民主、宽松的家庭中，成人之间感情融洽，关系和谐，使孩子感到轻松愉悦，没有任何精神压力。这种环境会使孩子自发地陶醉于充满乐趣的各种创造性活动之中，这对孩子良好个性的形成，创新意识的萌发将起到一定的促进作用。

#### 3. 追求高尚的精神情趣

现代很多儿童是在电视机前度过童年的，舆论普遍认为电视媒体会造成孩子早熟、过度消费、崇尚暴力、价值观混乱等不良影响。例如，许多孩子会喜欢模仿奥特曼、蜡笔小新等电视剧人物的言行举止。对此，家长应通过和孩子一起观看，帮助孩子选择适宜的内容，积极利用媒体对孩子施加健康的影响，避免负面影响。另外，家长还可以利用艺术作品、开展艺术活动来增强孩子的美感，培养孩子欣赏美、创造美的能力。总而言之，家长要不断提高自身的文化修养，追求高尚的精神情趣，把家里的精神生活变得充实、丰富、高雅、有声有色，平时多看书，创造一种积极进取的家庭氛围。

#### 拓展阅读

**孩子们从生活中学习**

教育家多罗茜·洛·诺尔特认为，孩子们应该从生活中学习。他指出：“如果一个孩子生活在批评之中，他就学会了谴责。如果一个孩子生活在敌意之中，他就学会了争斗。如果一个孩子生活在恐惧之中，他就学会了忧虑。如果一个孩子生活在怜悯之中，他就学会了自责。如果一个孩子生活在讽刺之中，他就学会了害羞。如果一个孩子生活在嫉妒之中，他就学会了嫉妒。如果一个孩子生活在耻辱当中，他就学会了负罪感。如果一个孩子生活在鼓励之中，他就学会了自信。如果一个孩子生活在忍耐之中，他就学会了耐心。如果一个孩子生活在表扬之中，他就学会了感激。如果一个孩子生活在接受之中，他就学会了爱。如果一个孩子生活在认可之中，他就学会了自爱。如果一个孩子生活在承认之中，他就学会了要有一个目标。如果一个孩子生活在分享之中，他就学会了慷慨。如果一个孩子生活在诚实和正直之中，他就学会了什么是真理和公正。如果一个孩子生活在安全之中，他就学会了相信自己和周围的人。如果一个孩子生活在友爱之中，他就学会了认可这世界是好地方。如果一个孩子生活在真诚之中，他就会头脑平静地生活。”

（资料来源：戈登·德莱顿，珍妮特·沃斯．学习的革命：通向21世纪的个人护照［M］．顾瑞荣，等，译．北京：生活·读书·新知三联书店，1997：76．）

## 二、榜样示范法

### （一）含义

榜样示范法是指在家庭教育中，家长以自己和别人的好思想、好言语、好行为，形象生动地影响孩子的一种方法。

中外教育家都注重榜样示范，躬行身教。我国古代教育家孔子认为：“其身正，不令而行；其身不正，虽令不从。”苏联教育家马卡连柯指出：“父母对自己的要求，父母对自己家庭的尊敬，父母对自己一举一动的检点，这是首要的和最基本的教育方法。”①以身作则，身教重于言教，既是家庭教育的优良传统，也是家庭教育的重要方法，对于思维发展处在具体形象阶段的年幼孩子来讲，这一方法则更为重要。

### （二）要求

#### 1．树立父母自身榜样

孩子自出生以来接触的第一个对象就是父母，父母是孩子最直接、最经常的模仿对象。父母要发挥自身榜样的示范作用，就应严格要求自己，希望孩子做到的，自己首先要做到。例如，要求孩子不撒谎，自己就要诚实，讲信用，不说假话；要求孩子爱学习，自己就要经常看书、读报，而不能日日沉溺于打麻将、打游戏。

#### 2．借助文学作品榜样

许多优秀的儿童文学作品都蕴藏着教育孩子的巨大资源，家长应适时加以开发，利用正面典型形象，感化孩子的思想，引导孩子的行为。例如，儿子爱捣麻雀窝、爱掏燕子窝，为了激发孩子爱护鸟类、热爱大自然的美好情感，父母就可以和孩子一起欣赏童话《好朋友》（故事中茶壶对水杯说：“我们是一对好朋友。”水杯说：“对！”桌子对椅子说：“我们是一对好朋友。”椅子说：“对！”钥匙对锁说：“我们是一对好朋友。”锁说：“对！”雨伞对雨鞋说：“我们是一对好朋友。”



① 马卡连柯．马卡连柯全集（第4集）［M］．许品然，译．北京：人民教育出版社，1957：783．

雨鞋说："对！"鸟笼对小鸟说："我们是一对好朋友。"小鸟说："不对！不对！"小鸟说："我的朋友是蓝天、白云、大森林和绿草地。"小鸟还说："爱鸟的孩子也是我的好朋友。"），并启发孩子思考：如何做一个爱鸟的好孩子。

3. 利用孩子同伴榜样

孩子与伙伴的年龄、经历、特点、兴趣等都较为相似，同伴榜样对孩子有较强的吸引力和感染力，易于为孩子接受和模仿，家长如能正确加以利用，可以达到事半功倍的效果；反之，则事与愿违。例如，孩子胆量比较小，公园里看到一些小朋友在玩滑滑梯，自己想玩，但又不敢上去玩，这时，妈妈如果对孩子说："你看那些小朋友玩得多开心呀，他们真勇敢！我想你也会像他们一样大胆地从上面往下面滑的。"这样就能对孩子产生积极的影响，引导孩子效仿同伴的勇敢行为。相反，如果妈妈对女儿说："你看人家小朋友多能干呀，你再看看你自己，胆小鬼，连滑滑梯都不敢玩！"这样就会对孩子造成消极的影响，使孩子更加胆小，且会反感那些小伙伴。

**岗位链接**

案例一：孩子搭积木时，要求一旁打麻将的妈妈陪他一起玩。妈妈随手掏出10元钱，让孩子自己去买东西吃。孩子却在一边用积木排起"长城"，呼起"三筒""五条"来。显然，孩子模仿的是妈妈的行为。

案例二：孩子画画时，把铅笔放进嘴里做吸烟状。爸爸耐心地开导："铅笔芯里含铅，是有毒的，快吐出来！"孩子不听，反问爸爸："烟里有毒，爸爸不是还在抽吗？"显然，孩子不接受爸爸的劝告。

想一想：以上案例中的这两位家长应当怎样做？

## 三、活动探索法

### （一）含义

活动探索法是指在学前儿童家庭教育中，家长让孩子通过丰富多彩的活动，不断探索，尝试错误，从而掌握多种技能，发展能力，培养孩子良好品质的一种方法。学前儿童年龄小，对生活中的一切都需要学习，并且有很强的好奇心和动手操作的愿望，因此，家长让孩子参加活动去探索未知，是取得良好教育效果的重要途径。

### （二）要求

1. 开展体育活动

家长需要每天安排适合孩子年龄和生理发展水平的体育活动，如行走、做操、跳绳、转圈、打滚、攀爬、滑行、翻滚、跳跃等。这些活动不仅能促进孩子的身体发育，还能增强他们的学习能力。例如，通过一些有趣的旋转游戏，如"像直升机的旋翼一样旋转"，可以提高孩子的协调运动能力。

2. 组织游戏活动

游戏是孩子最喜欢的活动，通过游戏，孩子不仅可以得到乐趣，还能在游戏中学习。研究发现，小时候有机会玩一些独创性游戏的孩子，长大后往往具有更强的解决问题的能力。家长要为孩子开辟游戏的空间，给孩子提供游戏的材料，保证孩子游戏的时间，使孩子能按照自己的意愿进行各种游戏，如玩橡皮泥、猜谜语、开"银行"、搭"高楼"等。

### 3. 倡导劳动活动

过分庇护孩子的父母，会让孩子丧失诸多尝试错误的时机和长大成人的经验积累过程。家长要重视家庭的劳动活动，利用日常生活对孩子进行教育。例如，外出购物前，让孩子帮忙看一看冰箱里还有哪些食品，家庭各成员及孩子还需要购买哪些东西；购物时，和孩子一起搜索，比一比看谁先找到所需的物品，讨论这些物品来自何方；购物后，让孩子帮助把东西放到适当的地方储存起来；等等。

### 4. 鼓励探索活动

苏霍姆林斯基说过：“在人的心灵深处有一种根深蒂固的需要，就是希望自己是一个发现者、研究者、探究者。而在儿童的精神世界中，这种需求特别强烈。”孩子喜欢冒险和探索，在成功和失败的大量尝试中，会积累丰富的经验，自信心、进取心会得到增强。因此，家长应培养儿童主动探索的兴趣，使儿童养成发现问题的习惯，让儿童获得解决问题的能力，鼓励儿童善于学习、善于质疑，提出问题和解决问题。

# 四、奖惩激励法

## （一）含义

奖惩激励法是指在学前儿童家庭教育中，家长激励孩子发挥其积极性，使孩子明确并发扬自己的优点、长处，认识并克服自己的缺点和不足，从而主动地按正确的行为准则去行动。其方式包括表扬、奖励和批评、惩罚。

如何运用奖惩激励法

学前儿童的认识水平和心理发展还处于较低的发展阶段，他们常常通过别人的评价来调整自己的行为——如果行为得到成人的肯定与赞许，他们以后还会做出相应行为，且这些行为会因为积极愉悦的情感体验而得到巩固；如果行为受到成人的否定甚至惩罚等，就会逐渐减少。

清代思想家、教育家颜元说过：“数子十过，不如奖子一长。”现代幼儿教育家陈鹤琴先生指出：“无论什么人，受激励而改过，是很容易的，受惩罚而改过是比较难的。”因此，家长对孩子的激励应以表扬、奖励为主。

## （二）要求

### 1. 表扬、鼓励为主

表扬和鼓励是一种强化良好行为表现的方法。很多家长常常通过表扬使孩子习得自己希望他具有的行为，增加良好行为的出现频率。那么，父母应该怎样合理地运用表扬使孩子获得良好的行为规范呢？

（1）表扬应及时。当孩子第一次出现良好的行为时，必须及时表扬，并说明理由。以后有任何微小的进步，都要给予奖励，这样可以使这些行为得到强化，在儿童的头脑中巩固下来。针对孩子的弱点，要有意识地为他创造改进的机会。例如，当特别好动的孩子安静且专注地完成一幅绘画时，父母可以立即对他进行夸奖：“真棒！你画得太好了，我也想要一幅你画的画。”当孩子受到鼓励时，他会更加努力去做。

（2）采取合适的表扬方式。表扬要激发孩子的自豪感，使孩子对自己的行为有内在的肯定感，知道什么是对的，什么是有价值的。触发孩子做出相似良好行为的内在动力，明确地界定良好的、受欢迎的行为，给孩子一个清晰的概念，父母向孩子传达“你是有能力的”“你做得好”“我们爱你”“我们很满意”等信息，让孩子感到自己的行为是受欢迎的。鼓励可以是多种方式，如微笑、拥抱、拍肩、鼓掌、亲吻、抚摩头部等，肢体语言同样可以传达表扬的意思。另外，1个小贴画、1朵小红花、孩子喜欢的1本书、1个玩具等，都可以起到奖励的作用。

（3）精神奖励为主，物质奖励为辅。家长如果把物质奖励作为唯一的奖励手段，可能会使孩子把自己的行为只和外在的强化物相联系，不利于孩子思想和行为上的进步。例如，孩子取得好成绩，父母给他买玩具只是奖励的一种方式，与此同时可以结合说服教育，使孩子在得到物质的满足后进一步转化为精神上的动力，而不要让孩子单纯地以为好成绩是玩具的交换物。

2. 批评、惩罚要慎重

批评、惩罚的目的是把孩子的错误行为与其应承受的相应后果联系起来，从而引起他们不愉快的内心体验，令其内疚、悔恨，从而达到使孩子改正错误的目的。批评、惩罚使用得当，可使孩子明是非、辨善恶，对未来复杂的社会中遇到的挫折具有心理准备。但批评、惩罚是消极的教育手段，要使用得当才不会适得其反。

（1）要及时、就事论事。学前儿童善于记忆，同时也善于遗忘。因此，如果犯了错误要及时惩罚，以免孩子受到惩罚时不清楚，甚至忘记了为什么受罚。针对性强、时效性强的惩罚才能给他们留下深刻记忆。批评孩子要就事论事，批评的是孩子的不良行为，而不是不尊重孩子人格的语言和行为，切勿借题发挥、节外生枝。家长还要学会控制自己的情绪，情绪激动时处罚孩子容易引起过度惩罚，造成不良后果。

（2）与说理教育相结合。批评、惩罚一定要与说理教育结合起来。否则，孩子越受惩罚，不良行为反而越多，这就与家长的出发点背道而驰了。惩罚的目的在于抑制并消除不良行为，因此，在对孩子进行批评或惩罚时，应向孩子讲明为什么要惩罚他，使其心悦诚服，同时和他讨论或向他提出要求，下一步应该如何改正错误、如何努力。

（3）要考虑动机。心理学研究表明，人的行为受动机支配，动机不同产生的行为后果不同。孩子也是如此，由于他们身心均未成熟、思考问题不全面、动作笨拙，因此可能会出现“好心办坏事”的情况。例如，有的孩子想“自己的事自己做”，去倒水时烫了手又摔坏了杯子。因此，家长在惩罚孩子时，一定要考虑孩子是在什么情况下产生不良行为的。不分青红皂白地惩罚孩子，极有可能挫伤孩子的积极性。要先表扬孩子的“好心”，然后再帮助他分析做“坏事”的后果，告诉他以后怎样去做才能好心办好事，这样才会收到较好的效果。

（4）注意时间和场合。《黄帝内经·胎育智慧》提出批评孩子的“七不责”原则。即对众不责、悔愧不责、暮夜不责、饮食不责、欢庆不责、悲忧不责、疾病不责。

### 拓展阅读

#### 一分钟教育法

《一分钟母亲》是美国的斯潘塞·约翰逊博士所著，书中提到，一位拥有3个孩子的母亲，把教育归结在3个“一”上，即：一分钟目标，一分钟表扬，一分钟责备。她把真挚的情感渗透到表扬之中，当孩子做了好事，成绩优异达到既定目标时，她给予孩子的是拥抱和亲吻，还有温柔慈爱的目光及热烈的首肯；当孩子表现不佳时，她首先用沉默来表示自己的态度，使孩子在心理上有一定的压力，继而用低沉的话语来责备孩子，当孩子对母亲的教育心服口服，彻底承认错误、改正错误，努力完成目标时，她再次用拥抱来表示对孩子的鼓励。这位用情感去感染、教育孩子的母亲，最终达到了一分钟目标，她创造了著名的“一分钟教育法。”

（资料来源：丁连信. 学前儿童家庭教育［M］. 北京：科学出版社，2011：87.）

## 五、暗示提醒法

### （一）含义

暗示提醒法是指在学前儿童家庭教育中，家长用间接、含蓄的方式对孩子的心理施加影响，从言语上提示，从感情上感染，从行为上引导孩子的一种方法。家长希望孩子做什么，如何做，家长可根据需要用言语、动作、表情等使孩子不自觉地接受某种意见或做某事。因为暗示提醒的影响是间接的、内隐的，孩子是在无心理对抗的情况下不自觉地接受教育的，所以，暗示提醒更容易为孩子们所接受。

### （二）要求

#### 1. 重视暗示提醒

在学前家庭教育中，许多家长习惯采用明示教育，也就是直接给孩子以明确的指点，要求他这样做，而不能那样做，从而规范其行为。社会心理学家沃士德等人的实验表明，当对象觉察到外界要说服自己时，往往会产生一定的心理准备，从而警觉起来，并对引导进行挑剔；而当对象没有感到外界是有意说服自己时，就容易接受意见。所以，当“三令五申”不起作用时，家长不妨使用暗示提醒，可能会收到事半功倍的效果。家长运用暗示提醒法教育孩子，可以充分体现家长对孩子的了解、信任和尊重，有利于调动、发挥孩子的主动性、积极性和自觉性，进一步密切家长和孩子之间的关系。

#### 2. 掌握暗示的基本方法

暗示主要分为言语暗示、行为暗示、表情暗示、情境暗示。

（1）言语暗示。言语暗示就是不直接对孩子提出教育要求，而是通过讲故事、打比喻、做比较等方式把自己的观点巧妙地表达出来。比如，家长发现孩子没有洗手就想吃饭，可以说：“饭前洗手的孩子是好孩子，爸爸妈妈最喜欢这样讲卫生的孩子了。”这样比简单地说“洗洗手再吃饭”更易为孩子接受。再如，教给孩子懂礼貌时，家长可以问孩子：“见到叔叔、阿姨，你要先说什么?”让孩子自己说“要问叔叔、阿姨好”。

（2）行为暗示。行为暗示就是用体态语言把自己的想法表露出来，从而达到教育目的。行为是直观的，很容易引起孩子的注意。所以，利用行为来暗示孩子也会起到良好的教育作用。例如，当孩子在翻看画书或绘画时，如果坐姿不正，家长可面向孩子做几个挺胸的动作，孩子接受这个暗示后，会相应地做出反应，纠正自己的不良坐姿。

（3）表情暗示。表情暗示是指通过表情传达多种信息，形成刺激，使暗示对象做出反应。比如，孩子表现出色时，家长可以对他会心地微笑，这对孩子来说是一种激励。相反，如果孩子表现不好，不按正确的行为规范去做时，家长可以给他一个相对严肃的表情，这时，孩子会意识到家长不喜欢自己当前的行为，并自觉地加以纠正。

（4）情境暗示。情境暗示是指家长利用良好的情境对孩子进行潜移默化的熏陶和感染，使其受到感化和教育。整洁舒适的家庭环境、融洽亲密的家庭关系、民主和睦的家庭氛围会使孩子受到良好的熏陶，有利于孩子的健康成长。例如，当孩子不按时睡觉时，家长可以指指旁边睡着的小花猫，暗示孩子该睡了。也可以躺在孩子身边装睡，孩子在大家都睡了的情境之下，也会很快入睡。

## 六、兴趣诱导法

### （一）含义

学习的最高境界是自己想学，而达到这个境界只有一条途径，即兴趣。兴趣是什么？兴趣就是求知的天然欲望，就是好奇心，求知比获取知识更为重要。

兴趣诱导法是指在家庭教育中，家长要善于了解孩子的特点，发现孩子的需要，捕捉孩子的兴趣，引导孩子对周围事物进行深入探究和学习的方法。

## （二）要求

### 1. 重视孩子的兴趣

兴趣是最好的老师。孩子兴趣的流露往往是不经意的，或许是在玩耍时，或许是在学习过程中，也有的可能是在交流、倾听、运动等日常生活中产生的。例如，有的孩子对音乐、节奏等极为敏感，只要听到音乐声，哭闹、玩耍也会不由自主地安静和停下来，这表明他极有可能具有音乐潜能；有的孩子为了琢磨、探究某类事物的原理，常常拆卸拼装闹钟、玩具等，锲而不舍，不厌其烦。

### 2. 发现兴趣，引导孩子发展其个性化特点

家长应善于发现他们的兴趣和天赋，因势利导，因材施教，使孩子的兴趣沿着积极、健康的方向发展。当发现孩子对某一事物感兴趣时，就要提供丰富的相关材料及环境进行引导、加深和拓宽，进行有针对性的教育培养，进行“提升教育”。

#### 岗位链接

世界著名数学家、物理学家高斯小时候是一个非常调皮、淘气的孩子，在一次偶然的机会，老师发现了这位数学天才。那天，老师出了一道算术题：1+2+3+4+…+50=？不到5分钟，高斯就举手说出了问题的答案，他表现出了杰出的数学才能。从此，教师专门为高斯制订了培养计划，终于使他走上成功之路。

思考：如果当时老师对一贯调皮、淘气的高斯置之不理，另眼相看，其结果会怎么样呢？高斯还会有以后的辉煌吗？

（资料来源：周雪艳．学前儿童家庭与社区教育［M］．上海：复旦大学出版社，2014：65.）

### 3. 不要把兴趣爱好功利化

培养孩子各种兴趣的主要目的是提高孩子的整体素质。但是如今很多的孩子都在为了“兴趣”而忙着赶场，如美术班、舞蹈班、钢琴班、武术班、轮滑班等。参加各种“兴趣班”成了很多家长培养孩子一技之长而普遍选择的一种途径。

通过激发兴趣让孩子爱上学习，并通过学习让孩子具备一技之长，这是每个家长的愿望。可孩子真的有意愿参加这些兴趣班吗？调查结果显示，在所有受访的孩子当中有52.5%的孩子正在学习或曾经学习过钢琴等乐器，其中表示“非常喜欢”演奏乐器的为11.5%，有30.1%的孩子明确表示“不喜欢”和“一般喜欢”。也就是说，这些培养孩子兴趣的课余活动，孩子并不是“非常喜欢”，出于自愿，大都是以父母的兴趣、意愿代替孩子的兴趣、意愿。在这样的学习过程中，不仅孩子感受不到快乐，家长们也会很疲惫。

教育中只要有功利色彩，教育者就会不由自主地进行攀比，心态容易失衡，进而导致强行塑造、过度教育，把兴趣变成负担，把快乐变为痛苦，压抑孩子的个性与心灵，使孩子的创造性发展受阻，导致孩子情感不健康、人格不健全。

## 章节测验

### 一、思考与练习

1. 学前儿童家庭教育的原则有哪些？试述各原则的含义和要求。
2. 学前儿童家庭教育的方法包括哪几种？在学前儿童家庭教育中，家长应该如何运用这些方法去教育孩子？

### 二、实践分析题

一天下午，果果妈妈在接果果离开幼儿园回家的路上，果果高兴地告诉妈妈："老师今天表扬我了！"妈妈急忙问道："老师为什么表扬你呢？"果果说："因为吃苹果时，我挑了一个最小的。"妈妈听后生气地说："你真傻，我们家交的钱和别人家一样多，下次吃苹果时，你一定要挑一个最大的，把我们家今天造成的损失弥补回来。"

请分析上面的材料，试用学前儿童家庭教育的原则与方法加以评析。

第三章

# 影响学前儿童家庭教育的因素

## 学习目标

1. 了解我国政治、经济、文化对家庭教育所产生的影响。
2. 熟悉不同的家庭教养态度对儿童发展所产生的影响。
3. 掌握影响学前儿童家庭教育的主要因素，并能结合实际情况，运用所学知识分析、解决家庭教育中的相关问题。

## 知识导图

- 影响学前儿童家庭教育的因素
  - 家长的自身素质
    - 家长的道德素质
    - 家长的文化素质
    - 家长的教育素质
    - 家长的心理素质
  - 家长的教养方式
    - 家长的教育观念
    - 家长的教养态度及方式
  - 家庭生活环境
    - 家庭成员结构
    - 家庭经济生活
    - 家庭成员之间的关系
    - 家庭生活方式
  - 家庭教育的社会影响因素
    - 政治方面的影响
    - 经济方面的影响
    - 文化方面的影响

# 第一节　家长的自身素质

### 案例导入

2024年初，一部热播电视剧《欢乐家长群》引起了小学生父母的共鸣，其中高宇轩妈妈和肖家瑞妈妈这两个角色也引起了激烈的讨论。其中有一幕是这样的：

一年级班长马子恒的妈妈长得非常漂亮，引起了许多男性为其献殷勤，主动示好、加微信等，其中包含学校的一位保安。他加了马子恒的妈妈的微信并经常进行骚扰，还威胁她，如果敢把他删除就会将他们的聊天记录发布到家长群。结果保安也真的将聊天截屏进行处理发布到了家长群里，肖家瑞的妈妈立刻在群里说："太不要脸了，坚决踢出群。"高宇轩的妈妈也在群里附和："怎么能在自己孩子的家长群里乱来呢？难道不替自己孩子想想吗？"第二天到学校，高宇轩和肖家瑞就在班级里拉拢同学，排斥马子恒，还把他们妈妈说的话在同学面前到处传播。

思考：案例中体现了什么样的家庭教育观念？你是如何看待高宇轩妈妈和肖家瑞妈妈的行为呢？

在学前儿童家庭教育的过程中，家长是实施教育的主体，具有主导作用。因此，家长素质的高低会影响家庭教育质量的高低，进而影响儿童的健康发展。总之，家长的素质决定了家庭教育的成败。其中，家长的道德素质、文化素质以及心理素质对学前儿童的影响是更为直接的。

## 一、家长的道德素质

道德素质是人们的道德认识和道德行为水平的综合反映。家长的道德素质不仅体现了家长日常生活的行为准则及人格态度，还决定了家庭教育的指导思想和方向。实践证明，家长的道德素质是儿童道德品质形成的基础，它制约着儿童道德认识的提高、道德情感的陶冶、道德意志的锻炼和道德行为的养成。习近平总书记明确指出“立德树人”是家庭教育的核心任务，这也深深地体现了父母的道德素质对学前儿童家庭教育的重要影响。

### （一）家长的婚姻道德影响儿童的心灵健康

婚姻道德属于家庭伦理的一种，指的是在一定社会历史条件下，男女双方结合为夫妻应遵循的道德观念和道德规范的总称。首先，良好的夫妻关系是维护家庭的重要基础，夫妻关系和睦会让儿童感受到家庭的温馨、父母的关爱与呵护，有利于促进儿童良好社会性的发展。相反，如果夫妻关系紧张、经常吵架等，儿童在这种环境下成长会逐渐表现出问题行为，甚至犯罪行为。因此，父母要树立正确的家庭道德观，以家庭责任、社会责任为重，相互理解与支持，共同为儿童发展营造良好的家庭环境。

### （二）家长的育儿道德影响儿童的言谈举止

儿童的心理品质及人格发展基本形成于家庭，而父母作为家庭中的主要教养者，其一言一行、一举一动都会潜移默化地影响儿童的发展，并且这种影响会伴随儿童的一生。孔子曾说过：少成若天性，习惯如自然。同时，儿童也是父母的一面镜子，通过一个儿童，基本可以判断出其父母是一个怎样的人。如若父母在儿童面前举止大方、通情达理、关心爱护自己的家人，儿童也会形成自信、阳光、落落大方的性格；反之，父母在儿童面前互相打骂、指责，邋里邋遢等，儿童也将会形成与父母相似的人格。在幼儿园界流传着一个让老师们很头疼的说法，叫“五加二等于零”，其表达的意思是：一个星期，幼儿园老师花了五天的时间进行正面的养成教育，经过两天的周末，儿童再回到幼儿园，幼儿园的教育就回归零点了。因此，父母在日常生活中应时刻注意自己的言行举止，给儿童树立良好的榜样。

**拓展阅读**

**纪晓岚家风——“四宜”“四戒”“四莫”**

纪晓岚是清朝有名的政治家、文学家，是乾隆年间的官员。因为他能言善辩，人称“铁齿铜牙纪晓岚”。他一生为官清廉，为国家选拔、举荐大量的人才，始终坚持以真才实学为标准、绝对不允许考生行贿送礼。纪晓岚去世后嘉庆帝亲笔题写墓志铭：“敏而好学可为文，授之以政无不达。”由于他长期在外居官，无法顾及家庭，深知妻子教子以偏爱为主，于是写家书告诉妻子如何教育儿童，便有了“四宜”“四戒”的家风要求。

“四宜”：一宜勤读，二宜敬师，三宜爱众，四宜慎食。

“四戒”：一戒晚起，二戒懒惰，三戒奢华，四戒骄傲。

纪晓岚不仅先后给自己的儿子们、堂兄弟、内侄子等写下了许多意味深长的家书，告诫他们如何做人，还写信告诉自己的夫人，万万不可溺爱儿童，而应该担负起教育的责任，从严要求。除此之外，他在临终前还给子孙们留下了“四莫”遗训：“贫莫断书香，富莫入盐行；贱莫做奴役，贵莫贪贿赃。”意思是说，即使家境贫困，也不要让后代失学，不能放弃读书、放弃知识；即使富贵了，也不能为所欲为、做损人利己的事，特别是不能贪污受贿，要保持自己高尚的人格。

这“四戒”“四宜”“四莫”凝聚了纪晓岚的人生哲学。语言虽质朴，却蕴藏深意。

### （三）家长的传统美德影响儿童的行为习惯

经济发展与社会进步给每个家庭带来极为丰富的物质享受，同时也给儿童的思想观念带来一些负面影响。许多家长往往热衷于物质上的给予，而忽视对儿童思想上的教育与引导。文明礼貌、谦逊有礼、尊老爱幼等都是我们中华民族优秀的传统美德。在日常生活中，父母如若能对儿童言传身教，就会使这些美德在儿童身上有所体现。古语云：川广自源，成人在始。家庭传统美德教育环境的营造主要是家长的“言传”和“身教”。若家庭关系和睦、温馨；家庭环境整洁、健康；家庭成员积极、向上，儿童也会发展为一个有爱之人。此外，家长还要做儿童的实践引领者，让儿童成为参与者，只有亲自体验，才能感受到传统美德的魅力，才能感受到传统美德带给人的愉悦。所以，父母应该以身作则并引导儿童的一言一行。

### （四）家长的社会道德影响儿童的文明意识

社会道德是人民大众的道德，是指社会共同遵守的规范和价值观。它是由人们共同创造和遵守的，旨在维持社会秩序和促进公平正义。由于儿童的模仿性，父母所表现出来的社会道德也在潜移默化地影响儿童。品德高尚的家长，他的儿童也会乐于助人；志向远大的家长，其子女也会奋发图强。但是，也有部分家长不提升个人自身品德修养，却对儿童百般要求。例如：自己胸无大志，却要求儿童有出息；自己只顾赚钱发财，不关心儿童教育，却要儿童学习成绩第一；自己满嘴脏话，却要儿童文明礼貌。这样的家长自身道德素质不高，必然会影响到儿童道德水平的发展。因此，提高自身品德修养是每个家长一生的学业，因为美德是可以代代相传的。

#### 岗位链接

程程是中班的一位小朋友，在幼儿园里他学习了遵守交通规则，知道“红灯停、绿灯行、黄灯亮了等一等”。有一天，他在班里和刘老师聊天：“刘老师，不是只有绿灯可以通行吗？为什么黄灯都亮了，爸爸还开车呢？”刘老师就问程程发生了什么事情？程程说：“周日爸爸带我和妈妈去超市，爸爸开着车，有一个路口我们本来可以绿灯过去的，但是前面有一辆车挡住了，后来就亮黄灯了，但是爸爸嗖的一下就冲过去了。还有，在一个桥底路口我们掉头的时候，好几个人明明是红灯，他们也都过马路，我爸爸就停车先让他们过马路了。”

思考：如果你是刘老师，应该如何解答程程的疑问呢？从家园社协同育人的角度，老师还可以做些什么呢？

## 二、家长的文化素质

家长的文化素质是指家长在知识、审美、文化等方面所表现出来的水平。许多研究表明，家长的文化素质可以影响儿童的认知发展水平、家长的教育水平以及家庭的生活环境和生活方式等。

### （一）家长应具备较高的文化素质

英国思想家培根曾说："历史使人聪明，诗歌使人富于想象，数学使人精确，自然哲学使人深刻，伦理学使人庄重，逻辑学和修辞学使人善辩。"一方面，家长的文化素质引导着家庭的价值走向，影响着自身对儿童的教育能力和教育质量。可以说，家长的文化素质越高，家庭教育观念更新得越快，他们会主动汲取先进的教育理念和方式，为儿童树立良好的榜样。学前儿童正处于生长发育的关键时期，他们的心中有很多的未解之谜需要家长为他们答疑解惑。父母具有一定的文化素质，在家庭中儿童可以毫无顾忌地随时向父母请教、发问。父母正确、恰当的回答，不仅可以使儿童的求知欲望得到一定的满足，还可以开阔儿童的眼界，这种智力的启蒙教育是非常重要的。另一方面，家长的文化素质与家长的职业优劣、经济收入的多少、社会地位的高低都有密切的联系。家长的文化素质决定家长的处世能力与行为方式，决定家庭所处的社区环境与家庭环境，从而也决定儿童成长环境中的有利因素与不利因素，影响儿童总体的发展方向。

**【真题链接】**

（2022年上半年）对称职父母在文化修养方面的要求一般是指（　　）。

A．有较高的学历文凭　　　　B．能写会算

C．有修养会学习　　　　D．对文字的理解力较强

正确答案：C

**拓展阅读**

德国的一位社会学家对"父亲的职业及受教育程度与儿童学业成绩之间的关系"做了一项调查，他们按学生父亲的职业和受教育程度划分的十年级学生在校学习成绩分别是：父亲未接受过良好教育其子女在校学习成绩优秀的占6%，良好的占52%，一般的占41%，及格的占1%；父亲是熟练工人的，子女在校学习成绩优秀的占7%，良好的占61%，一般的占30%，及格的占1%，没有回答的占1%；父亲是专科学校毕业的，子女在校学习成绩优秀的占16%，良好的占59%，一般的占24%，及格的占1%；父亲是本科毕业的，子女在校学习成绩优秀的占15%，良好的占63%，一般的占21%，没有回答的占1%，以上调查结果可以说明家长文化素养的高低，对子女的学习成绩有很大的影响。

### （二）家长应具备一定的艺术修养

习近平总书记在谈及学校应培养什么人的问题时，提出学校教育要"坚持以美育人，以文化人，提高学生审美和人文素养"。文化素养有很多方面的内涵，其中音乐、美术、体育等知识修养也包含其中。很多家长在儿童幼儿园时期就会给其报各种兴趣班，如舞蹈、吉他、钢琴等。实

际上，如果家长也具备一些简单的艺术修养，可以更有效地陪伴儿童、指导儿童，既陶冶情操，又在儿童面前起到榜样的作用。在儿童的成长期，家长的作用就是教育引导儿童，使他们成为爱学习、懂学习、会学习的健康的优秀人才。但也有学者提出，文化素质越高的家长，他们可能对儿童的期望更高，儿童从出生就走上了父母给预设好的成长路线，在成长的过程中经过同伴、社会化的影响，可能会出现叛逆、学业退步等问题。

不言而喻，家长的文化素质和儿童的学习、品德有密切关系，但也不是绝对的。家长文化素质作用的发挥，和家长其他的素质密切相关，同时，也受到儿童自身主观能动性的制约。家长要不断提高自己的文化素养，对子女的健康成长、对家庭的发展都是有益的。

## 三、家长的教育素质

家长的教育素质主要包括家长的教养态度、教育观念、教育知识、教育能力等。家长的教养态度对儿童的发展有重要影响，这部分内容我们将在本章第二节“家长的教养方式”中详细介绍。家长的教育观念、教育知识主要通过家长自学和幼儿园及其他单位开展的家教指导去提高、把握。家长的教育能力是家长教育素质的最终体现，也是家庭教育成败的关键因素，这种能力包括观察记录的能力、了解子女的能力、分析评价的能力、解决问题的能力等。

### （一）观察、记录儿童成长的能力

儿童的成长有两个加速期，一个是学前期，一个是青春期。学前期是儿童成长最快的阶段，家长可以通过观察、记录儿童每天、每周、每月、每年的发展变化，可以清楚地了解到儿童的身心发展水平和特点，采取有针对性的教育措施，并预测儿童将来发展的某些方向，记录的资料也可以让儿童了解到小时候成长过程中的表现与问题，同时也可以促进家长教育知识和能力的提高。观察儿童可以从以下几个方面着手：

（1）观察儿童的言行举止，洞察其思想情绪。例如，儿童每天都在想什么、做什么、怎么做以及情绪状态如何，家长都应该有所了解。

（2）家长要与儿童做朋友。随着儿童年龄的增长，特别是到了少年期，儿童独立意识增强，不愿意父母管控自己，父母要和儿童做朋友，尊重儿童，平等交流。

（3）家长要做一个有心人，要对儿童的发展状况进行记录。

### （二）了解并理解儿童的能力

了解儿童是教育孩子的前提。家长要通过多种途径和方式提高了解儿童的能力，要多读有关幼儿教育的书籍，多观察、思考幼儿的活动，以便清楚地了解儿童的发展状况。

对儿童的了解，通常要注意以下几个方面：

（1）树立正确的儿童观。懂得每个幼儿都是独立的个体，不是父母的附属物，他们有着自身的各种权利，需要得到应有的尊重；幼儿身心发展均不成熟但正在迅速发展，并且有着巨大的发展潜力，需要科学的照护与教育促进。

（2）了解儿童的年龄特点。陈鹤琴先生说过：“要教养儿童，我们非要懂得儿童的生理和心理不可。”家长要了解儿童的年龄特点，包括生理特点和心理特点。比如，了解儿童的思维是具体形象的，儿童主要依靠他自己在活动中与环境、材料的相互作用来学习、建构知识，需要在游戏中掌握秩序和社会规则等。再如，家长要了解3岁左右的儿童会出现第一次反抗期，大班儿童的孩子因想象力快速发展而容易与现实混淆，会出现“撒谎”现象等。

（3）了解孩子的个别特点和实际水平。比如，自己孩子的性格特点（外向、阳光、开朗、内向、胆怯)、学习方式(书面学习、动手操作、视频学习等)、兴趣爱好和特长天赋等。在了解孩子一般发展特点和实际水平的基础上,进一步了解孩子的愿望,走进孩子的心里,解读孩子的精神世界。

### (三)正确分析和评价儿童的能力

正确分析和评价儿童的能力就是分析观察到的情况,进一步弄清原因或事情的来龙去脉,进行综合、抽象、概括,对儿童的行为与成长发展状况做出客观的判断与评价。家长要提高分析评价儿童的能力,应当注意以下几个方面:

(1)学习全面评价孩子的发展水平,以明确孩子的发展是正常还是异常。家长可以学习、参考《幼儿园教育指导纲要(试行)》《3~6岁儿童学习与发展指南》中所提到的幼儿五大领域发展目标及年龄阶段发展目标,或者请教幼儿园老师或幼教专家,根据科学的儿童发展目标系统、全面地衡量自己孩子的发展状况,尤其注意不能只看自己注重的那一方面的发展状况,而是客观、全面地评价孩子方方面面的发展,以真正了解孩子的发展属于正常还是异常。如果异常就要采取措施及时补救,超常就要进行科学的培养。

(2)要客观地分析评价孩子。孩子的发展水平受很多因素的影响,如遗传因素、年龄差异、发展速度等,这就要求家长在分析孩子时要全面、客观,既不能以偏概全,也不能主观臆断。比如,孩子为什么不喜欢学习舞蹈?除了要分析孩子的思维特点、兴趣及学习方式,还要分析老师和孩子的关系。一般情况下,如果孩子不喜欢这个任课老师,就会不喜欢这门课,则这一门课的学习效果就会受影响。

### (四)正确处理、解决问题的能力

孩子在成长过程中会产生各种各样的问题,需要家长耐心、正确地处理。在处理和解决问题的过程中要针对孩子的具体情况,采取必要的教育措施和手段,促进孩子不断进步、全面发展。家长可以从以下几个方面进行:

(1)要先讲道理。很多家长以为孩子年龄小,对抽象语言的理解能力低,给孩子讲道理效果不好,这其实是一种误解。当孩子处在一种具体的问题情境中,再结合家长的语气、神情等,是可以理解的。当然,家长不能只讲一些大而空的道理,应当尽量具体生动,必要时结合示范。

(2)要注意灵活性和艺术性。家长对孩子的指导要及时,还要讲究方法的策略性,使孩子乐于和易于接受;遇到问题有时要及时解决,有时则可以延后解决。总之,尽量让孩子在愉快的情绪中接受教育、受到启发。

**【真题链接】**

(2017年下半年)作为学前儿童家长,在教育孩子的过程中,必须具备的教育能力是(　　)。

A. 确定儿童需求、选择教育内容、运用教育方法和评价教育结果的能力

B. 了解儿童需求、评价儿童发展、运用教育方法和处理儿童问题的能力

C. 了解儿童需求、评价儿童发展、协调亲子关系和处理儿童问题的能力

D. 观察儿童兴趣、了解儿童需求、评价儿童发展和处理儿童问题的能力

正确答案:C

## 四、家长的心理素质

随着社会经济、文化的发展,人们越来越意识到心理健康对个体发展的重要性,尤其是在家

庭中，父母的心理健康会极大程度上影响儿童的成长、亲子关系、家庭氛围等。因此，父母应要注重心理素质的提升，不仅是为了儿童的成长，而且还能提高个人修养与心理健康状态。一个心理健康的家长应具有以下特征。

### （一）具有稳定的情绪情感

近年来，有一个词常常被大家提到——情绪价值。无论是儿童还是成年人，情绪情感都会直接影响到我们的行为。稳定的情绪态度和积极的情感对维持良好的家庭环境与亲子关系具有重要的作用。情绪稳定的家长不仅能为家庭创造和谐的氛围，还能通过自身的表现与行动，为孩子提供良好的榜样示范，教会孩子情绪控制与管理的方法和技巧。但如果家长情绪易怒、多变，孩子便会时刻处于警惕状态，在充满紧张和愤怒的环境中寻找生存法则，根据父母的情绪状态决定自己该如何应对，以确保自己不会被批评、打骂等。有研究表明，情绪稳定的父母培养出的儿童往往比较自信、阳光、积极；反之，儿童则易形成胆小、怯懦、自卑等性格。因此，在教育子女的过程中，父母应该时刻提醒自己保持心情舒畅、情绪愉快，不要将工作中的不满情绪和不顺心的事情带回家中，这样会影响儿童的学习情绪和身心健康发展。

**拓展阅读**

**静止脸实验**

20世纪70年代，曼彻斯特大学的心理学教授爱德华·特罗尼克和他的研究小组做了一个名为“静止脸”的实验，目的是探索母亲对孩子的情感回应模式对孩子情感认知发育和亲子依恋模式的影响。实验分为以下三个阶段。

第一阶段——正常互动：刚开始，妈妈坐在1岁左右孩子的对面，正常和他玩耍，打招呼，孩子会对妈妈的逗引做出反馈，会咿咿呀呀地回应妈妈，很高兴的样子。孩子如果指着身边的什么东西给妈妈看，妈妈也会顺应他的动作去配合，用亲密自然的表情和动作，甚至说话声去和孩子交流。可以看得出来，孩子喜欢这样的交流，在互动中，孩子显然是兴奋的。

第二阶段——刻意忽视：接下来，妈妈按照实验者的要求，不对孩子做任何反馈，面无表情。这时候孩子已经发现不对劲了，他开始想办法引起妈妈的注意，妈妈还是没有给出反应。孩子继续尝试各种努力，想让妈妈和他有互动，通过笑、指向远处、挥舞胳膊、大叫、哭闹等引起妈妈的关注和回应。但是，妈妈仍然面无表情。不到2分钟，孩子在妈妈那里没有得到正常的反馈，他开始出现负面情绪，先是四处张望，表现出紧张不安的样子，最后，孩子崩溃大哭起来。

第三阶段——安抚情绪：实验结束后，妈妈赶紧开始和孩子说话，安抚孩子，他的情绪才稳定下来。

### （二）具有积极的意志品质

优秀的父母往往能给孩子树立良好的榜样，特别是在意志品质方面。美国心理学家安杰拉·李·达克沃斯（Angela Lee Duckworth）发现：高智商似乎和成才并无绝对关系，最影响孩子学习成绩的是持久的坚毅。发展孩子坚强的意志品质，有助于增强孩子做事的积极性和责任感，让孩子养成做事有始有终的好习惯，在自理能力、解决问题的能力和独立性方面都可以得到很大提升。实际生活中，儿童在吃饭时喜欢磨磨唧唧、看电视等。如果父母自身坚持在吃饭时不看电视，不用手机，这无形中就给孩子从小留下了一个认知，吃饭的时候不能看电视、玩手机。如果父母有一方做不到，孩子便会打破认知，潜移默化地习得父母的行为，吃饭时要有手机或电视才可以。教育子女是一项长期而艰苦的事情，要有长期的计划和短期的安排。同时，还要注意耐心细致，具体周到。现在很多父母都十分重视儿童的教育，有些父母在孕期就开始参加学习班，买各种育儿书籍认真学习，生怕孩子输在起跑线上。其实，儿童的教育是一种持之以恒的长跑，在整个过程中每个环节都需要家长的支持与努力。

### （三）具有良好的个性品质

人们常说“孩子是父母的一面镜子”。父母的一言一行对孩子的行为发展有着很深的影响。个体从一出生就在与社会环境中的人、事、物等相互作用和接触中发展自己独特的个性，而这个最初的社会环境便是家庭。在家庭中，父母的性格和个性品质往往也会影响孩子自身的性格与个性品质的形成与发展。如果父母是性格乐观、积极向上的人，那么孩子也会显得无忧无虑，性格更加开朗。如果父母是性情抑郁，有着不良行为习惯，如抽烟、酗酒、骂人等的人，那么孩子也会以父母为效仿的对象，逐渐形成扭曲的人格特征。所以，父母应该为孩子树立正面的形象，比如自信、勇敢、独立、坚强等，让孩子从小形成健康的人格。父母还应该与周围的邻居、同事建立融洽的关系，让孩子懂得如何用正确的方式与人交往，使孩子的社会性得到良好的发展。

## 第二节　家长的教养方式

**案例导入**

藏书教子

苏洵以自己的勤学榜样教育儿子，对苏轼兄弟俩自小就进行精心培养。苏轼、苏辙兄弟俩贪图玩乐时，苏洵便以自己青少年时代荒废学业的教训，对二子动之以情，晓之以理。然而，这样和风细雨式的说服教育收效甚微。尽管如此，苏洵并未采用“棍棒”教育的方式，而是从孩子的好奇心和强烈的求知欲入手，积极引导，诱其入门。每当孩子玩耍打闹时，苏洵就坐在他们能看得见的一个角落里聚精会神地看书。当孩子们围过来时，他又将所读之书“藏”起来。孩子们发现了父亲的这个“怪现象”以为父亲在瞒着他们看什么好书，便趁父亲不在家时将书“偷”出来读，渐渐地，他们也把读书当成了一种乐趣。

苏洵以自身为榜样，不“棍棒”教育逼迫孩子，而是循循善诱引导孩子读书。使孩子对读书产生兴趣，这才有了后来的“三苏”。

思考：你如何看待苏洵的做法？苏洵的教育观念与方式对你有什么启示？

习近平总书记说过：家庭是社会的基本细胞，是人生的第一所学校。不论时代发生多大变化，不论生活格局发生多大变化，我们都要重视家庭建设，注重家庭、注重家教、注重家风，紧密结合培育和弘扬社会主义核心价值观，发扬光大中华民族传统家庭美德……近年来，家庭教育成为家长的一门必修课，而家长的教育观念是影响一个家庭教育质量的关键因素。

## 一、家长的教育观念

教育观念指的是家长在抚养和教育幼儿的过程中，对于幼儿的成长、教育方式和途径，以及幼儿的可塑性等方面所持有的观点或看法。这种观点和看法是相对固定的。按教育观念的内涵划分，可以将家长的教育观念划分为儿童观、亲子观和人才观等。[①]

家长的教育观念

### （一）正确的儿童观是家庭教育的关键

家长的儿童观是指家长对儿童及其发展的认识和信念，是家长对儿童的看法、观念和态度的概括。[②]具体而言，包括儿童的身心发展特点、儿童的权力和地位、影响儿童发展的因素等方面的认识。父母的儿童观在一定程度上决定了儿童的成长模式。比如：有的父母会认为儿童是社会中一个独立个体，应该给儿童充分探索的机会，那么家长可能在教育过程中会主要采用引导性、启发性的教育；有的家长则认为孩子是自己的附属物，忽视孩子的想法，一味地包办代替。因此，父母应树立正确的、科学的儿童观，具体包括以下三点。

#### 1. 尊重儿童是独立个体的属性

儿童是社会中独立的个体，享有平等的人格。家长在教育子女时应尊重儿童的人格，平等地与孩子沟通，重视孩子的愿望与需求。父母与孩子之间的关系应该是民主的，而不是自上而下的权威模式。儿童在身体与心理上的不成熟状态，需要来自父母亲物质上的照料和精神上的关爱，但这并不是说父母可以按照自己的想法去要求儿童按成人的意志做事。心理学家弗洛姆曾说过：“在一切爱的关系中，自由最重要。”父母要了解孩子的想法，给孩子足够的空间，不能剥夺儿童自由成长的意愿。

#### 2. 儿童是发展的人

陈鹤琴先生认为：“儿童不是小大人，儿童的心理与成人的心理不同，儿童时期不仅作为成人之预备，亦具他的本身的价值，我们应当尊重儿童的人格，爱护他的烂漫天真。”儿童不同于成人，他们正处于发展之中，他们有自己独特的认识方式、成长特点，儿童有巨大的发展潜能和被塑造与自我塑造的潜力，他们需要时间去成熟和发展。有一本绘本《牵着蜗牛去散步》告诉我们，儿童是在发展中的，在身体技能和心理成熟方面有着一定的发展阶段和顺序，成人要有耐心，随着孩子的脚步，陪伴孩子自然成长。

#### 3. 儿童是有个性和差异的人

科学的儿童观要关注孩子的差异和潜质。儿童在成长的过程中很容易被父母拿来与其他同龄儿童做比较，“你看××这次考试考得多好，你怎么就那么粗心；都在一个班里，都是同一个老师教，你怎么和人家差距那么大……”诸如此类的话都会影响到儿童的心理健康。每个儿童在不同方面的发展速度是有差异的，有的儿童可能说话比较晚，有的儿童可能走路比较晚。成人应该综合幼儿全面的发展进行评价，而不是将孩子的弱点去和其他儿童的优点做比较。只要为儿童夯实未来可持续发展的基础，儿童的潜能和个性的发展都不是问题。



---

① 陈帼眉，何大慧．家长的教育观念：一个值得重视的新概念［J］．家庭教育，1994（1）：47.

② 蔡岳建．家庭教育引论［M］．合肥：安徽教育出版社，2010：46.

### （二）正确的亲子观是家庭教育的基础

家长的亲子观，是指家长对子女和自己相互关系的基本看法。父母与子女之间的关系，既是基于亲情的长辈与晚辈的关系、教育者与受教育者的关系，也应当是亲密的朋友关系。家长不应当把孩子作为私有财产或自己的附属物，希望通过孩子来补偿自己生活中的缺憾，从而实现自己年轻时未能实现的理想和愿望等。同时，家长也不能一厢情愿自觉或不自觉地将自己的意愿强加到孩子身上，甚至把他们当成炫耀品。孩子是用来疼爱、关怀和鼓励的，父母要树立正确的亲子观念，育儿之路才能更加和谐，家庭生活才能更加幸福。

### （三）正确的人才观是家庭教育的保障

人才是任何时代的核心，是推动历史前进的重要力量。但是人才不仅需要赏识和培养，更需要一个良好的成长环境。家长的人才观是家长对人才价值的理解，它影响家长对子女成才的价值取向和对子女的期望。[①]自古以来，很多父母都会产生“望子成龙，望女成凤”的想法，当然，这和时代的发展相关。随着新时代的发展，很多家长转变了自己的人才观，会考虑儿童自己本身的兴趣爱好和意愿，给儿童充分自由发展的空间。实际上，只要教育得法，每个人都可以发挥自己的优势，成为对社会有用的人。作为家长，要立足于儿童的个性特点、兴趣爱好、发展潜力等，尊重儿童，引导和帮助儿童在基本素养、基本能力以及生活态度方面获得全面发展，相信儿童发展的多种可能。

**【真题链接】**

1.（2021年上半年）在影响儿童家庭教育质量的各种因素中，规定着学前儿童家长进行家庭教育方向的因素是学前儿童家长的（　　）。

A．教育观念　　B．教育方法　　C．教养方式　　D．教育能力

正确答案：A

2.（2020年下半年）支配着学前儿童家长对儿童进行教育的目标、方向、手段、行为及方式方法的是学前儿童家长的（　　）。

A．教育观　　B．人才观　　C．儿童观　　D．价值观

正确答案：A

## 二、家长的教养态度及方式

美国学者斯特拉·切斯和亚历山大·托马斯曾对135名儿童从婴儿期直到成年进行追踪研究，发现有两种力量在塑造孩子的个性。一是孩子的气质，二是父母对孩子做出的反应。孩子成为什么样的人是其天性和父母的养育相互作用的结果，家长不同的教养态度在孩子成长的过程中会产生不同的作用。[②]教养态度包括行为和态度两个层次。行为是指家长对子女的管教和监控行为，态度是指家长对子女情感需求的理解性与反应性（如父母对子女的关怀、语言表达、对子女行为的态度和评价等）。态度中蕴含着父母对教育问题的主观认知与情感好恶，由于其持久稳定

① 何俊华，马冬平．家庭教育学［M］．北京：清华大学出版社，2017：41．
② 李生兰．成功育儿取决于家长态度（一）：教养孩子，你持哪种态度［J］．家庭教育，2004，(12)：7-11．

的特点，每个父母都会形成自己的教育态度模式，这种模式一旦形成就不易改变。教养态度是教养方式的基础和前提，它决定了父母在养育子女过程中的总体取向和方式选择。

1967年，美国心理学家鲍姆林德对来自95个家庭、103位学龄前儿童进行访谈、测试和家庭研究，她根据儿童父母的教养模式和儿童个性特点之间的联系提出了三种具体的教养方式类型：民主型、专制型、放任型。在进一步的研究中，她发现不同的父母教养方式主要的差别就在于要求性和回应性这两个维度，将这两个维度做不同组合，就产生了四种不同的家庭教养方式，1983年，学者麦克比和马丁补充了第四种教养模式——忽视型。

### （一）民主型

民主型父母的特点是高要求性与高回应性，这类父母通常会给儿童一定的理解与尊重，以理性的、面向问题的方式指导儿童的活动，鼓励儿童独立思考，积极回应儿童的需要并做出行为反应。但同时，他们也对儿童有较高的要求，对儿童不同的行为表现奖惩分明。在这种教养方式下培养出的儿童往往表现出较强的自尊、自信、独立性，性格活泼、开朗、热情等。

**【真题链接】**

（2021年下半年）（　　）的学前儿童家长对孩子给予中等程度的关爱和中等程度的允许或限制，对孩子保持温和的态度，能合理接纳孩子的意见和想法，亲子间采取开放的态度和方式进行沟通。

A. 绝对权威型　　B. 民主权威型　　C. 娇惯溺爱型　　D. 忽视冷漠型

正确答案：B

### （二）专制型

专制型父母的特点是高要求性与低回应性，专制型教养方式指的是父母在严格和不合理的方式下对幼儿进行支配、控制、监管和高估的行为。专制型父母对孩子的限制性较强，会给孩子设置很多规则，并要求孩子严格遵守。但是却对孩子的接纳和回应远远不够，忽视孩子的兴趣与需求，很少向孩子解释遵守规则的必要性，并在教育过程中采取强制性手段，让孩子听从于自己的命令，孩子没有发言权，若有违反就会遭受训斥和惩罚，甚至是粗暴的惩罚。在专制型教养模式下培养出的儿童往往容易形成喜怒无常，易被激怒，不愿意与同伴合作、具有攻击性的性格，甚至有可能犯罪等。

**岗位链接**

某幼儿园中一班老师临时有事，幼儿的晨检工作就由“新老师”王老师来完成，王老师站在教室门口迎接着已经入园准备进班的孩子，孩子们看到王老师有的会主动和老师打招呼，并询问自己班的老师去哪儿了，有的会很小声地问个好检查完就进教室了。这时，小苏子低着头跟在爸爸的后面进入了幼儿园，当王老师微笑着向他问好时，他听到老师的声音立即抬起头来看了一眼就往教室里张望，然后缩在爸爸的后面躲闪着不让老师看见，手有些颤抖、红着眼眶哭了起来，不愿意进教室，小苏子爸爸一看这种情况板着脸说：“快点给我进去，都上中班了还哭。”说完就把小苏子的手掰开，把他拉进教室交给王老师，看着小苏子说：“看晚上回去我怎么收拾你，那么大还哭，羞不羞人。”说完后就转身出了教室。小苏子听到爸爸这么说咬着嘴唇强忍着不哭出声音来，整个身体颤抖得更厉害了，王老师忙蹲下来拉着他的手安慰着，问他怎么了？他看到爸爸走出了教室，立刻大喊大叫着要回去，手脚乱打乱踢挣扎着往外面跑。小苏子的哭喊声很快惊动了本班的老师，她们从不远处的办公室赶了过来，在操场上和王老师一起拦住了小苏子，小苏子看到自己班的老师后明显声音小了很多，也不往外跑了。

思考：如果你是小苏子的老师，你会如何处理呢？

### （三）放任型

放任型又称“溺爱型”。其特点是低要求性与高回应性。放任型教养方式下的家长几乎不会对孩子提出要求，还会最大限度地满足孩子的一切要求。对于学前儿童来说，他们在诸多方面还不具备做决定的能力，但是父母也没有给予正向的引导与教育，任由孩子自我决定。例如，儿童自己安排饮食起居，纵容儿童贪玩、看电视等。在这种教养方式下成长的儿童，往往因缺少行为标准、规则而表现出任性、自私、合作性差、缺乏控制力和责任感。

拓展阅读

#### “四二一”综合征

“四二一”是一种家庭结构，指由祖父、祖母、外祖父、外祖母四人，父亲、母亲二人和一个独生子女所构成的金字塔形的家庭。四位老人和两位父母共同抚养一个孩子，孩子集百般宠爱于一身，长辈对孩子表现出不同程度的溺爱，孩子变得越来越娇贵，于是被称为“四二一”综合征。根据山东省中山心理治疗与咨询研究中心的统计，在寻求心理咨询帮助的家庭中，溺爱型家庭占到70%～80%。溺爱型家庭里，家长过度宠爱孩子，对孩子的要求无条件接受，想尽一切办法满足，即使孩子做错了，也要为其争辩。长期生活在这种家庭中，孩子会习惯高人一等、以自我为中心，容易形成任性自私、不懂礼貌、缺乏同情心等不良的性格特征。在人际交往中，他们缺乏责任感、不懂得关心别人，难以交到朋友，逐渐孤僻离群，遇到不满容易出现攻击、报复等反社会行为。

### （四）忽视型

忽视型父母的特点是低要求性与低回应性。这类父母常常沉浸在自己的压力和问题中，对孩子既缺乏爱的情感和积极反应，又缺少行为方面的要求和控制，且容易流露厌烦、不愿搭理的态度，因此亲子间的互动很少。在这种教养方式下，儿童往往缺乏安全感、自控力，自由散漫，社会适应性较差。此外，这类孩子在青少年时期更有可能出现不良行为问题。

每种教养方式通常都会以不同的形式影响着儿童的发展。然而，有时孩子会表现出与其父亲或母亲的教养方式无关的品质或行为。但总体而言，大多数研究认为第一种民主型的教养方式是比较好的，民主型的父母很好地承担了教育孩子的责任。这份责任中既包括为孩子制定一定的规则让他更好地成长，同时也包括给予孩子充足的爱，让孩子在一个充满关爱的环境中成长。父母给孩子营造了一种平等、理解、尊重和包容的环境，让孩子和父母可以有效地交流沟通，一起共同成长。当然，在现实生活中，教养方式并不是固定和单一的，通常父母对孩子都是两种甚至多种教养方式的变换或者结合，并不能说哪一种教养方式就一定是完美无缺的。每个孩子都是不同的，父母根据孩子的性格特点来“因材施教”才是最重要的。

## 【真题链接】

1.（2021年下半年）孩子性格中对父母教养方式的影响最突出的一个方面是孩子的（　　）。

A．年龄　　B．情绪特征　　C．自我态度　　D．性别

正确答案：C

2.（2020年下半年）美国心理学家鲍尔特温将家长对子女的教养方式概括为专制型、溺爱型、放任型和民主型四类，她划分的依据是（　　）。

A．父母教养行为与儿童个性的相关研究

B．家长的人格特点

C．家长教养方式的基本向度

D．接受—拒绝

正确答案：B

3.（2021年下半年）不属于称职父母的典型特征的是（　　）。

A．良好的身体素质

B．良好的道德品行

C．乐观的人生态度

D．绝对权威的观念意识

正确答案：D

# 第三节　家庭生活环境

案例导入

“头疼”的小宇

在一个普通的小城市，住着一对夫妇张先生和李女士，以及他们的儿子小宇。张先生是一位事业有成的商人，经常忙于工作，而李女士则是一名全职妈妈，负责照顾家庭和孩子。然而，这对夫妇的关系却不是很和睦，经常因为一点点琐事就大吵大闹，有时张先生还会在家里摔杯子、砸桌子，李女士自己一个人默默地哭泣，导致家庭氛围很紧张。小宇是一个聪明伶俐的孩子，但由于父母关系的不和睦，导致他的成长过程充满了困扰。每当父母一吵架，小宇就开始头疼，而当小宇喊头疼的时候，妈妈就会过来看小宇，和爸爸的争吵也就结束了。但这样的家庭氛围让小宇长期生活在压力和焦虑之中，导致他经常头疼，无法专注于学习，成绩逐渐下滑。他的老师和同学们都注意到了他的变化，但无法找到问题的根源。小宇变得越来越沉默寡言，与同学的关系也变得疏远。

思考：小宇为什么会总是头疼？家庭不和睦会给儿童的成长带来什么影响？

## 一、家庭成员结构

随着时代的发展，我国的家庭结构发生了显著的变化。例如，计划生育政策的实施，家庭规模逐渐趋于小型化；传统宗族制度被打破，也逐渐涌现出了不婚主义、丁克家庭等新现象，从而促使家庭成员结构产生了新的变化。家庭成员结构主要包括家庭成员人数及家庭规模，家庭成员数量的多少以及家庭规模的大小都对儿童的身心发展产生了或多或少的影响。

在核心家庭中，主要由父母和子女组成，父母的价值观、教育理念与方式等对子女的发展所产生的影响更加深刻与持久。一方面，由于这类家庭中只有父母和子女两代人，家庭结构和关系比较简单，父母与孩子间的互动和交流较多，容易形成亲密的家庭关系和积极的亲子依恋。另一方面，由于计划生育的实施，核心家庭中的子女多为独生子女，其在家庭中的交往对象比较单一，无法通过与兄弟姐妹的互动而学习同伴交往技能。因此，需要父母有意识地给孩子创造和其他同伴互动的机会，以促进孩子人际交往能力的发展。

在主干家庭中，由于祖辈、父辈以及孙辈三代人生活在一起，人口相对比较多，家庭成员结构和家庭关系相对核心家庭来说更为复杂。在这样的家庭中，除了父（母）子（女）关系外，祖孙关系也是重要的家庭关系，儿童可以通过与父辈以及祖辈的交往，学习尊敬长者、积极交往并继承优秀的传统文化。祖孙关系随着祖父母寿命的延长，持续的时间也延长了，使得祖父母对孙子女的影响也更加深入，隔代教养也成为现代社会的普遍现象。由于祖父母与年轻父母两代人在思想观念上的差异，容易出现家庭成员教育观念和教育方式的不一致，易引发儿童教育的冲突，这种冲突会对儿童的社会性发展产生消极的影响。

随着我国社会的发展与变迁，单亲家庭在现代的社会生活中越来越普遍，这类家庭的完整性和稳定性遭到破坏，家庭的固有功能遭到削减甚至消失。因此，父母离异形成的单亲家庭对儿童的伤害要比父母一方自然死亡带来的伤害更大，但影响程度和儿童的性别、年龄、失去父亲或母亲的原因以及父母的态度等多种因素有关。孩子虽然不是父母离异中的当事人，但是父母的离异会对孩子的心理、生活适应等带来巨大的冲击，进而影响孩子与同伴的关系、孩子的自控能力、亲子关系等方面。如果父母离异后仍旧能够就孩子的教育问题和成长中遇到的问题进行积极的沟通和交流，那么离婚对孩子的影响会大大降低。

## 二、家庭经济生活

根据美国心理学家布朗芬·布伦纳的生态系统理论，家庭经济收入属于影响儿童个体发展的外部条件因素。家庭社会经济地位是对儿童家庭成员的社会和经济地位的度量，包括家庭中核心主体的受教育水平、收入等。[①]而家庭经济的收入水平决定了家庭成员的生活质量、健康水平、营养和生活条件以及家庭成员的自我价值感等，这些因素又会对儿童成长的物质环境、心理环境以及人际环境产生影响。20世纪70年代，国外学者开始对家庭经济收入较低的儿童进行研究，尤其是对贫困家庭的儿童发展进行研究。家庭经济收入较高的家庭往往有着良好的经济条件，丰富的家庭资源，同时父母的受教育水平较高，也更为关注子女的成长，注重对子女的教育引导与生活支持等，使得幼儿的认知与社会性发展状况良好，从而有利于幼儿的学业成就。

有学者研究发现，家庭社会经济地位高的家庭中，儿童无论是在身体发育、学业表现还是社

① 王偲，张蕾，姚梦梦. 家庭社会经济地位与学前儿童学习能力发展的关系：家庭阅读环境的中介作用［J］. 教育生物学杂志，2023，11（5）：368-372.

会能力方面都发展较好，而社会经济地位低的家庭中的儿童往往更容易表现出社交困难、攻击行为频繁、人际关系不良等社会性问题。学者姚燕和郑荔对农村幼儿家庭社会经济地位和儿童叙事能力之间的关系进行了研究，结果显示家庭社会经济地位越高，儿童的叙事能力越强。[①]还有大量研究表明，社会经济地位较低的家庭会使儿童的情感发展产生风险，儿童容易产生消极的社会情感，出现孤僻、自卑、冷漠等多种精神障碍，缺乏必要的社会交往技能，与同伴相处容易出现攻击性行为等，这对他们一生的发展较为不利。但是，家庭社会经济地位较低并不必然会使儿童出现社会情感和行为发展方面的风险，教师对儿童的态度和期望以及社区环境等多种因素与父母的养育方式会共同对儿童的社会性发展起作用。

## 三、家庭成员之间的关系

陈鹤琴先生曾说过："家庭成员之间的关系，和儿童的健康有着密不可分的关系，处理得好，对儿童的成长会起促进作用；反之，儿童则成长缓慢，甚至不能成才。"家庭关系通常是指家庭内部的人际关系，主要是指在核心家庭内父母之间及父母与子女之间的心理关系，即夫妻关系和亲子关系。家庭系统排列师海灵格认为："男人和女人结合在一起，他们首先成为伴侣，而后才能成为父母。"在一个健康和谐的家庭中，夫妻关系排在首位，其次才是亲子关系，健康的夫妻关系是良好亲子关系的前提。

### （一）夫妻关系与家庭教育

夫妻关系是男女双方基于合法婚姻所结成的配偶关系，是家庭关系里的基本关系。健康、和谐的夫妻关系是以爱情为内核，平等互助、相互扶持、分工合作、共同成长，是一种成熟的亲密关系。夫妻双方会共同承担教育子女的责任与义务，为了给子女提供更好的教育环境和资源，他们还会努力提升自己，为孩子树立良好的榜样。

在实际生活中，也存在很多夫妻关系不健康、不和谐的情况，如缺失自我的夫妻关系、非对称的夫妻关系以及冲突的夫妻关系。缺失自我的夫妻关系表现为夫妻双方角色模糊，责任不清，独立意识差，相互依赖，宛如没有长大的孩子，因此，他们也无法为子女树立良好的榜样。非对称的夫妻关系是指夫妻双方中有一方处于主导地位，而另一方属于从属地位。这种不对称的夫妻关系会给儿童形成一种地位阶级性，儿童在遇到问题时知道找谁撒娇不会受到惩罚或获得他想要的东西。倘若父亲是一个脾气暴躁且具有男性是家庭的一家之主这种观念的人，他可能会将这种思想传递给自己的子女，儿子更容易成为和父亲一样的人，而女儿则可能会成为顺从、胆小的人。因此，夫妻关系和谐，不仅有利于营造轻松、温暖的家庭环境，也有利于促进儿童良好的身心发展。

### （二）亲子关系与家庭教育

亲子关系是指亲代和子代之间的生物血缘关系，也是一种最基本的人际关系。它具有三个基本属性：亲缘性、法律性以及情感属性。良好亲子关系的建立离不开浓厚的情感体验。有研究表明，0～6岁是亲子关系建立的关键期，而母亲是子女建立亲密关系的第一人。如果此时母亲能够及时关注婴幼儿的需要，并提供合理的情绪反馈，给予孩子更多的关爱，那么儿童就会与母亲建

① 姚燕，郑荔．农村幼儿家庭社会经济地位与叙事能力的关系：家庭读写环境的中介作用［J］．早期教育，2024（8）：51-56.

立依恋、亲密关系，发展为开朗、有安全感的人。如果父母常常忽略或无视子女的情感需求，缺乏对子女的关注，那么子女可能会为了引起父母对自己的关注，而产生一些问题行为，如摔东西、打架等。近年来，还有一种现象也引起了大家的关注，即父母带孩子逛商场，孩子看到琳琅满目的玩具，就想让父母给自己买一个，但是父母一开始会拒绝并说“家里的玩具已经很多了，我们下次再买”等，但是儿童却不依不饶，在地上撒泼打滚，哇哇大哭，父母为了不成为关注的焦点，而立马妥协，满足孩子的需求。当父母总是以妥协的方式来处理孩子的问题，孩子也就学会了用叛逆、发脾气等形式来控制自己的父母，长大后，他们便常常难以管教，以自我为中心，忽略他人的感受，人际关系紧张。此外，亲子关系建立得好与坏会影响儿童与他人人际关系的建立。因此，在家庭教育中，父母要保持与儿童亲密的情感交流，关注儿童的成长需求，引导儿童进行合理的表达等，为儿童的健康发展提供助力。

## 四、家庭生活方式

家庭生活方式是指个人及其家庭成员在日常生活中的活动方式，它涵盖了衣、食、住、行以及闲暇时间的利用等方面。它还反映了家庭成员在长时间的共同生活中逐步形成的生活作风、传统习惯、伦理道德、价值观念、为人处世等方面的独特表现。这种生活方式是在一定的社会条件和价值观念的指导下形成的，旨在满足家庭成员的生活需要。在儿童的成长过程中，父母为儿童创造了生活的第一个环境，其生活方式对儿童的身心健康发展都有重要的影响。一般而言，良好的家庭生活方式应具备以下特点。

### （一）和睦的家庭关系

和睦的家庭关系也是良好家庭生活方式的一种呈现。家庭关系和谐，父母给予孩子一定的尊重，而不是处处控制和要求，孩子会感受到来自家庭的爱，他也会愿意为家庭的发展去做一些力所能及的事情。据美国学者鲍维尔等人在1967年的观察报告显示，有13个年龄在3～11岁长得比较矮小的孩子，人们认为他们是患有发育激素分泌不足的疾病。但经调查发现，是不正常的家庭关系造成孩子精神情绪上的障碍所导致的。13个孩子中有5个孩子的父母是离婚或分居的，2个在婚姻上闹纠纷，还有 5个孩子的父母关系不和，行为不端。在这些家庭中，父母的恶劣情绪经常发泄到孩子身上，使孩子的大脑皮层受到不正常的刺激，孩子的神经系统功能失调，导致内脏功能障碍，造成孩子发育异常。据了解，家庭成员之间口角频繁，风波不断，孩子就会吃不香，睡不安，增加患病可能。

家庭关系不和睦还会影响孩子的智力和品德。某大学曾对81名大学生进行调查，发现这些由于考试成绩较好升入大学的学生中，家庭和睦的有55名，占67.9%，父母性格热情开朗的有70名，占87.3%。由此看来，良好的家庭气氛可以促进儿童学业的发展。

### （二）家庭成员具有积极向上的精神风貌

新时代下，父母的工作和生活压力都比较大，因而会产生一些负面的情绪。有的父母会将工作中的情绪带回到家庭中，家里的其他成员就被迫接受了这种负面情绪，甚至会产生一系列的糟糕反应。倘若父母在家庭中往往保持乐观、积极向上的精神状态，给孩子树立良好的榜样示范，孩子也会在家庭中感受到温馨和安全，可以大胆地对这个世界进行探索，发展个人的自信、开朗、向上的积极人格；反之，儿童长期处于争吵、低压、消极的家庭环境中，儿童则会小心翼翼地应对家庭成员关系，容易形成胆小、怯懦等性格。

对点案例

踢猫效应

一位儿童的父亲在公司受到了老板的批评，回到家就把沙发上跳来跳去的孩子臭骂了一顿。孩子心里窝火，狠狠踹了一脚身边打滚的猫。猫逃到街上，正好一辆卡车开过来，司机赶紧避让，却把路边的一个孩子撞伤了。

踢猫效应是指对弱于自己或者等级低于自己的对象发泄不满情绪，而产生的连锁反应。“踢猫效应”描绘的是一种典型的负面情绪的传染。人的不满情绪和糟糕心情，一般会沿着等级和强弱组成的社会关系链条依次传递。由金字塔尖一直扩散到最底层，无处发泄的最弱小的那一个元素，则成为最终的受害者。其实，这是一种心理疾病的传染。

### （三）开明的生活制度

在家庭中，家庭成员既要照顾到每个人的特点，但又不能完全各行其是。必须有一定的生活规律和必要的生活制度。例如，制定生活起居制度，使孩子养成按时作息的习惯。制定劳动制度，每个人都要分担一定的家务劳动，使孩子养成劳动的习惯。制定文明规范，使孩子讲究礼貌，行走坐立姿势规范，语言文明，举止大方。良好的生活制度对家庭成员既是约束又是促进，可以使人更快地进步。

### （四）勤俭朴素的生活作风

著名作家老舍先生一岁半就失去了父亲，是母亲靠给人洗衣服和缝缝补补把他带大，母亲勤俭朴素的作风对老舍的一生产生了深刻的影响。老舍爱清洁、爱劳动、勤俭朴素的生活作风与母亲给他创造的良好家风有直接关系。

一粥一饭，当思来之不易；半丝半缕，恒念物力维艰。随着社会的发展，人们的生活条件越来越好，但勤俭朴素是我们中华民族的传统美德，父母要教育儿童在生活上不要攀比，不要盲目追求高消费。同样，父母在家庭中也要统筹安排，勤俭持家，给孩子树立良好的榜样，孩子也会在良好的家风中形成良好的性格。

尽管家庭生活方式有地域性和文化性，有一致性和多样性，但我们必须承认，有的生活方式是健康的，有的生活方式是不健康的；有的家庭生活是符合道德的，有的是不符合道德的。有的家庭喜欢抱怨、作息不规律、贪图享乐、过度消费、喜欢攀比、好逸恶劳等，这些属于不健康的生活方式，自然会影响到孩子的生活习性；有的家庭举止不文明、做人不诚实，甚至不遵纪守法，这些属于不道德的生活方式，自然会对孩子的道德观念形成产生不利影响。

【真题链接】

1.（2022年下半年）家庭的精神环境不包括（　　）。

A．家庭成员的职业　　B．家庭成员之间的关系

C．家庭的文化氛围　　D．家长的素养

正确答案：A

2.（2022年上半年）通常情况下，家庭中对孩子发展起决定作用的外部因素是（　　）。

A. 家庭经济条件
B. 父母学历水平
C. 家庭精神环境
D. 父母对孩子的期望水平

正确答案：C

## 第四节　家庭教育的社会影响因素

案例导入

“小镇做题家”

近年来，“小镇做题家”一词在社交媒体上频繁出现，引起了广泛关注。这一群体主要是指出身小城镇，埋头苦读，擅长应试的青年学子，通过高考实现了人生的进阶，却发现现实与理想差距甚大，即使靠多年苦读，也无法追平原生家庭和出身带来的巨大差距。它是大多数来自农村青年人的一种信念，一种对“知识改变命运”的肯定，是当今社会每一个渴望改变命运的“平凡人”的代名词。

思考：请结合我国政治、经济、文化因素，谈一谈你对“小镇做题家”的看法。

### 一、政治方面的影响

政治制约着教育内容和教育方式，而政治制度制约着教育目的。政治与教育相互作用、相互依存。政治对教育有一定的制约作用，主要表现在对教育目的、教育制度、教育财政和教育机会四个方面，而教育又可以能动地作用于政治的发展，例如维护社会政治稳定、促进社会政治的变革。家庭是社会的基本单元，参与社会的发展运行，这也就决定了家庭活动必然要符合我国的政治发展走向。因此，家庭教育势必会受到社会政治经济的影响。

我国政府长期以来十分重视家庭教育对儿童的影响。为了提高家庭教育质量，出台了一系列相关的家庭教育指导文件。国务院分别颁布和执行了全国家庭教育工作“九五”“十五”计划，并制定了《中国儿童发展纲要（2001—2010年）》。全国各地普遍加大家庭教育工作力度，扩大家长受教育的覆盖面，广泛开展家庭教育指导和咨询服务，注重家庭教育工作的基础建设，科学的家庭教育知识与方法得到普及，家庭教育水平有了大幅度提高。1997年国家教委、全国妇联针对当时家庭教育面临的新情况、新问题，联合颁发了《家长教育行为规范》，2004年进行了修订，包括树立为国教子思想，自觉履行教育子女的职责。重在教子做人，提高子女思想道德水平，培养子女遵守社会公德习惯，增强子女法律意识和社会责任感。2010年2月，全国妇联、教育部等部门颁布了《全国家庭教育指导大纲》，坚持“儿童为本、家长主体、多向互动”的原则。2020年8月，全国妇联、教育部又针对2004年制定的《家长教育行为规范》进行了修订完善，联合下发《关于印发〈家长家庭教育基本行为规范〉的通知》，帮助家长树立正确的家庭教育理念，掌握科学的家庭教育方法，不断提升家庭教育水平，为促进儿童健康成长，培养担当民族复兴大任的时代新人贡献力量。

为了深入贯彻落实习近平法治思想和习近平总书记关于少年儿童工作重要指示批示精神，为了发扬中华民族重视家庭教育的优良传统，引导全社会注重家庭、家教、家风，增进家庭幸福与社会和谐，培养德智体美劳全面发展的社会主义建设者和接班人，2021年10月23日，中华人民共和国主席习近平签署中华人民共和国主席令（第九十八号），公布《中华人民共和国家庭教育促进法》，自2022年1月1日起施行。2023年5月30日上午，最高人民法院举行新闻发布会，与全国妇联联合发布《关于开展家庭教育指导工作的意见》，明确了人民法院开展家庭教育指导工作的情形和范围；明确了人民法院开展家庭教育指导工作的要求和方式；明确了人民法院发出家庭教育指导令的条件和制发程序；注重开展家庭教育宣传和法治宣传教育，加强诉源治理；建立家庭教育指导工作联动机制，推动社会各方共同治理等内容。

## 二、经济方面的影响

家庭不是与人类社会同时出现的产物，而是在社会经济发展到一定阶段衍生出来的。家庭的职能、性质、结构等也都随着生产方式的变化和生产力的发展而变化。经济是指一个国家国民经济的总称或社会生产关系的总和。教育和经济是紧密联系、相互作用的。经济的发展为教育提供了物质基础，促进了教育的发展，而教育是经济发展的重要条件，高质量的教育能够培养出高素质的劳动力，提高劳动者的竞争力，进而推动经济的发展。党的十一届三中全会以来，随着改革、开放的不断深入发展，我国的经济状况越来越好，社会经济的发展，科学技术的日新月异，对教育事业的发展提出了新的要求。

只有提高教育质量、提高劳动后备军的文化素质，才能适应当今我国经济发展的步伐。家庭教育的发展也必须与经济的发展水平相适应。家庭教育的主要目的就是把子女培养成为社会发展的有用人才，使子女能顺利参加生活和社会生产劳动，不管是在城市还是农村，家长都要重视家庭教育工作，为儿童提供学习、成长的良好环境，将儿童培养为对社会发展有贡献的人。

## 三、文化方面的影响

文化是指人类在社会实践过程中所获得的物质、精神的生产能力和创造的物质、精神财富的总和。人类传统观念认为，文化是一种社会现象，它是由人类长期创造形成的产物，同时又是一种历史现象，是人类社会与历史的积淀物。中华文化上下五千年，家庭不仅具有生产和生活的功能，还具有突出的教育功能。中华民族自古十分重视子女的家庭教育，家教文化成为中华民族特有的一种文化现象。在中国家庭教育史上，出现了许多的名人典故、家风家训等，如孟母三迁、岳母刺字、诸葛亮的《诫子书》、颜之推的《颜氏家训》、曾国藩家训、梁启超家书等，这些典故与家书家训都向我们充分展示了家庭教育的重要性，形成了中国特有的家教文化，甚至这些传统家教文化至今仍然发挥着重要影响。

党和国家一直都高度重视家庭家教家风建设，并且将这部分建设工作提升到治国理政的全新高度，其中“注重家庭家教家风建设”被写入《中共中央关于党的百年奋斗重大成就和历史经验的决议》等多个重要文件当中，旨在推动新时代环境下家庭家教家风建设的高质量发展。这一点足以表明，党和国家对家庭教育工作的重视。而将优秀传统文化中具有参考和借鉴意义的关键内容与家庭教育结合，不仅能提升个体的精神品质，还有利于促进整个家庭的和睦，对社会、对国家都有积极意义。①

---

① 舒晓霞. 中华优秀传统文化融入新时代家风建设研究［J］. 牡丹江大学学报，2024，33（1）：88-93.

## （一）中国传统家庭教育的主要特征

### 1. 文化同源性

尽管在不同历史时期和不同地区存在文化上的一些细微的差异，但中国传统家庭教育的同源性表现在对道德价值观、孝道和礼仪的共同强调。这些核心价值观维系着中国传统家教文化的连续性和稳定性，使其能够传承至今。例如，战国时期田稷的母亲在得知儿子拿来路不明的钱孝敬自己时说："不义之物，不入于馆。为人臣不忠，是为人子不孝也。"晋代湛氏指责陶侃说："尔为吏，以官物遗我，非唯不能益我，乃以增吾忧矣。"为政以德作为中国传统文化中一个重要的道德维度，是为官从政的基本行为准则。当得知子女涉及公私不分、滥用职权，谋取个人私利的行为时，父母都会进行严厉的批评和指责。

### 2. 身教重于言教

所谓"不言之教"，正是以自身的行为所进行的潜移默化教育的结果。孔子主张"正人先正己"，所谓"其身正，不令而行，其身不正，虽令不从"。隋代颜之推尤其强调长辈以身示范的必要性，其在《治家》篇中提道："夫风化者，自上而行于下者也，自先而施于后者也"。学前儿童本身具有较强的模仿能力，往往通过模仿父母的言行举止来进行活动。因此，父母应该做好儿童的榜样，以身作则，多行动而非口头教导。

### 3. 严慈结合

父母与子女的血缘关系造成了中国传统家庭教育中爱子与教子的最大矛盾。中国传统家庭教育向来讲究慈严结合，所谓"教子宜严"并不是说对于子女要一味地训诫，而是在严格要求的基础上更讲究循循善诱，寓理于情。明代司马光在爱子与教子的问题上提出："慈而不训，失尊之义；训而不慈，害亲之理；慈训曲全，尊亲斯备。"可见，慈严结合作为我国家庭教育的优良传统，是值得当代社会大力提倡的。

## （二）中国传统家庭教育文化在学前儿童家庭教育中运用的策略

要实现中国传统家庭教育文化在学前儿童家庭教育中的有效运用，就必须施以恰当的策略，而选择并落实恰当的策略，应当从观念和方法两个方面寻找突破口。

### 1. 转变观念

转变观念就是要对学前儿童家庭教育传承与创新中国传统家庭文化的意义重新进行评价，统一思想，形成全社会的认同，为实现中国传统家庭教育文化在学前儿童家庭教育中的有效运用，打下坚实的思想基础。

（1）加大国家和社会的扶助力度。

积极宣传学前儿童家庭教育传承与创新中国传统家庭教育文化的重大意义。中国传统家庭教育文化是中国传统文化的一部分，国家在强调弘扬传统文化的同时，应当突出家庭教育文化的重要性。就儿童和家长可以直接接触的宣传方式而言，电视媒体当为首先，如动画片、少儿节目、公益广告、励志电视剧、文化类节目等都是实现宣传的手段。尤其在动画片题材的选择上，应当对中国传统家庭教育文化的内容有所体现，使之成为宣传工作的突破口和主阵地。

建章立制，即国家用制度来促进中国传统家庭教育文化在学前儿童家庭教育中的传承与创新。国家教育行政部门可在其内部成立专门机构来负责该项工作，并由该部门牵头组织专家、学者、一线幼儿教师和家长代表充分调研和论证后，对学前儿童家庭教育文化传承与创新的目标、对象、内容、原则、方法等做出明确规定，并制订"中国传统家庭教育文化传承与创新的中长期计划"，使该项工作的实施有章可循。此外，鼓励组织编写中国传统家庭教育文化类教材，以便于家长参考和使用。编制教材时要从不同维度着眼，做到紧扣国情，立足家情；就形式而言，要符合儿童认知的特点，并便于家长的操作。

（2）增强家长的责任意识。

家长要从思想上弄清楚为什么要对孩子进行传统家庭教育文化方面的教育。对于这一问题，家长可以从历史传承和时代发展两方面来思考。读中国古代史会让家长们了解中华民族的伟大；读中国近代史会让家长们懂得落后就要挨打；读中国现当代史会让家长们坚信中华民族一定可以实现复兴。民族复兴的实现，必然离不开有着坚定民族复兴信仰的广大建设者，这些建设者就是广大家长和家长身边的孩子。而传统家庭教育文化中蕴含着民族复兴的力量，这是孩子成为有着坚定民族复兴信仰建设者的精神动力之一。

家长要知道如何对孩子进行传统家庭教育文化方面的教育。家长在继承传统教育理念的同时，要转变单一封闭的教育观。目前，现实中的学前儿童家庭教育大多局限于家庭内部家长和孩子面对面地说教，应适当融入其他教育形式。

2. 选对方法

在学前儿童家庭教育中，家长只有选择对的教育方法，才能保证中国传统家庭教育文化得到传承和创新。因此，家长可以积极参加有关中国传统家庭教育文化传承和创新的培训活动，掌握中国传统家庭教育文化传承和创新的基本内容与方式方法。家长还可从传统伦理道德与礼仪礼节入手，细化中国传统家庭教育文化的内容。例如，重视对儿童进行“孝道”“中和”观念的熏陶，培养孩子养成良好的礼仪礼节习惯，学会为人处世，以及培养儿童坚韧的品质，提高抗挫折的能力。最后，家长还可以利用传统节日对儿童进行教育，传统节日中蕴含着深刻的传统教育文化。在过传统文化节日时不仅让儿童感受节日气氛，更让孩子懂得传统节日所要宣扬的文化内涵，感受节日背后带来的成长价值。

习近平总书记指出，“家庭是社会的基本细胞”，“家庭的前途命运同国家和民族的前途命运紧密相连”。中国传统家教文化是古人对于家庭教育深入思考的智慧结晶，作为文化领域的观念形态，其与社会主义核心价值观具有文化同根性。如今，我们应强调中国传统的家庭教育，以期通过深入理解中国传统家庭教育的文化内涵，透过对传统底蕴的解读与现代对接，为当代家庭教育研究提供新的视角，为奋进新征程凝聚强大的精神力量。

### 拓展阅读

#### 一家三院士，九子皆才俊

梁启超是叱咤风云的政治家，清末民初的各次政治事件都有他深度参与的身影；是笔锋常带感情的文章大家、学术大师，给后人留下1400多万字的精神文化遗产，登上文坛后平均每年写下39万字。他还十分重视下一代的培养，苦心、精心、细心、耐心地教育子女，缔造了“一家三院士，满门皆才俊”的家教传奇。

梁启超重视家风、精心教子，取得了满门俊秀、数代风流的硕果。他的9个儿女个个品德高尚，才华出众，成为对国家做出重要贡献的栋梁之材，尤以“一门三院士”为代表，建筑学家梁思成、考古学家梁思永在1948年当选为中央研究院首届院士，航天专家梁思礼于1993年也当选为中国科学院院士。长女梁思顺是诗词研究专家，编有《艺蘅馆词选》；三子梁思忠是英年早逝的炮兵上校；次女梁思庄是著名图书馆学家，曾任北京大学图书馆副馆长；四子梁思达是著名经济学家；三女梁思懿是著名的社会活动家，曾任山东省妇女联合会主席、中国红十字会国际联络部副部长等；四女梁思宁是革命军人。

梁启超《家书》经典摘录（节选）：

1. 我想，这个世界上，有一些事情是不能用道理来说服的。

2. 人生的道路，不管是平坦还是崎岖，只要走过了就是美丽。

3. 人生的苦乐，全在心境。心境不同，命运就不同。

4. 人之为人，不可无信用也；国家为国，不可无信义也。

5. 人生百年，立于幼学。

6. 尝告彼“学问是生活，生活是学问”，彼宜从实际上日用饮食求学问，非专恃书本也。

7. 处忧患最是人生幸事，能使人精神振奋，志气强立。

8. 人生惟常常受苦乃不觉苦，不致为苦所窘耳。

9. 至于未能立进大学，这有什么要紧，“求学问不是求文凭”，总要把墙基越筑得越厚越好。

10. 我也并不是要人人都做李、杜，不做姚、宋，要之，要各人自审其性之所近何如，人人发挥其个性之特长，以靖献于社会，人才经济莫过于此。

## 章节测验

### 一、思考与练习

1. 简述我国政治、经济发展与家庭教育之间的联系。
2. 试述中国传统家庭教育文化在学前儿童家庭教育中的运用策略。
3. 有许多生活在父母文化水平不高的家庭的孩子，顺利考上了大学，而又有许多生活在父母文化水平很高的家庭里的孩子，却与大学无缘，你如何解释这种现象？

### 二、材料分析题

颜之推生活在一个重视家族荣誉和教育的家庭中。他自幼受到严格的家庭教育，父亲颜延之是一位著名的文学家和教育家，对颜之推的成长产生了深远影响。颜之推在成长过程中，不仅继承了家族的文化传统，还结合自己的实践经验，逐渐形成了独特的家庭教育思想。颜之推在《颜氏家训》中，详细记录了他在家庭教育方面的实践与思考。他强调父母要以身作则，为孩子树立良好的榜样；注重因材施教，根据孩子的性格和兴趣进行有针对性的教育；同时，他还提倡家庭教育的连贯性和系统性，认为家庭教育应该是一个长期、持续的过程。

1. 结合以上材料，谈谈颜之推家庭教育思想对现代家庭教育的启示。
2. 在现代家庭中，如何借鉴颜之推的家庭教育思想，提高家庭教育的效果？

第四章

# 特殊年龄阶段儿童的家庭教育

## 学习目标

1. 了解优生及胎教的作用和正确的方法。
2. 明确各个特殊年龄阶段学前儿童的身心发展特点和家教指导策略。
3. 能够运用所学知识，解决各个特殊年龄阶段家庭教育中遇到的实际问题。

## 知识导图

- 特殊年龄阶段儿童的家庭教育
  - 优生和胎教
    - 优生的相关知识
    - 胎教的作用
    - 孕期保健
    - 胎教的科学方法
  - 0～1岁儿童的家庭教育
    - 新生儿的保教策略
    - 0～1岁儿童的发展特点
    - 0～1岁儿童的家教要点
  - 2～3岁逆反期儿童的家庭教育
    - 2～3岁儿童的发展特点
    - 2～3岁儿童的家教要点
    - 做好入园的准备工作
  - 5～6岁入学期儿童的家庭教育
    - 5～6岁儿童的发展特点
    - 5～6岁儿童的家教要点
    - 做好入学的准备工作

# 第一节　优生和胎教

### 案例导入

知名音乐家孙素意，深知音乐对于个体成长的重要性。在其怀孕期间，她决定利用自己的专业背景，为未来的宝宝营造一个充满音乐氛围的成长环境。她认为，通过胎教能够提升宝宝的音乐感知能力和兴趣。于是，在她怀孕期间坚持每日练琴，并通过播放各种音乐作品，为胎儿提供丰富的音乐刺激。她选择了多种不同类型的音乐，如古典音乐、民族音乐和现代音乐等，旨在让胎儿感受到音乐的多样性和魅力。此外，孙素意还经常与胎儿进行语言交流，用轻柔的声音为胎儿唱歌、讲故事，增加与胎儿的情感联系。孙素意的胎教实践取得了显著成效：她的女儿刘航安自小便展现出对音乐的特殊喜好和天赋；刘航安对音乐的敏感度很高，能够迅速掌握各种乐器的演奏技巧；在孙素意的悉心指导下，刘航安的音乐才华得到了充分的发挥。刘航安在11岁时便出国深造，接受了更为系统和专业的音乐教育，经过多年的努力，她在21岁时就成为了竖琴教师、钢琴教师与竖琴演奏家，这在国内乃至国际上都是罕见的成就。

思考：胎教真的有那么神奇吗？孩子的发展都是环境作用的结果吗？

## 一、优生的相关知识

### （一）优生的意义

优生学一词由英国博物学家高尔顿在其1883年发表的《人类的才能及发展》一书中首创，即英文单词eugenics，其意源于希腊文，本意是“生好的”。高尔顿对“优生学”的解释是“优生的科学，并把它定义为对于在体力或智力上有可能改善或损害后代的种族素质的动因的研究”[①]。优生学即民族健康学，它是一门综合性的应用学科，是由多种学科，如医学、心理学、遗传学、人口学、社会科学等相互渗透而发展起来的。[②]

#### 1. 优生对家庭的意义

（1）优生有助于提升家庭的整体生活质量。优生可以确保家庭能够迎来健康、正常的后代，从而避免和减少痴呆儿、严重残疾儿的诞生。一个健康、聪明的孩子意味着家庭将有更多的欢乐和成就感，这样的孩子通常更容易取得成功，不仅在学业上，在社交和职业生涯中也是如此，这将为家庭带来荣誉和骄傲，提高家庭成员的自尊心和自信心。

（2）优生可以深化家庭成员之间的情感纽带。通过共同关心和期待孩子的成长，家庭成员将更加团结和融洽。他们将共同努力为孩子创造一个良好的成长环境，这种共同的经历将加深他们之间的亲情和友谊。

（3）优生可以为下一代创造一个更好的未来。一个健康的孩子将有更多的机会和可能性，他们可以在各个领域实现自己的梦想和目标。这样的孩子将为社会做出更大的贡献。

因此，每个家庭都应该重视优生，采取科学的方法来确保孩子的健康，孩子健康，家长才能将自己更多的精力投入工作和国家的建设中。

#### 2. 优生对国家的意义

（1）促进人口结构优化。优生通过选择优质基因和优化生育，有助于实现人口结构的优化。这包括提高人口的整体健康水平、智力水平和适应性，为国家的发展注入强大的活力。

（2）提升国家竞争力。一个国家的竞争力在很大程度上取决于其人力资源的质量。通过优生，可以培养出更多具备高智商、高创造力和高适应性的公民，为国家的科技创新、经济发展和社会进步提供源源不断的动力。

（3）减少社会负担。遗传疾病和智力障碍等问题不仅给个人和家庭带来沉重的负担，也对社会造成巨大的经济压力。通过优生，可以降低这些问题的发生率，减轻社会负担，为国家的长期发展创造更加稳定的环境。

（4）增强社会凝聚力。优生所倡导的优生优育理念有助于提升公民的整体素质和道德修养，培养出更多具有社会责任感和价值观的公民。这将有助于增强社会的凝聚力和稳定性，为国家的和谐与发展提供坚实的基石。

综上所述，优生对国家的意义深远而重大。它不仅能够提升人口素质和国家竞争力，还能减少社会负担并增强社会凝聚力。因此，我们应推动优生优育理念的普及和实践，为国家的繁荣和稳定做出积极贡献。

### （二）优生应注意的问题

我国作为人口大国，应该注重人口身体素质的提升。当前，与发达国家相比，我国在婴儿死

---

① 刘雪琴．优生学及其伦理争议［J］．济源职业技术学院学报，2005（2）：33-35．

② 万慧颖．学前儿童家庭教育［M］．南京：东南大学出版社，2016：77．

亡率、人均寿命等指标上仍有差距。为缩小差距，我国加强了优生的宣传与立法工作。《中华人民共和国婚姻法》禁止直系和三代以内旁系血亲结婚，以及患有特定疾病的人员结婚，以减少遗传性疾病传播。1994年颁布的《中华人民共和国母婴保健法》要求婚前医学检查，对不宜生育的遗传性疾病患者提出医学意见，并鼓励采取相应措施，以保障后代健康。除国家法规外，准父母也需了解优生知识，为生育健康宝宝做好准备。全社会应共同努力，以严谨、规范的态度对待优生工作，提高我国人口身体素质，为国家未来发展奠定坚实基础。

优生是每个家庭都追求的目标，它涉及下一代的健康和社会的未来发展。以下是优生应重视的几个方面。

（1）遗传咨询与风险评估：在计划怀孕之前，夫妻双方应该咨询专业的遗传顾问，了解家族遗传病史和潜在风险。通过风险评估，可以预测潜在遗传问题，并采取相应的措施来降低风险。

（2）健康生活方式的养成：优生要求夫妻双方都要树立健康的生活方式。这包括戒烟、戒酒、避免滥用药物，保持规律的作息和充足的睡眠，以及积极参与适度的体育锻炼。

（3）营养摄入与补充：孕妇在怀孕期间需要增加营养摄入，确保胎儿获得足够的营养物质。除了均衡饮食外，还需要注意补充蛋白质、维生素和矿物质等营养物质，以满足胎儿的生长和发育需求。

（4）定期产前检查：孕妇应定期进行产前检查，以监测母婴的健康状况。产前检查包括体重、血压、血糖、胎心监测等项目，以及必要的实验室检查，以确保母婴的安全。

（5）感染防控与个人卫生：孕妇在怀孕期间应特别注意感染防控和个人卫生。避免接触传染病患者，注意个人卫生习惯，保持室内空气流通，减少感染的风险。

（6）心理健康的维护：孕妇在怀孕期间容易出现情绪波动和焦虑等心理问题。因此，优生要求孕妇应重视心理健康的维护，适当进行心理调节和疏导，保持积极的心态。

（7）避免有害物质的接触：孕妇应避免接触可能对胎儿产生不良影响的物质，如辐射、化学物质、农药等。在生活和工作中要注意防护，减少有害物质的暴露。

（8）胎教与早期刺激：胎教是指在胎儿期通过一定的方法和手段对胎儿进行教育和刺激。优生要求孕妇可以通过音乐、语言、触摸等方式对胎儿进行胎教，促进胎儿的智力和情感发展。此外，在婴儿出生后，继续提供丰富的刺激和教育环境，促进婴儿的早期发展。

（9）社交与情感支持：优生不仅仅关注胎儿的健康，也关注孕妇的身心健康。孕妇在怀孕期间需要得到家人和社会的情感支持，以减轻压力和焦虑。家庭成员应积极参与孕妇的照顾和支持，帮助她们度过孕期和分娩期。

（10）育儿知识普及：优生要求夫妻双方具备相关的生育知识和育儿经验。通过参加孕期教育课程、阅读育儿书籍、咨询专业人士等方式，增加对优生和育儿的认识和理解，为未来的家庭生活做好准备。

（11）计划生育与家庭规划：优生要求夫妻双方在计划生育时要考虑家庭的经济状况、健康状况和生活环境等因素。通过合理的家庭规划，确保在最佳条件下迎接新生命的到来，并为孩子的成长提供良好的家庭环境。

综上所述，优生是一个综合性的过程，需要夫妻双方共同努力，通过全面的关注和准备，为家庭的未来奠定坚实的基础，迎接一个健康、聪明的宝宝的到来。

## 二、胎教的作用

### （一）胎教的含义

胎教是指从怀孕开始，科学地控制和调节孕妇体内外环境，有意识地给予胎儿感觉器官以良性刺激，促进胚胎发育，全面采取的一系列保健措施。也就是说，孕妇在孕期要保持心情愉快、均衡合理的膳食、规律的生活，为胎儿创造优良的体内外环境，并采取适当的方法对胎儿进行感官的刺激，为其出生后良好的智力发育及健康成长奠定良好的基础。

### （二）胎教的作用

我国是世界上最早提出并实施胎教的国家，在古代我国就十分重视儿童的早期教育，提倡“早谕教”，早至生命的胚胎时期。近年来，随着人类对自身生命的了解和对知识的迫切需求，人们对胎教与优生、智力发展的关系表现出了极大的兴趣。所谓胎教，是指母亲在怀孕期间，有意识地利用外界环境直接或间接地通过母体的生理、心理变化，影响胎儿的生长发育，使之有益于胎儿智力和身体发育，为孩子出生后身心健康发展打下良好基础的一种手段。这种特殊的教育是通过各种能刺激感官的因素，如声音、光亮、震动等进行的，而母亲的情绪是最重要的因素。① 不少人对胎教存有误解，认为胎教可以创造奇迹，培育出天才儿童。其实，所谓天才儿童的产生并不是通过胎教一方面的努力就能完成的，除了利用胎教改善胎儿素质外，还需要其他方面的因素，如遗传、教育与环境。但不可否认，科学胎教确实有利于胎儿各方面的生长与发展，具体作用体现在以下几个方面。

#### 1. 胎教可以促进婴儿身体的发育

接受过胎教的婴儿展现出卓越的运动能力。他们在如抬头、翻身、坐、爬、站、走等大运动方面的发展都早于常规，展现出敏捷的动作和出色的协调能力。此外，他们在精细运动能力方面，如手的抓握、拿取等动作，也明显优于未接受胎教的婴儿。适当的胎教不仅能刺激胎儿的听觉、触觉和味觉的发育，更能促进他们的大脑和神经系统的全面发展。

#### 2. 胎教有益于婴儿心理健康发展

胎儿在母体内就能感受到外界的声音、光线和触觉刺激。适当的胎教活动，如播放轻柔的音乐、进行柔和的腹部按摩等，能够刺激胎儿的感官发展，促进大脑神经细胞的增殖和神经系统的发育完善。这些感知和认知能力的提升，为婴儿出生后的学习和探索打下了良好基础，有助于其更好地适应外部环境。此外，胎教还能够减少孕妇的焦虑和压力，保持其情绪稳定。这种积极的心态能够传递给胎儿，促进胎儿心理健康的发展。

#### 3. 胎教有利于建立良好的情绪情感

胎教对婴儿音感的发展有促进作用。接受过胎教的新生儿更容易辨认说话的声音和脚步声，如果听到胎教音乐，会情绪安定。他们的昼夜生活比较有规律，这使本来照顾婴儿就很疲劳的父母能够得到很好的休息。经过胎教的婴儿情绪会比较稳定，活泼可爱，是常人所说的那种比较好带的孩子。他们虽然在饥饿、尿湿和身体不适时也会啼哭，但得到满足之后就会停止。

#### 4. 胎教可以促进语言发展

受过胎教的婴儿展现出明显的优势，这使得母亲在照料过程中感到更为便利。举例来说，大约在两个月大时，这些婴儿就能够发出元音，而到了五到六个月大时，他们已能发出表达特定意图的声音，使得照料者能够准确判断他们是想要大小便还是饿了。此外，有医学影像资料显示，接受过母亲语言胎教的胎儿，在新生儿期就能够从医护人员和妈妈的声音中分辨出母亲的声音，这一发现让许多母亲深感感动。

#### 5. 胎教可以促进婴儿智力发展

脑神经细胞和神经胶质细胞的良好发育与孩子的高智商密切相关。那么，这两种细胞的发育



① 李伟艳．中国古代胎教经验及其现实意义［J］．呼伦贝尔学院学报，2010（1）：64-66.

起始于何时呢？从怀孕的第四周到第三个月，这是胎儿大脑发育和脑细胞增殖的第一个关键阶段；而从怀孕的第七个月到出生前，则是胎儿脑细胞发育的第二个高峰期。这意味着，妊娠期对于儿童脑细胞的发育至关重要。如果家长在这个时期能够给予胎儿恰当而有效的胎教，那么胎儿的脑细胞和脑神经胶质细胞不仅在数量上会有所增加，而且在质量上也会有显著提升，这对其未来智力的发展具有决定性的影响。

6. 胎教有助于婴儿的社交能力

经过胎教的宝宝自出生起就能主动地吮吸母乳，显示出一种与生俱来的生存本能。更令人惊讶的是，短短几天之后，他们便能张开小嘴，模仿大人的说话模样和丰富的面部表情，仿佛急于与世界建立联系。到了约三个月大的时候，这些宝宝已经能够准确地辨识出自己的名字，并乐意与大人参与一些简单的互动游戏，如躲猫猫等，显示出他们的聪颖与好奇。值得一提的是，接受过胎教的婴儿在情感表达与交流方面似乎更具天赋。他们更倾向于使用微笑和哭泣作为沟通工具，以此向外界传达自己的情感和需求。这种自然的情感流露使得他们更容易与他人建立起深厚的情感纽带，进一步促进他们的社交能力发展。

拓展阅读

科学面对“天才儿童”

案例一：马诺然出生在北京，一个公务员家庭。

她出生后12天的时候，居然做了一个90度的侧翻。按照孩子的体格和神经发育，只有满3个月以后才能翻身。

当时认为是很偶然的，后来到了满月那天，她又翻了一次。4个月多一点她就能坐住。

在1岁8个月的时候，上下楼，让她两手不扶任何外界的物体，她也可以完成。小儿科的医生检测她的体格，评价她的神经，都反映她的神经功能是超常的。

案例二：翟逸清出生在天津，一个普通的家庭。

医生把她从婴儿室里抱出来发现，这个孩子有一个特别之处：有一张母乳喂养的宣传画，她静静看着这个宣传画，从左到右，转着圈看，脖子居然没有耷拉过。

她对文字、对语言特别感兴趣，并且智力超前。

5岁的她已经开始独立谱曲。7岁的时候，她的英语已经达到高中的水平。

思考：你如何看待以上两个案例中的“天才儿童”？他们的不同寻常与“胎教”有关系吗？

（资料来源：丁连信. 学前儿童家庭教育［M］. 北京：科学出版社，2011：91.）

## 三、孕期保健

随着社会的进步和科技的发展，人们对胎教的认识越来越深，把控制和调节母体的内外环境当成实施胎教的主要内容，其中安全的环境、合理的膳食和孕妇愉快的情绪都是非常重要的。

## （一）孕妇慎择环境

妇女怀孕后的前三个月是特别关键的时期，这段时间内，胚胎对母体传递的外界刺激非常敏感，同时对于有害物质的抵抗能力相对较弱。因此，孕妇需要特别注意避免暴露于可能对胎儿有害的药物、化学物质和射线辐射环境中。

（1）孕妇应避免滥用药物（如四环素、土霉素、多西环素等），这些药物可能导致胎儿脑神经损伤和各种畸形。同时，激素类药物、抗癌药等也应慎重使用。

（2）化学物质也是潜在的风险。磷、铅、苯、砷、亚硝酸盐等物质可能导致胎儿畸形或致病。此外，孕妇还应尽量避免接触环境中的化学物质，如油漆、农药、杀虫剂等，这些物质都可能对胎儿的正常发育产生不良影响。

（3）病毒感染也是一个需要关注的问题。风疹病毒、巨细胞病毒和单纯疱疹病毒等都可能引发流产、死胎或胎儿畸形。特别是风疹病毒，它对胎儿的影响尤为严重，可能导致青光眼、白内障、视网膜病变、心肌炎、耳聋等。

（4）孕妇在怀孕早期应避免接受X线照射。X射线可能导致流产、死胎，即使胎儿存活，也可能出现畸形。

（5）孕妇应戒烟限酒。吸烟可能导致新生儿体重减轻，而饮酒则可能增加流产、早产、胎儿死亡和新生儿死亡的风险。

## （二）合理膳食

从微小的受精卵成长为重达数公斤的胎儿，其所需的营养如蛋白质、碳水化合物等完全来自母体。尽管影响胎儿正常发育的因素众多且复杂，但孕妇均衡且适宜的营养摄入对胎儿的健康发育至关重要。医学研究表明，胎儿的大脑及神经系统在母体内早期就开始发育，特别是妊娠3～9个月期间，大脑发育尤为迅速。这一阶段的营养供给对胎儿的大脑细胞数量和智力发展具有决定性影响。

若孕妇在这一关键时期营养摄入不足，胎儿的大脑细胞总数可能仅为正常水平的82%。即便出生后营养状况得到改善，其智力恢复也较慢或难以完全恢复，可能导致神经功能缺陷和智力低下。例如，蛋白质对智力发育至关重要，能维持和发展大脑功能；磷脂则能增强大脑记忆力；碘被誉为智力元素；糖是大脑唯一的能源来源；而维生素则有强化脑细胞蛋白质的功能。

因此，孕妇在整个孕期都应特别关注营养供给，确保及时补充蛋白质、糖类、维生素、微量元素和无机盐以及脂肪酸等必需营养素。蛋白质不仅是胎儿器官组织的主要成分，还占大脑构成的35%，对胎儿脑细胞的发育至关重要。脂肪也是脑及神经系统的重要成分，特别是脑磷脂、卵磷脂和DHA，对胎儿大脑细胞的发育至关重要。维生素则是维持生命活动不可或缺的营养素，必须从食物中摄取。碳水化合物则是热能的主要来源，对胎儿新陈代谢至关重要。

此外，钙、铁、锌等微量元素也起着重要作用，如钙有助于骨骼和牙齿的发育，铁能预防贫血，锌则有助于胎儿的正常生长和发育。孕妇每天应摄取足够的钙（不少于1000～1200毫克）、铁（不少于28毫克）和锌（不少于20毫克）。同时，适当的户外活动有助于促进钙的吸收。

总之，孕妇科学合理的膳食和充足的营养摄入对胎儿的智力发育极为有利。

拓展阅读

对胎儿有害的药物

| 类别 | 药物名称 | 引发的病变 |
| --- | --- | --- |
| 抗生素 | 四环素 | 牙齿发黄、短肢、肝脏受损、骨骼发育不良 |
| 磺胺类 | 磺胺素 | 黄疸、溶血病 |
| 镇静剂 | 甲丙氨酯（眠尔通）、氯氮草（利眠宁）、氯丙嗪 | 胎儿宫内发育迟缓、无肢、短肢、无耳、腭裂、食管闭锁等 |
| 性激素 | 雌激素、雄激素、黄体酮 | 女胎男性化、畸形等 |
| 激素 | 备体避孕药、可的松、泼尼松 | 染色体断裂、兔唇、腭裂 |
| 过量维生素 | 大剂量维生素A、维生素K、维生素B、维生素D和大剂量维生素$B_6$ | 黄疸、贫血、高钙血症、智力低下、新生儿维生素$B_6$；依赖症 |
| 抗肿瘤药 | 放射性碘、抗癌药 | 损害甲状腺、胚胎死亡 |
| 抗抑郁药 | 丙咪嗪 | 四肢畸形 |

（资料来源：吕建国．家庭生态与教育［M］．太原：山西教育出版社，1992．）

## （三）注意精神因素的影响

科学研究的结果证明，孕妇的情绪变化对胎儿的影响非常大。尽管母体与胎儿之间没有直接的神经传递，但当孕妇心绪变化时，内分泌腺体就会分泌出多种化学物质，使血液中的化学成分发生改变。这些化学物质通过脐带进入胎盘血液循环，对正处于形体和神经发育关键时期的胎儿进行刺激，与母体间接地建立起神经信息的传递。孕妇的一切心理状态对胎儿的人格都会产生影响，如果孕妇的心情愉快宁静，情绪稳定平和，体内分泌出有益物质，如各种激素、酶、多巴胺等，使血液循环、内分泌和心率都处于一种平衡的状态，将来孩子的性情就会好一些。当母亲产生愤怒或恐惧的情绪时，她的身体将分泌许多“副肾素”与“乙酸胆碱”，这两种化合物能注入胎儿的血液中，刺激胎儿的神经系统，对于胎儿的人格颇有影响。所以，怀孕期间的母亲应尽量消除恐惧、愤怒、焦虑不安的情绪，多接受一些新鲜的、令人愉快的刺激，如多听悦耳动听的音乐，看美丽的图画，观赏优美的景色，这些对于胎儿都会产生有益的影响。

拓展阅读

从胎教开始的舞蹈启蒙

吴树鸣，中央芭蕾舞团前资深演员，中国舞蹈家协会成员。9岁时，吴树鸣考进北京舞蹈学院，从那时开始，她就再也没有和芭蕾分开过。怀孕期间，她也常在家里放一些悠扬的钢琴曲，与肚子里的孩子共同欣赏，还将练习芭蕾坚持到了生产前一个多月。她的女儿琪琪出生后，运动和舞蹈天赋展现得淋漓尽致。琪琪不仅在“婴儿爬爬”比赛中得冠，而且因超强的音乐节奏感和模仿能力直接跳过了早教课程。琪琪甚至还能根据节奏快慢和音乐起伏而做出相应变化，自编自演一段舞蹈。琪琪从刚到中央芭蕾舞团练功房、换上小芭蕾舞鞋开始，她就一直不知疲倦地在里面绕着圈跑步，有时候也会坐下来，自己数拍子、练习勾绷脚和压腿，一个人做得有模有样。当穿起纱裙的妈妈优雅地翩翩起舞时，3岁的她也会聚精会神地模仿着每一个动作，摆手位、转圈，像一只娇憨的小天鹅，虽然笨拙，举手投足却也流露出优雅的风范。

（资料来源：万慧颖. 学前儿童家庭教育［M］. 南京：东南大学出版社，2016：83.）

## 四、胎教的科学方法

我国教育专家钱铎博士通过大量教学实际经验表明：右脑与左脑不同，右脑的记忆速度是左脑的100倍，信息存储量是左脑的100万倍，反应速度比左脑快千分之四秒。人在胎儿期拥有72种右脑能力，出生之后只剩下二十几种右脑能力，上了小学到成年之后只剩下少数右脑能力。在胎儿期家长若能使用科学的胎教方法，可以有效地刺激甚至开发胎儿右脑，有益于提高孩子以后的智力水平。

### （一）营养胎教

营养胎教是饮食合理搭配与体重控制。孕妇应根据孕期营养需求制订饮食计划。孕早期（1～3个月）需规律饮食，多吃新鲜蔬果。怀孕初期不需过多增加营养，正常饮食即可。有呕吐者，可少量多餐，避免油腻和不易消化食物。多补充叶酸和维生素B食物（如动物肝脏、马铃薯等），可减轻早孕反应。孕中、晚期，胎儿快速发育，需均衡饮食，多吃蛋白质、蔬菜、豆类、牛奶、矿物质等有益食物，如牛奶、小鱼干、豆浆等可提供钙质。适量铁剂可预防孕妇贫血，如肉类、蛤类、动物内脏等富含铁质。孕晚期要控制体重，减少水和盐摄入。

### （二）语言胎教

对胎儿进行语言训练是一种行之有效的胎教方法。法国学者曾经对一些婴儿进行过法语和俄语的选择试验，结果发现他们对法语的发音反应更为强烈。美国“胎儿大学”的一个“小学生”在妈妈的子宫里经过“胎儿大学”的语言学习后，出生仅仅9周居然能对录像机放映的节目说“哈罗”。这个实例说明一个小生命在胎儿期就已经具备了语言学习的能力。

在孕妇的日常生活中，与胎儿的语言交流是一项至关重要的活动。从早晨苏醒至夜幕降临，孕妇所经历的每一个瞬间，都可以成为与胎儿分享的宝贵时刻。例如，在清晨的第一缕阳光中，孕妇可以轻声细语地向胎儿道一声“早上好”，分享当天的天气状况和日常安排。出门前，告知胎儿今日的衣着及色彩，使其感受生活中的细微之美。这些看似微不足道的小事，实则构成了孕妇与胎儿间深厚情感的基础。

此外，孕妇也可通过为胎儿朗读文学作品来丰富其语言环境。诸如安徒生童话、伊索寓言等富有想象力和趣味性的读物，不仅能为孕妇带来启迪，更是孕期胎教的理想选择。若孕妇钟爱诗歌，那么朗读那些意境深远、语言优美的中国古诗词或现代新诗，无疑将为孕妇和胎儿带来双重益处。建议孕妇每天为胎儿安排一段讲故事的时间，讲述过程中，声音应欢快、明朗、柔和，并充满真挚的情感。

值得一提的是，父母双方共同参与胎儿的语言胎教至关重要。由于胎儿在母体内更易听到较低频率的声音，因此，邀请丈夫一同参与，如贴耳于腹部聆听胎心率、以轻柔平和的语调与胎儿交流，甚至轻轻吟唱，都有助于胎儿更早地熟悉父亲的声音。父母双方经常与胎儿对话，不仅有助于促进胎儿出生后的语言发展，还能对其智力发展产生积极影响。

### （三）音乐胎教

胎儿在宫内与外界的联系主要是由听觉器官和听神经来接受外界传入宫内的声波刺激。声波有乐音和噪声之分，当然对胎儿的刺激也就有有益与有害之分，对胎儿不时地发出乐音性声波，音乐的节律性振动对胎儿的脑发育也是一种良好的刺激。现代神经心理学的研究表明，音乐可以对神经系统中的边缘和脑干的网状结构有直接影响，从而调节情绪情感和内脏活动，优美的音乐可以使孕妇保持开朗的心境，而且能促进孕妇分泌一些有益母子健康的激素和酶，调节血液流量和神经兴奋，从而改善胎盘营养状况。

音乐胎教可从以下三个方面着手实施：

（1）孕妇聆听胎教音乐。孕妇应保持仰卧姿势，全身放松，选择个人喜爱的轻音乐进行聆听。建议每天固定进行两次，每次持续20～30分钟，同时确保音量适中，以免对胎儿产生不良影响。

（2）父母为胎儿唱歌。父母可以通过为胎儿唱歌或教授简单的歌曲来促进胎儿的大脑发育，并增进亲子间的情感交流。特别是当母亲唱歌时，产生的物理振动有助于胎儿在情感和感觉上得到满足。

（3）胎儿直接聆听胎教音乐。在妊娠中后期，父母可选择适合的音乐对胎儿进行刺激，每次持续5～10分钟。在选择音乐时，应根据胎儿的反应和情况来决定，白天可选择轻松欢快的乐曲，晚上则可选择柔和的小夜曲。应避免使用过于强烈或杂乱的音乐，如迪斯科、摇滚乐等，以免对胎儿产生不良影响。

**【真题链接】**

（2017年下半年）作为学前儿童家长，在教育孩子过程中必须具备的教育能力是（　　）。

A．确定儿童需求、选择教育内容、运用教育方法和评价教育结果的能力

B．了解儿童需求、评价儿童发展、运用教育方法和处理儿童问题的能力

C．了解儿童需求、评价儿童发展、协调亲子关系和处理儿童问题的能力

D．观察儿童兴趣、了解儿童需求、评价儿童发展和处理儿童问题的能力

正确答案：C

### （四）抚摸胎教

国外的研究结果表明，胎儿在缺乏触摸和爱抚的环境下，可能会面临心理问题和宫内生长迟缓的风险。然而，如果胎儿在孕期就能接受充满爱意的抚触和按摩，这将有助于其形成健康的性格和敏捷的反应能力。因此，抚摸不仅有助于胎儿的智力发展，还能深化父母与胎儿之间的情感纽带。

在进行抚摸时，必须非常谨慎，确保动作轻柔，避免过度用力可能导致的意外。此外，孕妇在孕期的中后期可能会体验到不规则的子宫收缩，表现为腹壁变硬。在这种情况下，应避免进行抚摸胎教，以防止早产的风险。

值得注意的是，对于有不良生产史的孕妇，抚摩胎教可能并不适合。胎儿对抚摸的反应可能会有所不同，有的会立即做出回应，而有的可能需要一些时间。如果胎儿表现出不愿意或不高兴的情绪，如蹬腿反应，应立即停止抚摸。随着时间的推移，当胎儿习惯了母亲的抚摸方式后，会主动迎接母亲的触摸。

当孕妇能够区分胎儿的头部和背部时，大约在妊娠的6～7个月，她们可以轻轻地推动胎儿在子宫内“散步”。这种互动可以配合轻快的音乐，让胎儿在愉悦的氛围中“做操”。母亲对胎儿的抚触不仅可以传达深深的爱意，同时也为母亲本身带来身心的放松。这种互动不仅可以安抚胎儿，也可以舒缓母亲的情绪，实现双重的效果。

### （五）运动胎教

孕妇普遍认识到，适度的运动对于促进自然分娩和调整胎儿位置具有积极作用。以美国超模莎拉史黛姬（Sarah Stage）为例，她在怀孕期间在专业教练的指导下，持续进行身体锻炼，甚至在临产前仍保持着健美的体态和清晰的腹肌线条。尽管有人质疑这样的锻炼可能会对胎儿造成不良影响，但事实上，她的宝宝出生后各项健康指标均达标，表现优秀。

由于每个人的体质和健康状况都有所不同，因此并非所有孕妇都适合进行同样的运动。一般而言，孕妇在选择运动项目时，应当根据自己的日常运动习惯和身体承受能力来决定。例如，孕妇可以选择进行一些轻柔的体操，或者在胎儿活动时用手指轻轻按摩腹部以配合胎儿的运动。

总之，孕妇在怀孕期间进行适当的运动是有益的，但应根据个人情况选择合适的运动项目，并在专业人士的指导下进行，以确保母婴安全。

### （六）情绪胎教

情绪胎教，即孕妇维持良好的情绪状态，并与胎儿进行积极的情感交流的教育方式。孕妇的情绪反应对胎儿产生深远影响，情绪胎教在整个妊娠期都极为关键，特别是妊娠早期。怀孕前三个月，孕妇因体内孕激素迅速升高，可能出现恶心、呕吐、乏力、食欲不佳等生理反应，这些反应可能引发孕妇的烦躁、易怒、焦虑等不良情绪。这些不良情绪通过内分泌变化，可能影响胎儿的正常发育。医学研究显示，孕妇身体健康、心情愉悦时，胎儿也表现愉快；而孕妇情绪抑郁或悲伤时，胎儿则可能表现出烦躁行为。因此，孕妇应努力保持健康愉快的情绪，以促进胎儿的健康发育。

实施情绪胎教，孕妇需增强意志力，避免过度刺激，丰富精神生活，如游览风景优美的公园或郊外，聆听喜爱的音乐，观看富有爱与温情的电影，阅读优美的文学作品等。同时，孕妇应与胎儿进行积极愉悦的沟通，分享日常的开心事，使胎儿感受到母亲的幸福和喜悦。此外，孕妇的情绪稳定离不开家人和朋友的关心与支持，特别是准爸爸的体贴与关爱。准爸爸应在物质和精神层面给予孕妇和胎儿充分的照顾与安慰，如与孕妇和胎儿进行言语交流，经常拥抱孕妇等。

综上所述，胎教要依据科学规律，通过多种途径循序渐进地实施，切不可心急。有的孕妇期望值过高，认为胎教内容越多越好，最后过犹不及，可能给自己和胎儿带来一些伤害。孕妇要多学习胎教的科学内容，掌握实施胎教的正确方法，适时、适度地实施胎教，这样才能对胎儿的健康发育起到积极作用。

## 第二节 0～1岁儿童的家庭教育

案例导入

两则育儿案例的启示

案例一：一位家长带着患有肺炎的孩子看病，辗转了几家医院都没有治疗，其原因要么是医院不能让大人陪着住院，大人不放心，要么是护士打针第一针没打进去，孩子大哭而不愿意就医。最后找到一家小诊所，不看行医资质，就让小孩接受穴位治疗，结果没有达到治疗效果，贻误病情。

案例二：一位家长带着孩子找医生看病，一直在诉说宝宝几天都在腹泻，等医生查看宝宝情况时才发现，宝宝的肛门处塞了一团纸。医生询问这是怎么回事？家长解释道，孩子一天拉好几次稀便，容易让肛门附近的皮肤发红或溃烂。于是想到拿卫生纸做个塞子堵住肛门，这样就能防止稀便随时拉出来磨损皮肤，让孩子少受点罪。

思考：这两个案例的家长为什么选择这样做？原因是什么？这样做导致的后果是什么？

孩子出生后的第一年是一个人一生中身心各方面发展最快的一年，也是心理活动萌发的阶段，又是生活经验开始积累的时期。奥地利生态学家洛伦茨在1935年研究发现，刚出生的小鹅有跟踪母鹅的本能，通常将第一眼看到的对象当作母亲。洛伦茨将这一现象称为“印刻”，在小鹅行为的关键期内，小鹅学习的对象“印刻”在它头脑里了。可见，神经系统的可塑性很大，当其功能和结构一旦形成，可塑性就会变小，发展的空间就会变得更小。所以巴甫洛夫曾说过：“婴儿降生的第三天开始教育，就迟了两天。”由此说明，婴儿自出生之日起就有了惊人的反应和学习能力，应尽早进行早期教育。

### 一、新生儿的保教策略

新生儿期是指从个体出生到出生后满28天这一时期。此阶段为胎儿从子宫内“寄生”生活至外界独立生活的重要过渡时期，新生儿需面临从宫内环境至宫外环境的剧烈转变，其身体将经历显著的生理变化以适应新环境。在胎儿阶段，其生活于羊水包围的宫内环境，借助胎盘进行营养吸收、呼吸及排泄，基本不受外界直接影响。

出生后，新生儿需独立面对并适应外界环境的多种变化，如光线、温度、声音等。他们必须自行完成呼吸、进食、消化及排泄等生命活动。此阶段，大约需要3～4周的时间，新生儿方能逐步调整其身体机能以适应外界环境。在此期间，新生儿需要得到细致的照料与合理的养育，以应对其身体软弱性与快速生长之间的矛盾。他们对外界环境的适应力较弱，生长发育迅速，易患各类疾病，因此需得到成人的精心呵护。

此外，新生儿的健康状况与其胎儿期的发育状况密切相关。由于其抵抗力低下，适应力差，新生儿阶段是儿童发病率及死亡率的高峰期。在新生儿死亡病例中，早产儿及低体重儿占据较大比例。

这一时期的保教策略有以下几种。

### （一）及时满足婴儿的各种需求，建立起最初的信任感和安全感

新生儿在出生后1个月只有两种反应：一种是获得满足与舒适感后的愉快情绪；另一种是饥饿、寒冷、尿布潮湿等所引起的不愉快情绪。在这一阶段，作为父母应当密切观察并解读新生儿的情绪变化，特别是通过其哭声来洞察其内在需求。为了更好地满足新生儿的需求，家长应与其进行情感交流，采用柔和的语调和充满爱意的目光与新生儿建立深厚的情感联系。此外，家长还需掌握正确的新生儿照护技巧，如抱姿、哺乳、换尿布等，确保新生儿在成长过程中得到全面的照顾。同时，关注新生儿的体重变化、睡眠状况、肤色变化等生理指标，并记录其成长过程中的每一点进步和照料中的细节问题，有助于及时发现并解决潜在问题，为新生儿的健康成长提供坚实的保障。通过这些措施，父母可以为新生儿建立起基本的信任感和安全感，为其日后形成健康的个性品质打下良好的基础。

### （二）进行母乳喂养

新生儿自出生起，便展现出一系列无条件反射，这些反射行为包括觅食反射、拥抱反射、吸吮反射和抓握反射等。其中吸吮反射是新生儿对食物的一种无条件反射，即吃奶的本领。新生儿这一时期能量的消耗是非常大的，需要合理的喂养来提供充足的营养，而母乳是最能满足新生儿生长发育所需要的天然营养品。母乳的营养成分最适合新生儿需要及消化吸收能力，含有较多的优质蛋白、氨基酸及乳糖，有利于新生儿脑的发育，初乳含有丰富的牛磺酸，可促进孩子生长发育，尤其是含抗体丰富的蛋白质（免疫球蛋白及乳蛋白），其中免疫球蛋白具有增强新生儿免疫力的作用，能防止稚嫩的新生儿胃肠道和呼吸道感染。在母乳喂养的过程中，新生儿与母亲之间的直接接触，包括拥抱、照顾以及对视等行为，不仅能够增强母婴之间的情感纽带，而且能够使新生儿感受到安全、舒适和愉悦的情绪体验。这种情感交流对于建立母子间的信任感至关重要，同时也有助于促进新生儿的心理和智能发展。

### （三）认知能力方面的训练

孩子生命中最富意义的时刻，发生在他们出生后的前四周。自孩子降生之始，他们便拥有了触觉、听觉和嗅觉等感官体验。尤为值得关注的是，新生儿的视觉和听觉感受器在结构上已与成年人十分接近，这两种感官成为他们与外部环境互动的首要方式。据科学研究揭示，新生儿在出生后的短短一周内，便能识别出为他们哺乳的母亲的声音，而在四周时，他们已能对不同语言的发音进行区分。此外，研究人员发现，新生儿在出生后的第六天便能够辨别出自己母亲的气味，这进一步凸显了新生儿感官能力的敏锐及其重要性。

#### 1. 听觉训练

作为父母，应该在新生儿清醒时，用温暖而亲切的声音与他们交流，为他们营造一个充满语言刺激的环境。在日常生活中，无论是换尿布、喂奶还是其他互动时刻，都是与新生儿进行语言交流的绝佳机会。此外，为新生儿播放柔和悦耳的音乐或他们熟悉的胎教音乐，也是促进听觉发展的好方法，但务必确保音量适中，避免过强的声音刺激到新生儿。

为了训练新生儿的发音能力，父母可以尝试重复发出简单的音节，如“啊”“噢”“呜”等。当新生儿模仿发出这些音节时，家长应给予积极的回应和鼓励，以激发他们进一步学习语言的兴趣。

#### 2. 视觉训练

脑科学研究显示，孩子出生后的半年内是视觉能力迅速发展的关键时期。因此，这段时间不仅是孩子视力发展的敏感期，也是实施视觉训练的最佳时机。

为了确保新生儿的视力得到良好的发展，需要为他们创造一个安全且适宜的环境。首先，室内的光线应该保持柔和，避免过强或过暗的光线对新生儿的眼睛造成刺激。其次，新生儿天生对人脸有着浓厚的兴趣，因此，父母应该多和新生儿进行面对面的交流，最佳的对视距离约为20厘米。

在新生儿出生半个月后，应该为他们提供丰富的视觉刺激。除了利用周围环境中的自然元素进行刺激外，还可以通过专门的视觉训练来促进新生儿视力的进一步发展。例如，在新生儿仰卧的上方20～30厘米处悬挂一些色彩鲜艳、形状各异的玩具，如彩色的环、铃、球等。这些玩具不仅可以吸引新生儿的注意力，还能刺激他们的视觉神经。

在训练过程中，父母可以通过摇动或移动这些玩具来激发新生儿的兴趣。当新生儿能够较为专注地注视玩具时，可以逐渐改变玩具的位置或移动方向（如水平、垂直或弧形移动），使新生儿的视线跟随玩具的移动而移动。这种训练不仅有助于提升新生儿的视觉追踪能力，还能促进他们的注意力集中和认知能力的发展。

#### 3. 嗅觉与味觉训练

新生儿拥有敏锐的嗅觉和味觉。他们有能力分辨出各种气味，例如，当嗅到奶香的气味时，他们会露出愉悦的表情并将头部转向奶瓶；相反，如果闻到某些刺鼻的气味，他们会主动避开。新生儿会对母亲的气味表现出极高的敏感度。同时，新生儿也能够区分不同的味道，通常偏好甜味的食物。为了进一步提升他们的嗅觉和味觉能力，可以准备不同味道的液体，如清水、果汁和奶水，并逐一滴给新生儿尝试，以观察他们的喜好。同样，也可以利用不同气味的物品，如酒精、香水和白醋，来刺激新生儿的嗅觉。这样的训练有助于新生儿的感官发展。

### （四）运动训练

新生儿天生具备多种运动潜能。举例来说，爬行反射表现为当新生儿被置于俯卧姿势并用手支撑其双脚时，他们会本能地向前爬行；行走反射则表现为当婴儿被扶持站立时，他们会以类似“猫步”的方式向前移动，部分婴儿甚至能如散步般自然行走；游泳反射体现在水下分娩的婴儿能够在水中自由游动而不呛水；此外，当新生儿的手掌被轻轻触碰时，他们会立即握紧手指，这种反应称为抓握反射，利用这一反射，可以将新生儿短暂地悬吊在空中，类似于人类祖先在森林中悬挂于树枝上的情景。这些与生俱来的能力若不及时加以锻炼，将在数月后逐渐消退。然而，若能得到及时的训练与引导，这些先天反射将转化为孩子后天的技能。

#### 1. 练习俯卧抬头

新生儿自出生后几天就可以俯卧，新生儿俯卧时只有本能的挣扎，使面部转向一侧，但不能将头抬起。此时仍要给新生儿一些俯卧的机会，让新生儿练习抬头，新生儿俯卧一般在空腹情况下进行。俯卧的床面要平坦、舒适，每次训练自30秒开始逐渐延长时间，每天可练习数次。新生儿自1个月后婴儿头部可逐渐抬起，家长可用一些带响的或色彩鲜艳的玩具在婴儿面前逗引，让婴儿练习自己抬头。抬头动作从45～90度，逐渐稳定。2个月的婴儿一般能抬到45度，个别婴儿可达90度。这种俯卧抬头的练习不仅可以锻炼新生儿颈部、背部的肌肉力量，而且有助于增加新生儿的肺活量。

#### 2. 练习头竖直

每日适当地竖立起抱新生儿数次，让新生儿练习将头竖起，一般2个月左右婴儿的头可竖立10余秒至1～2分钟，练习竖头时家长一定要注意保护好婴儿。还可将新生儿背部贴住母亲胸部抱，这样新生儿面前是一个广阔的空间，有很多新奇的东西引起新生儿的兴趣，使得孩子更主动地练习抬头。另外，选择合适的时机，进行新生儿抚触，可以帮助新生儿做健康操活动肢体和关节。

拓展阅读

一、抚触的作用

父母给宝宝做抚触有以下几个方面的作用。

（1）可以促进婴儿的生长发育。

（2）减轻机体对刺激的应激反应。

（3）增强机体免疫力。

（4）婴儿患病时，抚触能产生良好的治疗作用。

（5）缓解结肠胀气。

（6）减轻紧张和焦虑，减轻疼痛。

（7）提高耐寒能力。

（8）促进行为发育和协调能力。

（9）增强自我认知能力。

（10）促进安静睡眠。

（11）促进亲子关系。

二、婴儿按摩的方法

对于幼小的婴儿，按摩不仅能够起到促进身体发育的作用，而且成人和婴儿的肌肤接触也是一种重要又有效的安慰和鼓励的方式。

按摩前的准备包括：适宜的温度（20～25℃），给婴儿穿上轻薄的衣服，按摩者清洁双手，除去各种饰物，修剪指甲并涂上按摩油。按摩时要注意婴儿的表情和神态，一旦婴儿出现哭闹、身体扭动的情形，就要停止动作，并进行检查。按摩的时间控制在几分钟到十几分钟都可以。

按摩的部位主要有：

（1）脸部：用双手掌心或指腹在婴儿的额头和脸颊处进行环状移动。

（2）胸部：用双手掌在婴儿的胸部做心型轻推，但不要下压。

（3）腹部：用双手的大拇指从婴儿的肚脐由内向外推，用一只手的手掌绕肚脐做环行推动。

（4）背部：在婴儿的脊柱处由里向外和上下轻轻推动。

（5）脚部：在婴儿的脚底由足跟向足尖推动，分别捏脚趾。

（6）手部：从婴儿的上臂往下捏，最后分别捏每个手指。

应当注意：当婴儿发烧、腹泻、呕吐时，按摩要停止，待婴儿的情况好转以后再进行。

（资料来源：丁连信．学前儿童家庭教育［M］．北京：科学出版社，2011：98．）

## 二、0～1岁儿童的发展特点

从出生29天～1岁称为婴儿期。这是婴儿出生后生长发育迅速的时期。从满月到半岁，婴儿的心理发展主要表现在视觉和听觉的发展上，在视听发展的基础上，婴儿主要依靠定向活动来认识世界，他们的眼手动作逐渐协调，也开始分辨熟悉的人和陌生的人。半岁以后，婴儿逐渐出现语言的萌芽，动作比以前灵活，手眼协调能力增强，从独坐、爬行、站立到走路，由原来被动的、不能自主的活动，变为主动的活动。随着活动范围的不断扩大，婴儿可以到处去看、去触摸、去拿取，从早到晚不停地活动。

## （一）0～6个月婴儿的发展特点

### 1. 视觉和听觉迅速发展

满月以后，婴儿的眼睛就更加灵活了，他不仅能用眼睛盯着进入他眼帘的东西，视线追随着物体移动，而且会主动寻找视听目标。3个月的婴儿就会积极地用眼睛寻找成人，之后又会寻找成人手里摇动着的玩具、再往后还会去寻找周围的其他玩具。半岁以前，婴儿的动作刚刚开始发展，他的眼睛能够看到的，耳朵能够听到的，比他能够用手接触到的事物要多得多。因此，这时候婴儿认识周围世界主要依靠视觉和听觉。人类的脸和声音，是婴儿最先接触到的视觉和听觉刺激，为婴儿带来了各种丰富的意义。例如，他很快就会利用眼睛长时间地追随着母亲移动的身影，随时用耳朵捕捉妈妈的声音，甚至当妈妈不在房内时，他仍通过听觉来和妈妈保持联系。这些都可以强化他的安全感，避免感到孤单。

### 2. 手眼协调动作开始发展

手眼协调动作是指手和眼的动作能够配合，手的运动能够和眼球的运动视线一致，按照视线去抓住所看见的东西。手眼协调动作的发展，大致经历以下几个阶段。[①]

第一阶段：动作混乱。出生后头几天，除了一些本能动作外，新生儿的动作往往是混乱的，两只眼睛的动作不协调，一眼往左，一眼向右。手的动作也是没有条理的，只是胡乱摆动。

第二阶段：无意抚摸。2～3个月的婴儿，当手偶然碰到了被子或别的东西时，他会去抚摸该物体。有时婴儿会用自己的一只手去抚摸另一只手，这时手的动作只会沿着物体的边缘移动，或者用手拍拍被子和其他物体，但不会抓握物体。这时的抚摸动作没有任何目的，没有方向，是纯粹的无意动作。

第三阶段：无意抓握。3～4个月的婴儿，如果有人把东西放在他的手掌上，他会去抓握，他有时甚至会把手里的玩具摇得发出响声，但是实际上这并不是他有意识地把玩具摇响，而是由于其无意地挥动小手，使手里的玩具随着手的动作而发出声音。

第四阶段：手眼不协调地抓握。在手眼协调动作接近发生之前，婴儿看见挂在他眼前的东西会伸手去抓，但是他的手总是在物体周围打转，不能准确地抓到目标。也就是说，手的动作还不能同视线协调起来，大脑还不能支配手去抓住眼睛所看见的东西。

第五阶段：手眼协调地抓握。4～5个月以后，手眼协调动作开始出现。手眼协调动作的发生对儿童心理发展有重要意义。这是儿童用手的动作去有目的地认识世界和摆弄物体的萌芽，是儿童的手成为认识器官和劳动器官的开始。

### 3. 婴儿开始认生

5～6个月的婴儿开始认生。认生是儿童认识能力发展过程中的重要变化。它一方面明显地表现了婴儿感知、辨别能力和记忆力的发展，即能够区分熟人和陌生人，能够清楚地记得不同的人脸；另一方面也表现了婴儿情绪和人际关系发展上的重大变化，并且因而出现了对亲人的依恋和对熟悉程度不同的人的不同态度。

## （二）7～12个月婴儿的发展特点

半岁以后，婴儿逐渐出现语言的萌芽，动作比以前灵活，手眼协调能力增强，从独坐、爬行、站立到走路，婴儿由原来被动的、不能自主的活动，变为主动的活动。随着活动范围的不断



① 陈帼眉. 学前心理学［M］. 北京：人民教育出版社，2003：33-32.

扩大，幼儿可以到处去看、去触摸、去拿取、从早到晚不停地活动。

### 1. 语言开始萌芽

婴儿在6个月大时，已初步展现出对语言的理解能力。随后，到了9个月左右时，他们开始真正理解并解析成人的语言。大约10个月后，婴儿能够发出第一个具有实际意义的单词，尽管此时他们尚不能流畅地通过言语表达意图，但已经能够遵循简单的成人指令，并能用语言指出身体的部分，如“你的鼻子在哪里？眼睛呢？”等。此外，婴儿还可以通过语音、表情和动作来传达自己的需求和情感。经过近一年的语言准备，1岁之后的儿童在语言发展上取得了显著的进步，进入了口语学习的重要阶段。在这一阶段，他们理解语言的能力迅速提升，主要以名词和动词为主，并能够给常见的物体命名。

### 2. 学习独立行走

婴儿运动功能的发展遵循一定的规律，即从整体到局部，按照头部、颈部、躯干、上肢的顺序逐步发展。下肢的运动功能则在婴儿能直立后逐渐发展。婴儿在半岁前学会抬头和翻身，6～7个月时能独坐并开始练习爬行，9个月后能够四处爬行。10个月大时，在成人帮助下，婴儿开始学习扶站和迈步。这表明，婴儿在1岁前已学会坐和爬，从躺在床上的状态解放出来，虽然尚不能独自站立和行走，但已能体验到自由活动的乐趣，并接触到更多新事物。1岁后，儿童开始练习独自迈步和行走，起初步态不稳，需要成人的搀扶和保护，或在学步车内自由移动。随着时间的推移，儿童逐渐学会独立行走，这极大地扩展了其生活范围。

### 3. 手眼协调能力有所发展

婴儿手部动作的发展遵循特定规律，初期3～4个月大时，他们倾向于用整个手掌抓取物品。随着不断成长，手眼协调能力逐渐增强，婴儿开始学会用四指和大拇指协作来精确抓取物体。这一过程体现了从大到小的肌肉动作发展原则，即先发展大肌肉动作，如头部、颈部、身体和四肢的动作，再逐渐细化到手指的小肌肉动作。

在大约半岁之后，婴儿开始尝试用两只手协同工作，拿取物品。到了7个月左右，他们的五指分工已经相对灵活，可以自如地抓握不同形状的物体。这表明他们的手眼协调能力和双手配合能力得到了显著提升。此时，儿童开始展现出对游戏的兴趣，如玩积木、积塑等，通过不断重复这些活动来锻炼手部技能和提高专注力。

此外，这个年龄段的儿童还将日常生活中的一些动作视为游戏，并乐于模仿。他们喜欢尝试自己吃饭、拿椅子等，这些活动对他们来说充满了趣味性和挑战性。这些游戏不仅可以促进儿童手部动作的发展，也可以激发他们的创造力和想象力。

### 4. 有多种情感出现

随着活动范围的逐步拓展，大约在1岁，婴儿能够逐渐理解并回应成人的语言，运用自己的方式表达需求并参与交流。此时，他们与主要养育者之间建立起初步的依恋关系，这种依恋通常表现为对母亲的依赖、遵从、提出要求、寻求帮助以及寻求保护等。此外，在这个阶段的儿童已经能够展现出多样化的情感体验，如愉悦、愤怒、喜爱、悲伤、恐惧、自豪和害羞等。这些情感反应迅速且易变，他们的情感宣泄主要面向以母亲为主的周围成年人。

值得注意的是，1岁左右的儿童已经具备了对事物简单是非的判断能力。他们能够通过动作和表情来表达对行为正确与否的理解。尽管此时他们尚不能与其他儿童一同游戏，但他们倾向于向儿童聚集的地方靠拢，尤其喜欢看比自己年龄大的儿童玩耍。这表明他们的社交意识正在从与母亲的二人世界逐渐扩展到感知到他人的存在。

## 三、0～1岁儿童的家教要点

### 1. 语言能力的培养

3岁前是儿童语言（口语）发展最为迅猛的时期，同时也是口语学习的关键时期。在这一阶段最大程度地促进孩子的语言发展具有至关重要的意义。首先，为了培养孩子的语言能力，需要为他们创造一个适宜的语言环境。幼儿生活的第一年，父母应多与孩子交流，即使他们暂时无法理解，这种互动仍然是有益的。孩子通过多听父母的语言，接受语音训练，观察父母的口型，能够增强他们的视觉判断力，进而建立起语言听觉和语言视觉之间的紧密联系。当孩子开始发出声音并学习说话时，我们应该为他们创造更多的条件，教授更多的字汇和词汇，鼓励他们主动开口说话。其次，语言作为一种智力与潜能，越早开发越有利于孩子的成长。从怀孕5个月开始，当胎儿的听觉形成时，就可以与他们进行交流；从婴儿出生的第一天起，就应该将语言交流融入日常照料中；在婴儿3～5个月大时，与他们“交谈”时应引导他们做出口部和声音反应；当婴儿在8～9个月大开始咿呀学语时，应该对他们的声音做出积极的回应；1岁时，应不断鼓励孩子说出单词、电报式语词，并逐渐要求他们说出单词句、双词句，直到完整语句。

### 2. 运动能力的培养

婴儿成长至1岁左右时，正值其从爬行逐渐过渡至学步的重要阶段。此时，他们开始尝试站立，并逐步迈出行走的第一步。从最初的依赖家长扶持，到逐渐能够自主站立与行走，这一年龄段标志着儿童行走能力发展的关键时期。

在这一阶段，建立正确的站立与行走姿势至关重要。家长应细心观察，一旦发现儿童的行走姿势存在异常，如脚尖着地或步态不稳，应立即寻求专业医生的意见。为帮助儿童更好地掌握行走技能，家长可采用科学训练方法。首先，从让儿童练习独自站立开始，待其站稳后，再通过玩具、语言或动作等方式吸引其尝试向前迈步。随后，可逐步增加行走的距离，以适应儿童的成长速度。学习走路对于儿童而言，既是充满吸引力的挑战，也伴随着一定的恐惧与不安。家长应给予充分的关心与鼓励，帮助儿童克服心理障碍，顺利掌握这一重要技能。

#### 拓展阅读

**宝宝爬行的重要意义**

育儿专家们普遍认为，虽然孩子跳过爬而直接学会走，其动作发展和智力发育是没有问题的，但是宝宝经过爬行，会对未来的平衡感以及手眼脚协调能力、粗细动作发展等大有好处。

一位妈妈说道：“孩子刚过1岁生日，已经学走路了，前天带孩子去体检，一切正常，但因为孩子不会爬，被医生批评了。”

她说：“女儿一直很健康，各项发育指标都正常，虽然也听过‘三翻六坐九爬’的说法，认为这些‘技能’都应该是随着孩子的成长自然学会的，长大了不就自然会爬了么，但没想到儿童保健科的医生会因此而批评我。”

实际上，现在的城市中，有相当一部分孩子与上述宝宝一样，在发育过程当中没有经历过“爬行”，就直接开始学走路了。城市家庭一般房间狭小，很多宝宝都只能在床上活动，再加上很多父母对孩子呵护有加，担心在地上爬“太凉”或“太脏”或是磕碰，没有刻意让宝宝学过爬，还有的家长无暇顾及孩子，老是让孩子坐进学步车中，让他们自己学习走路，宝宝根本没有学习爬的机会。“健康的宝宝只要经过训练都能独立爬行，有的孩子不会爬，是家长有意无意间剥夺了宝宝学爬的机会。”

“虽然没有数据表明经历过爬的孩子一定比没有经历过爬的孩子聪明，但爬能促进宝宝脑部发育已被医学界所公认。”爬行训练可以加强前庭与感觉系统的统合，使身体感觉灵活，从而促进脑的发育。

宝宝爬行时，左右肢体交替轮流运动的信号通过脑桥交叉，从而调动整个大脑都在活动，特别是可以锻炼小脑的平衡能力，并且运用手眼脚协调，促进粗细动作的发展，将来有助于书写、阅读和运动技能的培养；爬行必须统合感官信息和手眼脚配合，才能了解周围环境，这些刺激可发展幼儿的空间概念及距离感，幼儿也可借助爬行知道身处何处，以及如何避开障碍物；爬行可以增进母子交流，促进宝宝语言的发展；爬行可以使宝宝能随自己的意志移动身体，加大接触面，扩大宝宝认识世界的范围，促进认知能力的发展，有利于思维和记忆的训练。另外，宝宝在爬行时，头颈仰起，胸腹抬高，靠四肢交替轮流抬起，协调地使身体负重，从而可以锻炼胸腹、腰背、四肢等全身大肌肉活动的力量。因此，爬行是一种综合性的强身健体活动，并且可以为宝宝的站立和行走打下基础。

（资料来源：马莉．学前儿童家庭教育［M］．长沙：湖南师范大学出版社，2022：109-110．）

### 3．认知能力的培养

在这一阶段，家长应有意识地引导儿童接触更多具体事物，教导他们辨识基本色彩，并让他们理解事物间简单的因果关系。此外，家长还应指导儿童对比不同的物品和活动，通过持续地引导和积累，使儿童的大脑发展更为复杂和精确。为了实现这一目标，家长需要不断创新和尝试，以激发幼儿的兴趣。在与家长的配合下，通过各种游戏，儿童可以在愉快的氛围中提升智慧潜能。例如，家长可以为儿童提供可推动、拉动、坐上去的小车或汽车等玩具，这些玩具能够锻炼儿童的身体活动能力。此外，家长还可以为儿童准备具有不同弹性且耐摔的玩具，如木块、吹塑玩具、皮球等。同时，提供大小适中的积木也是不错的选择，这些玩具可以激发儿童反复玩耍的兴趣。另外，家长可以选择线条和颜色明显、描绘孩子熟悉事物（如动物、植物、食物等）的画册，让儿童在反复翻阅的过程中体验其中的乐趣。通过这些方法，家长可以有效地促进儿童的学习和成长。

### 4．安全问题的关注

在儿童的成长过程中，安全无疑是最为重要的考量因素。尤其在1岁左右的阶段，儿童对危险的认知尚未形成，其活动能力的迅速提升也意味着他们面临更多的潜在风险。然而，过度保护并非明智之举，因为这可能会限制儿童的自然发展。作为家长，需要保持高度警惕，通过故事讲解和形象示范等方式，教育孩子识别危险情境和物品。同时，应逐步引导儿童进行各种行走练习，如直线、曲线、坡路行走以及绕过障碍等，让他们在实践中掌握转弯和停止的技巧。在学习的过程中，摔跤是不可避免的，但家长应避免过度搀扶，而应优先消除环境中的安全隐患。面对孩子的摔跤，家长应保持冷静，避免传递焦虑和惊恐的情绪。因为儿童往往会受到成人情绪的影响。当儿童摔倒时，家长应以鼓励的态度，让孩子明白这只是生活中的一个小插曲，而非严重的问题。这样的挫折教育不仅有助于提升孩子的自我保护意识和技能，还能对其意志力和自立精神的培养产生深远影响。

## 拓展阅读

### 儿童常见意外伤害的防治

1. 烫（烧）伤：发生烫伤后应立即脱离热源，对烫伤部位做迅速降温处理。简便的方法是将烫伤部位浸入冷水中，如果烫伤部位外穿有衣裤，应脱去衣裤，衣裤紧小可用剪刀剪开。烫伤发生水泡时不能挑破，以防感染。严重烫（烧）伤可引起休克感染、败血症等，应尽快送医院治疗。

2. 摔（撞）伤：对于擦皮伤，上点红药水或简单包扎即可。鼻出血要用枕头垫高头部，并用冷毛巾敷在头和鼻子周围来帮助止血，再用干净的棉花滴几点麻黄碱塞入鼻孔。摔伤骨折、昏迷及严重扭伤，应尽早送医院治疗。

3. 溺水：对溺水儿童的抢救要及时。首先清理口、鼻内的异物，保持呼吸道通畅。然后采取头低脚高位，尽快将胃内的水倒出来，再进行口对口人工呼吸和胸外心脏按压。在积极抢救的同时，应尽快送医院或请医生急救。对于淹溺较轻，有呼吸、心跳，神志清醒者，应注意保暖，并注意卧床休息。

4. 触电：发生触电后要尽快切断电源。如果触及电线，可用干燥的木棒、竹竿等将电线挑开。如果人倒在电线上，又无法找到电闸，可用干绳子、衣服拧成带子套住触电者将其拉出。救护人员要注意自身安全并采取一定的保护措施，如脚下垫干燥的厚木板或站在棉被、厚塑料等绝缘物体上。脱离电源后，如果孩子的呼吸、心跳很弱或刚停止，要进行口对口呼吸，胸外心脏按压。儿童呼吸道较短，胸壁较薄，人工呼吸、心脏按压的效果较好。

5. 中毒：发生中毒后要及时把毒物从胃里清洗出来，特别是那些腐蚀性强的毒物，催吐洗胃越快越好，以免引起胃穿孔。在没有洗胃器时，可用筷子、匙柄或手指头轻轻刺激咽后壁或咽部，促其呕吐。如因食物过于黏稠而不易吐出，可先喝点温水或淡盐水，然后再刺激咽部。催吐后要洗胃，常用的方法是喝清水或洗胃液催吐。

上述方法是在无法送医院或在送医院前采用的应急措施。对于误服药品的儿童，首要是要紧急送医抢救。

（资料来源：张富洪，等．学前儿童家庭教育［M］．上海：复旦大学出版社，2016：80-81．）



## 第三节　2～3岁逆反期儿童的家庭教育

**案例导入**

“错误”的好处

乐乐妈妈去朋友家做客，谈话之余看到他们3岁的儿子想用钥匙将卧室的门打开。但由于个子小，小手还不够灵活，就算他很努力在开锁，门还是打不开。乐乐妈妈想上去帮助这个孩子把门打开，可是当她刚要站起来时却被朋友制止了。孩子的妈妈说，不要去帮助他，让他自己去摸索如何能把门打开，这样他会记得更牢。果然，没过多久，孩子终于在自己的努力下把门打开了，他高兴得手舞足蹈。

思考：为什么乐乐妈妈的朋友会阻止乐乐妈妈的做法？包办代替是否能够帮助孩子成长？为什么？

## 一、2～3岁儿童的发展特点

2～3岁这一阶段的儿童动作发展迅速，会跑、攀登、钻爬，两手也更加灵活，手眼协调能力增强，生活自理行为开始出现。口语发展迅速，感知思维也随之活跃，并出现了最初的概括和分析能力，社会性得到发展。由于各种能力的不断增强，以及自我意识的萌芽使得这一阶段的孩子处处和父母“作对”，逆反心理强烈，事事都要按照自己的意愿去做，出现了第一反抗期。

这一阶段儿童主要的发展特点表现在以下几个方面。

### （一）语言的发展

这一时期，儿童的口语能力正处于快速发展的关键阶段。从出生到1岁之前，儿童处于语言预备期，尽管他们无法用言语表达，但对周围环境的声音和语言已有感知和理解的能力。随后，大约在1岁半以后，儿童的语言发展取得了显著的突破，他们开始表达自己的想法和需求。进入2～3岁阶段，儿童对于说话和听话充满了热情，他们的语言能力迅速提升，开始掌握基本的语法结构，词汇量和句型也在迅速扩展。此外，儿童还非常喜欢听故事、儿歌和诗歌等，这些活动不仅丰富了他们的语言体验，也促进了他们的语言发展。同时，他们的注意力和记忆力也得到了提升，能够更长时间地专注于各种活动，如观看电视、电影，参与游戏或听大人讲故事，并能够记住一些简单的情节片段。因此，家长应重视并鼓励儿童的语言发展，为他们提供丰富的语言刺激和交流机会，以促进他们口语能力的全面发展。

岗位链接

小明已经2岁多了，但是不爱张嘴说话。他每次想要什么就伸手一指，或跑到家长身边拉着他们的衣角，意思是让大人帮他拿。父母每次引导他说话，收效都不是很明显。渐渐地，父母失去了耐心，觉得孩子不说就不说吧，反正帮他做点事情也累不着。现在小明已经是大班的小朋友了，每次在班级回答教师的问题时都显得很害羞，也不愿意同其他孩子交流。

思考：小明父母的做法正确吗？作为父母，当面对内向而不善交流的孩子时应该做些什么？

### （二）思维能力的发展

在儿童成长至2岁左右时，其心理活动中开始涌现出表象、想象和思维等高级认知活动。这些活动的出现，标志着儿童认识能力发生了质的变化，也预示着其心理发展的一个重要转折点。在这个阶段，儿童的思维主要呈现出“直觉行动性”的特点，即思维活动与行动紧密相连，往往是边行动边思考，而非先思考再行动。例如，当儿童拿着插塑玩具时，他们会立即开始插装，并在插装的过程中思考如何插装，最后根据插装完成的形状来命名。需要注意的是，此时儿童的思维尚缺乏可逆性和相对性，他们只能理解一些简单直观的事物，难以进行复杂的分析和推理。因此，3岁的儿童往往难以理解反话等需要复杂思维理解的表达方式。

### （三）自我意识的发展

2岁儿童开始展现出自我意识的初步萌芽。自我意识，指的是个体对自身存在、思维、情感及意愿的认知和理解。在这一阶段，孩子们开始将自己从周围环境中区分出来，意识到自己的独立存在，并尝试理解自己与他人的关系。这是一个相对高级的心理发展过程，尽管2岁儿童还处于这一过程的初步阶段，但他们已经能够通过使用代词“我”来表达自己的意愿和感受，这标志着他们自我意识的初步觉醒。

其特点主要表现在以下几个方面：

（1）产生了强烈的独立性需要，出现了自己行动的意愿。表现为坚持自己的主意，不听从父母的要求和意见，常说“我自己来”“我自己拿”等。

（2）开始“知道”自己的力量。会用语言指使别人。

（3）能说出自己的行为，有时也能用语言控制自己的行为。

（4）出现占有意识。2～3岁的孩子开始能够意识到哪些东西是属于自己的。

此外，随着儿童自我意识的萌芽，他们开始展现出新的情感萌芽，如自豪感、自尊心、羞愧感和同情心等。在这一阶段，儿童的个性逐渐显现，基于自我意识的发展，他们的自我评价和道德品质也开始初步形成。孩子们能够区分“好”与“不好”，“对”与“不对”，并尝试通过语言来调控自己的道德行为。

### （四）情绪情感的体验促进社会性发展

2～3岁儿童认知能力和语言能力的发展，扩大了孩子社会交往的范围，各种情绪的发展与情感体验，促进其社会性行为的发展。这主要表现在以下几个方面。

（1）情绪支配行为。3岁儿童不能用理智支配活动，他们的行为易受情绪支配，更多是无意识的。比如，对于孩子喜欢的事物会激发出积极的情绪，这种情绪又会调动起活动的积极性。

（2）产生强烈的依恋情感。所谓依恋就是指儿童对经常和他生活在一起，经常照料他的亲人的依恋，离不开他们。主要表现为幼儿在入园的时候大哭大闹，这是情感发展的正常表现。

（3）喜欢与人交往。随着语言和动作技能的日益成熟，儿童的认知范围不断拓展，他们展现出愈发强烈的好奇心和求知欲。这种成长的具体体现，在于他们如何构建与他人的关系，以及在这些关系中日益丰富的交往互动。交往关系不再局限在父母和亲戚之间，而是扩展到和同伴的关系，他们很愿意和小朋友在一起，比如很愿意看别人玩，管别人的事，常把小朋友发生的事告诉大人。

综上所述，2～3岁是儿童心理发展中一个至关重要的转折点。在这个阶段，儿童既保留了2岁以前的某些心理特征，同时又开始展现出新的心理特征的雏形。这种新旧交替在儿童身上体现为一种矛盾。如果父母未能深入了解这一阶段儿童的心理发展特点，不按照儿童的身心发展规律实施恰当的教育方式，那么，父母与孩子之间的矛盾可能会进一步加剧。最终，可能导致孩子形成固执、任性等不良性格特征。



**【真题链接】**

（2018年下半年）幼儿什么事情都要求自己来，对成人的要求和帮助常以“不”来拒绝，性格变得非常任性固执，这个阶段通常被称为第一次心理断乳期，通常是在（　　）。

A. 1～2岁　　B. 2～3岁　　C. 3～4岁　　D. 4～5岁

正确答案：B

## 二、2~3岁儿童的家教要点

### （一）培养儿童的生活自理能力和良好习惯

随着儿童年龄的增长和各系统功能的成熟，他们能够掌握各种大动作和一些精细动作，同时随着语言和自我意识的发展，儿童也会表现出愿意独立自主的自我服务倾向，家长要因势利导，让儿童掌握自我服务的本领，从小培养儿童自己料理生活方面的独立性，防止依赖性。

儿童从2岁开始就喜欢尝试着自己做事情。家长要充分利用日常生活的各个环节，帮助儿童做些力所能及的事情，对儿童进行自理能力的培养，如教儿童自己用勺吃饭，自己穿脱衣服，自己学着洗脸洗手等。当然，儿童开始学习做事时，手的动作还不协调，有时会搞得乱七八糟，家长不要责骂他，这样会挫伤孩子的积极性，首先应加以鼓励和表扬，让孩子感到“被接纳”和“认可”，然后再教他怎么做，并给予一些必要的帮助，这样使他体验到成功的欢乐，意识到自己的力量，从而激励他主动学习，独立探索。培养儿童的生活自理能力，不仅仅是对儿童能力的培养，还在于养成其独立的性格。如果家长对儿童一切代劳或溺爱，过分照顾，会挫伤孩子独立性的萌芽，使他们养成一切依赖于别人的习惯。自理能力的培养也是促进、锻炼技能的过程，是培养劳动观念的过程，这对孩子今后的学业和生活，对适应复杂的社会生活都是十分有益的。

### （二）培养儿童的优良个性

俗话说：“3岁看大，7岁看老”。它说明3岁左右的儿童已完成了人生的第一个发展时期，有了一定的发展基础。如果父母能在3岁前，对儿童个性上的优点有意进行培养，对儿童个性中的缺陷和弱点有意进行矫正，就可以使这些缺点和弱点被掩盖而不显现，这对塑造儿童的良好个性是十分重要的。

儿童自出生起，便因遗传因素展现出不同的气质类型，如活泼、灵活或沉静、呆板等神经类型的特点。这种天生的气质类型并非一成不变，而是在后天环境和教育的影响下逐渐发生变化。至3岁前，幼儿的个性特征已显著显现，例如有的孩子充满好奇心，渴望探索；有的则对外部环境表现出漠不关心；有的展现出强烈的自主性，有的则表现出明显的依赖性；有的性格开朗，善于社交，有的则经常陷入哭泣、告状等防御状态。

对于儿童已初步形成的个性特征，我们应给予足够的重视。尽管它们尚未定型，但却是未来个性形成的重要基础。通常情况下，个性倾向会沿着最初的方向发展。因此，父母应抓住幼儿个性形成的初期阶段进行积极的引导和培养。在此过程中，应避免纵容孩子，充分利用他们易受暗示和好模仿的特点。家长和教师应以身作则，为孩子树立良好的行为榜样，这对于最初优良个性的形成至关重要。

### （三）正确对待儿童的“逆反期”

儿童的逆反期通常出现在3岁左右，在此之前，幼儿主要依赖于父母及成人的指导与帮助。3岁左右，幼儿开始展现出强烈的独立意愿，倾向于按照自己的方式行事。这一现象可归因于孩子在此时的感知觉和肌肉运动能力显著提高，同时言语能力也有所增强，大脑皮质的构造也发生了明显的变化。

在这一阶段，孩子对周围事物充满好奇，经常提出各种问题，并通过亲身探索来增进对世界的理解。另外，他们在与成人的互动中扩大了视野，逐渐认识到自己的能力和潜力。随着自我意识的萌芽，孩子的个性开始初步形成，他们表现出强烈的独立意识和愿望。因此，孩子可能一反过去安静、顺从、依赖的性格，变得固执和任性。他们渴望亲自动手处理事情，不再完全听从父母的指导，并试图摆脱成人的束缚。如果他们的要求受到限制，可能会产生反抗情绪。此外，孩子在这个阶段喜欢与他人比较和竞争，并倾向于寻求他人的肯定和赞扬。

怎样正确对待处在“逆反期”的儿童呢？

### 1. 理解、尊重孩子的意愿

当孩子表现出逆反心理时，家长应避免盲目、主观和武断的训斥方式。相反，应深入探究孩子产生逆反行为的具体原因，并根据实际情况进行细致分析。父母需认识到，孩子在这一阶段表现出的反抗和逆反心理是儿童心理发展的自然阶段。因此，父母应尊重孩子的个人意愿，摒弃强硬的态度，避免将自己的意愿强加于孩子身上。若父母过度与孩子对抗，可能会加剧孩子的抵触情绪，甚至损害孩子的自尊心，导致孩子变得胆怯，甚至日后出现各种过激行为。家长应发挥指导作用，以协助孩子顺利度过“逆反期”，同时满足孩子对独立、爱与保护的需求，以促进其心理健康的全面发展。

### 2. 赢得孩子的信任

父母，作为孩子最亲近的人，扮演着无可替代的角色。父母不仅是孩子的照顾者，更是孩子心灵的导师。面对孩子的反抗行为，父母需要冷静克制，不让情绪左右判断，要深入了解孩子的内心世界，以儿童的视角去审视问题，并设身处地站在孩子的角度寻找原因。

父母还应该运用理性思维，客观地分析孩子的逆反行为，寻找合适的解决之道。这一过程不仅能帮助孩子解决问题，还能促进他们独立思考的能力。在与孩子沟通时，父母应采用平和、尊重的语气，让孩子感受到被理解和尊重，从而激发他们内在的积极性。若父母以强硬、压制的方式对待孩子的反抗，可能会适得其反，让孩子产生自卑和依赖心理，影响其独立成长。

### 3. 给孩子适当选择发展的机会

家长在面对表现出反抗行为的孩子时，应展现出充分的关心与理解，积极探寻孩子内心深处的真实意愿和动机。务必努力了解孩子行为背后的根本原因，以便更准确地把握其需求和期望。同时，家长应积极创造条件，满足孩子参与各类活动的需求，确保他们有事可做，充实而有意义。

此外，家长还应关注孩子独立行动的需求，适当放手让他们独立完成任务，培养孩子的独立性和自主性。在孩子的成长过程中，家长应敏锐捕捉时机，给予他们适当的鼓励和支持，以促进孩子自我意识的形成，同时推动其动作技巧和能力的全面发展。

### 4. 善于引导和转移孩子的注意力

对于孩子的不合理要求或错误行为，家长不能无原则地纵容或迁就。尤其是在面对那些可能对孩子造成伤害或不适合其年龄阶段的活动时，家长应当以巧妙的方式引导孩子，转移其注意力，使其将注意力转移到其他更有益的事情上。在此过程中，家长应避免使用强制命令的方式，而是要通过提供替代性活动来满足孩子的独立性和探索欲望。例如，在一次洗澡的过程中，当水温降低而孩子仍沉迷于水中嬉戏，不愿穿衣时，母亲可以拿出一件有趣的玩具来吸引孩子的注意力，从而顺利引导孩子离开浴缸。这样的处理方式不仅可以体现家长的教育智慧，也可以照顾到孩子的心理需求。

#### 对点案例

晚餐的时候，妈妈没有答应皓皓的无理要求——可乐拌饭，于是皓皓照旧往地上一躺，然后作爬行状，还用挑衅的眼神望着妈妈。妈妈一改平时紧张生气的样子，双手拍掌，大声笑着说：“大家快来看啊，这里有人学小狗。”皓皓一听，不开心地大声抗议“我不是小狗！”之后飞快地站起身，掉头就走。

分析：面对宝宝的叛逆与好奇，应以平常心对待，切忌大惊小怪。适当的时候可以利用他的逆反心理进行教育。如果孩子实在蛮不讲理，失去理性，家长应以平和的态度，坚定地予以制止，但不要当场说教，那时他是听不进去的，孩子的气往往来得快去得也容易，等到孩子心平气和之后再和他讲道理。要防止孩子在心里堆积负面情绪、心生怨气，加重逆反情绪。所以，家长要了解孩子这一时期的发展特点，本着理解、尊重孩子的原则，帮助孩子顺利度过第一个叛逆期。

## 三、做好入园的准备工作

入园是学龄前儿童从家庭走向社会的第一步，幼儿园能够培养孩子良好的社会适应能力，与人相处的能力，提高语言表达能力和思维能力，所以让孩子接受集体教育是非常必要的。由于孩子第一次离开家庭熟悉的环境，离开家人的照顾，换到一个陌生的环境，常会在生理和心理上产生一些不适应，如饮食减少、睡眠不安、情绪不稳定，甚至生病等。为了让孩子尽快地适应并喜欢幼儿园的集体生活，家长应事前做一些准备。

如何缓解幼儿的入园焦虑

### （一）做好充分的心理准备

孩子进入幼儿园是每个家庭的重要时刻，为了让孩子顺利适应幼儿园生活，入园前的心理准备至关重要。

（1）家长应协助孩子认识到成长的重要性，明白上幼儿园是成长的一部分。孩子对父母的依恋情感可能导致其不愿入园，因此，家长需要与孩子建立稳固的亲子关系，让孩子感受到家长的信任与支持，从而有信心面对新环境。

（2）家长应提前带孩子熟悉幼儿园环境，包括参观幼儿园设施、观察其他小朋友的活动等。多鼓励孩子与同龄伙伴交流，甚至认识一些未来同班的同学，以减少孩子的陌生感和不安全感。同时，关注幼儿园的动态，如参加亲子活动，让孩子对幼儿园产生亲切感和向往。

（3）家长应避免将焦虑、不安等情绪传递给孩子。父母和祖父母的态度对孩子的影响深远，他们应当坚信孩子具备强大的适应能力，只要给予孩子适当的支持和帮助，他们一定能顺利度过这一关键阶段。

### （二）培养幼儿的自理能力

当儿童开始幼儿园生活时，他们面临的主要挑战是生活技能的适应，这也是家长们普遍关心的问题。这些技能包括吃饭、洗手、穿脱衣物和午睡等日常活动。为了确保孩子能够顺利融入幼儿园环境，家长需要了解幼儿园的作息制度和要求，并提前调整孩子的作息习惯。此外，家长还应积极培养孩子的自理能力，以减轻孩子在入园后的焦虑感，并增强他们的自信心。这样，孩子将能更快地适应幼儿园生活，并享受其中的乐趣。

（1）睡眠训练。选择好幼儿园后，家长应详细了解幼儿园的作息制度，如早上入园时间、上下午吃点心的时间、午餐时间、午睡时间等，然后在入园前的两三个月中逐步把孩子在家的作息习惯调整到与幼儿园一致，养成独自入睡、早睡早起和午睡的习惯。

（2）吃饭训练。固定时间和地点吃饭，自己吃饭，不给孩子喂饭，不让孩子边看电视边吃饭或边玩边吃，吃饭的时候不能随意走动，鼓励孩子自己吃，鼓励孩子尝试各种不同的食物，可以让孩子对自己产生信心。

（3）如厕训练。训练孩子自己脱、提裤子，注意观察孩子大便的规律，养成定时大便的习惯。

（4）穿衣训练。教孩子认识自己的衣服，分清上下、前后、左右。穿脱衣服。孩子到幼儿园穿的衣服和鞋一定要舒适、方便穿脱。

（5）清楚地表达自己。培养幼儿能够清楚地表达自己的要求。例如，在口渴时会向成人要水喝，或自己主动去喝水。身体不舒服时会说出或用手指出具体的地方，如头痛、肚子痛等。这样有利于老师及时采取应对措施。

因此，在孩子进入幼儿园之初，家长的积极参与和配合对于孩子的适应和成长至关重要。家长需要主动与老师建立并保持联系，了解孩子在幼儿园中的学习和生活状况。老师会向家长提供孩子在幼儿园的行为表现和进步情况，而家长则需要在家庭环境中延续这些积极的教育元素，教导孩子独立完成力所能及的任务，并有针对性地进行相关练习。只有在家长和幼儿园双方的共同努力和配合下，孩子的进步才会显著且有效。

## 拓展阅读

### 从“呵斥”到“呵护”
### ——陪伴孩子顺利度过第一个“叛逆期”（节选）

一、解读“叛逆期”——尊重孩子的发展特点

不同年龄段的孩子，叛逆行为的表现也会有所不同。我们应解读“叛逆期”，了解孩子的身心发展特点，找出产生叛逆行为的真正原因，走近孩子，读懂他们内心的想法，尊重孩子的发展特点，只有这样才能帮助他们顺利度过人生中的第一个“叛逆期”。

1. 自我意识开始萌发

2～3岁左右的孩子能意识到“我”的存在，他们会思考我是谁、我在干什么、我想要什么，他们会逐渐把自己和这个世界区分开，通过实际的行动、用自己的方式去学习、探索。但是，往往这种学习过程，在家长眼里就是“叛逆”的表现。

2. 亲子关系出现矛盾

3岁的孩子在自我意识增强的同时，会与父母出现矛盾、对立的亲子关系。其实，在孩子的“第一叛逆期”，这种现象还会不断发生，孩子以后究竟能不能真正独立，父母的态度起着关键的作用。

3. 情绪的辨别与处理

处于“第一叛逆期”的孩子有时会出现时而哭时而笑的现象，这是孩子正常的情绪表现。然而，随着孩子的成长，他们接触到的事物会越来越多，情绪也会增多，会有害怕、抗拒、兴奋等感受，但是由于年龄特点的限制，大部分孩子只会通过哭闹的形式进行宣泄。

面对“第一叛逆期”的孩子，无论家长还是老师，切记不要一味地呵斥。应充分了解这个阶段孩子的心理发展特点，冷静地思考，正确地引导。

二、应对“叛逆期”——呵护孩子的健康成长

我国有句俗语：3岁看大，7岁看老。可见，孩子在3岁时出现的“第一叛逆期”对他们的影响之大。实践证明，对这个时期的“小魔王”，家长或教师选用正确的方式进行

引导，才是最有效的。那么该如何正确引导呢？家长可以从以下几个方面入手，应对“第一叛逆期”，呵护孩子的健康成长。

1. 注意转移。面对“第一叛逆期”的孩子，家长不必急着给他们讲道理，不要大声呵斥。只要转移孩子的注意力，就可以让他们乖乖听话了。比如，3岁的甜甜非让妈妈给她买芭比娃娃，起初妈妈给甜甜讲不能买的道理，可甜甜似乎听不见妈妈说的话，自顾自地重复着“我要芭比娃娃”这句话。这时，妈妈抱起甜甜说：“哇！那里有喷泉，我们快去看看吧。”甜甜看着会跳舞的水，一下就把“芭比娃娃”忘记了。可见，家长或教师遇事需沉着、冷静，可以用注意力转移法，应对孩子的执拗行为。

2. 冷却处理。当注意力转移法对一些孩子没有效果时，家长不妨采取冷处理的方式，暂且不理会孩子，同时也给自己足够的时间来寻找应对的策略。这样不仅可以避免与孩子的正面冲突，还可以减缓孩子消极的情绪。

3. 自主选择。当亲子间发生矛盾冲突时，作为家长先不用着急发表自己的意见，不妨试着让孩子自主去选择。例如，朵朵一家准备吃早饭时，朵朵说不想吃早饭，朵朵妈妈说：“现在是吃早饭的时间。吃好早饭后，你还要去学画画。如果你现在不想吃，可以选择去看会儿书或者听一个故事，但是5分钟后必须过来吃早饭。你想选择哪一个？”朵朵说：“我要听故事。你真是我的好妈妈。”这种自主的、多项选择的方式是孩子所喜欢的，在与他们交流的过程中有着立竿见影的效果。因为从3～6岁孩子的心理发展来看，他们非常喜欢自己拿主意、做决定，所以在执行自己的决定时会干脆利落、效果明显。

4. 事先约定。每个人生来就是有秩序感的，我们可以利用孩子的这种心理与其共同商定规则，事先约定对事情的处理方式、一日生活中的作息时间等。规则如果是孩子参与制定的，他们就会愿意遵守并执行。当然，家长也要认真对待与孩子的约定，发生冲突时，可以提醒他遵守约定。例如，小墨和爸爸、妈妈一起逛超市，刚进超市，小墨就大声喊道：“我要面包、玩具、西瓜……”这时，妈妈对小墨说：“你是个遵守规则的孩子对吧？仔细想想：应该怎样逛超市？”妈妈刚说完，小墨回答：“逛超市要轻轻说话，就买面包吧！”随后，妈妈除了买了面包外，还买了西瓜作为奖励。小墨抱着妈妈连声说谢谢。

5. 角色扮演。轻松的亲子游戏不仅能促进亲子关系，还能促进孩子多种能力的发展。3～6岁的孩子喜欢玩角色游戏，家长或教师有时可以与孩子互换角色。让孩子扮演家长的角色，家长可以装扮成一个做事拖沓又很调皮的孩子，看看他会如何对待“孩子”。细心观察后，发现大部分孩子在游戏中的行为表现反映的正是他们的内心世界。以这种方法，可以更好地促使家长读懂并走近他们。

（资料来源：邬佩华. 从“呵斥”到“呵护”：陪伴孩子顺利度过第一个“叛逆期”[J]. 山西教育（幼教），2017（12）：19-21.）

# 第四节　5～6岁入学期儿童的家庭教育

案例导入

在一个阳光明媚的早晨，明明背着他心爱的小书包，踏进了新的小学校门。他的小脸上洋溢着兴奋与期待，但同时也夹杂着些许紧张。明明坐在教室里，环顾四周，发现周围都是陌生的面孔。老师开始上课了，明明努力挺直腰板，端端正正地坐在自己的小椅子上。可是，没过多久，明明就觉得有些坐不住了。他悄悄地对旁边的同学说："你知道吗？我觉得坐这么长时间真的好累啊。"终于熬到了课间休息，明明迫不及待地想去操场上玩，当他刚上完厕所回来后，发现同学们已经排好队准备回教室了。明明叹了口气，说："课间时间怎么这么短啊，我都没玩呢。"放学后，明明垂头丧气地回到了家。他一边放下书包，一边对妈妈抱怨："妈妈，上小学坐椅子的时间太长了，我坚持不住！而且老师让我回答问题，有那么多同学看着我，我好紧张。课间我想玩，可是我上完厕所就没有时间了……"

思考：幼儿园与小学有哪些不同？怎样使孩子顺利地适应小学的学习生活？

## 一、5～6岁儿童的发展特点

5～6岁是儿童入学前准备阶段，这一时期的儿童身体的各部分比例逐渐向接近成人比例的方向发展。骨骼继续骨化，大肌肉已比较发达，能灵活、协调地掌握基本动作，小肌肉发展迅速。幼儿心理活动概括性和有意性的表现更为明显。初步形成了比较稳定的心理特征。具有一定的自我保护意识、良好的生活卫生习惯及合作意识。

### （一）语言能力的发展

5～6岁儿童基本能够发清楚全部的语音，语言的连贯性有所加强，能用完整的句子连贯清楚地讲述，能准确、简练地回答比较复杂的问题，能比较条理清楚地独立讲述所看到或听到的事情和故事，敢于在众人面前大方、有表情地朗诵诗歌，较准确地概括故事的主题思想。会话和讲述能力明显进步，也就是谈话的能力或对话的能力，个人独自叙述事情或是讲述故事的能力都有所发展。这说明，5岁以后儿童应该基本会用清楚连贯的语言表达自己的愿望，或是和他人用语言交谈交往。随着儿童语言能力的发展，他们的思维也逐渐转变。语词在他们的思维中逐渐摆脱了形象和表象的束缚，成为他们理解和表达世界的重要工具。这种变化使得他们的思维更加清晰、有条理，能够更好地适应学习和生活的需要。

### （二）抽象思维的发展

5～6岁阶段，儿童的脑发育呈现出显著加速的态势。随着脑结构的日趋完善，其机能也得到相应发展，使得儿童能够逐步掌控自身行为，减少冲动性表现。这一变化为儿童更为精确地认识事物提供了有力支持。尽管此阶段儿童的思维仍主要依赖于具体形象，但已可观察到抽象逻辑思维的初步萌芽，能够进行更为概括和逻辑抽象的思维活动。

在认知方面能根据概念分类；按类别记忆；掌握了部分和整体的包含关系；能够掌握"左右"等比较抽象的概念；对因果关系也有所理解。能准确地认识正方体、长方体、圆柱体、圆锥体；能全面地感知事物的某些细致特征，发现相似事物的细微差别；能根据图形创造性地想象，能根据图形之间较复杂的关系进行推理；掌握10以内数的组成和加减运算；掌握长度和体积守恒；可以从多角度对物体进行分类。既可以按自己的生活经验分类，也可以按物体的使用功能分类。可见，5岁儿童的逻辑思维的出现使儿童思维能力发生了质的改变，为以后儿童进行学习提供了条件。

另外，5～6岁儿童思维更加活跃，表现为爱学、好问，他们的好奇心已不再满足于了解事物的表面现象，喜欢追根问底，还会主动地去探索周围的世界，大胆地进行尝试。

### （三）个性初步形成

个性是指个体心理活动中相对稳定的、具有特定倾向性的整体表现，主要体现在自我意识、性格及能力等多个心理层面。对于5～6岁的儿童而言，他们对事物已展现出相对稳定的情感态度，个性特征开始显现，例如对玩具或足球等物品的偏好。自5岁起，随着儿童抽象概括能力的增强及心理活动有意性的发展，他们能够更好地理解社会规则并与其自身行为建立联系，认识到自身行为与他人反应之间的关系。在这一阶段，儿童的自我意识倾向性愈发明显，表现为不同程度的自卑感、荣誉感、羞愧感、嫉妒心及好胜心等。此外，他们在社交场合中倾向于采用积极友好的方式与人交往，并高度重视成人及同伴对自己的评价，渴望得到同伴的接纳。

这一阶段的儿童能够知道自己的优缺点，能够独立做事情和独立思考问题，做事情有信心，争强好胜；关心长辈、老师和小朋友，喜欢帮助他们做事情，能主动关心班里的事，有集体荣誉感；能在不同情景下主动使用礼貌用语，举止文明，做错事能承认，并努力改正；能主动热情地与老师、小朋友和客人交往；热心地帮助解决其他小朋友之间的冲突，协调自己与伙伴之间的关系。

另外，5～6岁儿童的性格特征和能力已经展现出了显著的差异。在性格方面，他们可能表现出顺从、冲动、懦弱、好表现、攻击性、内向、外向以及依赖等多种特质。而在能力方面，无论是运动能力、操作智力，还是一般能力和特殊能力，都已经显现出了明显的差距。值得注意的是，5岁儿童的有意行为日益增多，这对他们未来的学习和独立生活都是至关重要的准备。

## 二、5～6岁儿童的家教要点

5～6岁的儿童正处于学前教育阶段的关键节点，他们即将结束无忧无虑的幼儿园时光，迈向小学的新生活。作为家长，需要充分意识到这一时期孩子的身心发展特点，抓住机遇，科学引导。在这一阶段，孩子的认知能力、适应能力、运动能力都在快速发展，家长需积极促进这些能力的提升，为孩子未来的学习和生活奠定坚实的基础。同时，家长不能忽视品德教育和性格塑造的重要性，应引导孩子树立正确的价值观，养成良好的行为习惯。此外，提升孩子的自我服务能力，也是为其未来独立生活做好准备。因此，家长需要全面考虑，系统规划，确保孩子能够顺利、平稳地过渡到小学，迎接新的学习和生活挑战。

### （一）组织和指导儿童开展各种游戏活动

幼儿的学习活动主要以游戏为主，游戏是促进幼儿心理发展的最好的活动方式。家长在为孩子准备玩具和书籍时，可以考虑拼插玩具、计算玩具、识字玩具、拼图玩具以及童话故事书、自然常识书、儿歌书等多样化的选择。同时，根据孩子的兴趣和爱好，还可以为他们提供绘图用具、音乐用具、科学玩具、运动玩具等，以满足他们不同的学习需求。此外，家长在组织指导儿童的游戏活动时，可以设计创造性游戏、音乐游戏、体育游戏等多样化的游戏形式，以促进孩子们在视觉、听觉、触觉、嗅觉、味觉等感官方面的发展。

### （二）提供条件让儿童多参加各种活动

由于这一时期儿童的独立性及各方面能力的提高，父母要给孩子提供条件，满足孩子积极参加各种有益活动的要求。例如，经常带孩子接触大自然、社会，去博物馆、科学馆、动物园、名胜古迹，开拓儿童生活领域，扩充见闻，以激发其学习的兴趣。应积极为幼儿创造多参加运动的条件，注意培养孩子的动手能力，让幼儿在活动中通过亲身体验安全活动带给他们的愉悦，同时，向幼儿进行保护自己不受伤害的安全教育。

### （三）培养儿童求知探索的精神

5～6岁儿童的心理发展呈现出对知识和经验的渴求，他们充满好奇和疑问，不断地提出“为什么”的问题，这是其智慧与创造力的初步显现。作为父母，应当珍视并保护孩子的好奇心，为他们提供正确的解答，并善于把握教育的时机，激发他们的探究欲望，从而培养他们积极主动的学习态度。这样的教育方式不仅有助于孩子知识的积累，更能为其未来的成长奠定坚实的基础。

### （四）培养儿童的生活自理能力

对于即将入学的儿童，应该给他们提供参与生活的机会，多做一些力所能及的劳动。若父母对孩子过度溺爱，非但无益于其成长教育，反而阻碍其培养出学龄初期应具有的自主生活技能，甚至诱导其养成贪图享乐、厌恶劳动的不良习性。因此，父母要积极支持孩子参与力所能及的劳动，这也有助于其心智的健全发展和学习处理各种问题的方法，逐步形成较强的生活自理能力。

### （五）创造和谐健康的家庭氛围

良好的家庭环境及和谐的亲子关系，对于孩子的身心健康成长至关重要。孩子作为父母的镜像反应，他们会在日常生活中模仿父母的行为和态度。因此，父母应当深刻认识到这种潜移默化的影响力，积极传递正面价值观，如良好的行为习惯、学习精神以及开放包容的态度，从而在无形中塑造孩子的认同感。同时，父母应当真诚地关注并理解孩子的需求，尊重他们的个性差异，避免过度责骂，以平等协商取代过度要求。通过积极引导，增进亲子间的相互理解和关心，建立起深厚的默契关系。



## 三、做好入学的准备工作

儿童6岁左右通常要从幼儿园进入小学，开始接受学校教育，系统地学习知识，同以游戏为主要活动的幼儿园生活相比，在生活习惯、学习方式及人际关系等方面将面临许多变化，在孩子的生活中，这将是一个重要的转折。

小学生的一天

首先，学习是一项社会义务。不管孩子愿不愿意，喜不喜欢，都要履行接受学校教育的义务。其次，学校学习的主要形式是上课，有固定的时间和要求，课前必须预习功课，上课时必须遵守纪律、专心听讲和回答问题，课后必须复习功课、完成作业。最后，学校学习一般以班级为单位进行。教师对孩子的评价，小伙伴对他的态度，在很大程度上都以他遵守纪律、履行学习义务的状况为依据。

因此，在孩子入学前的关键阶段，即5～6岁时期，家长需要制订详细的计划，为孩子入学做好全方位的准备。这包括生活作息的调整、学习习惯的培养、社交技能的锻炼以及独立生活能力的训练。只有这样，孩子才能更好地适应新的学习环境，更快地融入学校生活。具体应从以下几个方面入手。

### （一）心理准备

在孩子踏入小学的大门之前，他们常常为即将成为小学生的身份而欢欣鼓舞，心情激动不已。这种乐观和期待主要源于他们对小学生活的某些外部特征的喜爱，如背着漂亮的书包、听着上课铃声、参与集体活动，甚至是戴上象征荣誉的红领巾。然而，他们对于入学的真正意义、学习的真正目的以及他们在学习过程中可能面临的挑战，往往缺乏深入的认识和理解。家长应当用孩子所容易接受的方式，及早让孩子初步了解学习的重要性。培养孩子学习的兴趣，激发孩子对知识的向往，认识自己的学习同成人的工作同样是一种社会责任。

（1）激发孩子上学的愿望。一般来说，入学愿望强烈的儿童，入学后学习积极主动，表现较好。因此，家长要采取多种形式，激发儿童的入学愿望。例如，带儿童参观小学生上课，给他们讲少先队的故事，培养儿童对学校的热爱和对少先队的向往，激发孩子上学的愿望。

（2）进行初步的学习目的、态度教育。学生的学习态度端正与否，决定着学习的成绩与效果，学习态度端正的学生能够按时上学、上课，遵守课堂纪律，专心听讲，积极思考和回答问题，按时做作业，认真复习考试等。要培养孩子对待学习认真负责，积极努力，不敷衍了事的态度。孩子对即将学习的内容的意义和目的认识越明确，学习态度越端正，学习积极性就越高，学习效率就越显著。入学前要培养教育孩子在做好每一件事时都要具有认真、负责的态度，以便在进入小学后能以积极的态度学习知识、掌握技能。

（3）培养儿童对学校、对教师的感情。老师是孩子智慧的启蒙者，家长要使孩子在入学前就形成对老师的良好印象，这在入学准备中是很重要的。父母要以自身尊敬老师、热爱老师的榜样去引导孩子，使孩子树立起老师和蔼可亲、知识渊博、热爱学生的第一印象。家长要向孩子说明学校、教师的作用，注意维护学校、教师的威信。

### （二）学习准备

培养孩子的良好学习习惯至关重要。良好的习惯对于他们的日常生活、学业和职业道路都有着深远的影响。对于即将踏入学校大门的孩子来说，养成良好的习惯比单纯地获取知识更为关键。这些习惯是他们顺利进行学习活动的基石。所以，孩子入学前要循序渐进地培养他们良好的学习习惯。具体应着重于以下几个习惯的培养。

（1）专心学习的习惯。要求孩子学习时集中精力，专心致志，不东张西望，边学边玩。

（2）按时、认真、独立完成作业的习惯。要求孩子按时完成作业，做到今天的功课今天完成，先做完作业再玩耍，认真完成作业（认真书写、认真检查、绝不敷衍应付）。独立完成作业，做到自己动脑筋，运用所学知识独立解决问题，不依赖父母。

（3）爱读书的习惯。家长自己做出榜样，引导孩子爱读书，会读书，在努力读熟、读懂课本的同时，充分利用课余时间阅读适合的课外读物。

（4）勤动脑、好提问的习惯。孩子面对大千世界，几乎每天都会有问题、有发现。家长应鼓励孩子提出问题，通过自己思考找出答案，或请教别人或查阅资料解决问题，并使之成为习惯。

### （三）物质准备

上小学的孩子所使用的学习用品要根据年龄来选择，原则是有利于学习，使用方便。例如：

双肩背式的书包、铅笔盒、尺子、橡皮、转笔刀、削好的铅笔、水杯等，并在上学前教会孩子正确使用这些用品，如会使用铅笔刀、橡皮和其他工具，会削铅笔并要求孩子爱护和整理书包、课本、画册和文具。此外，尽可能为孩子准备一个较好的学习环境，有一个固定做功课、放文具的地方，使孩子从入学第一天开始，就能全神贯注地完成作业，有条不紊地安排学习，逐渐养成良好的学习习惯。

## （四）独立生活准备

在孩子入学之前，培养其良好的卫生习惯和生活自理能力至关重要。这包括确保孩子能够定时入睡、早起并保持充足的睡眠时间。此外，孩子应学会自己穿脱衣服、整理床铺，并适应独自睡在小床上。自觉维护口腔卫生，早晚刷牙、饭后漱口，并根据天气变化适时增减衣物。正确的握笔姿势、端正的写字和看书姿势同样重要。

父母还应重视培养孩子的独立意识、生活自理能力和动手操作能力。应让孩子认识到，随着年龄的增长，他们即将成为一名小学生，无法再完全依赖父母和老师。他们需要逐步学会独立生活、学习、劳动，以及解决问题和面对困难。

同时，培养孩子的时间观念也至关重要。应该让孩子了解在何时应该做何事，并尽力做好；在何时不应该做何事，并能够控制自己的欲望和行为。

为了帮助孩子更好地适应学校生活，父母需要教导他们掌握一些生活常规知识，并鼓励他们参与力所能及的劳动，学习简单的劳动技能，以提高自我服务的能力。这将有助于孩子逐步减少对父母或其他成人的依赖，更好地学会独立生活。

### 拓展阅读

#### “幼升小”孩子们害怕的事

很多父母会提前半年，甚至一年将孩子送到各种各样的学习训练班，训练孩子的拼音、数学、阅读，就是为了怕孩子输在一年级的起跑线上。对于这些学习是否有必要，每个人站的位置不一样，思考问题的角度和行为方式自然不同。那么，站在孩子的角度，即将进入小学，他们害怕什么呢？

为了准确地呈现孩子的心声，调查者采访了十余位幼儿园大班的小朋友，同时也和三位一年级的小朋友就此话题展开了沟通并找出了孩子关注的普适性难题。

1. 厕所在哪里？

一年级男孩嘟嘟：“小孩子上学最怕找不到厕所，我是我们班唯一可以独自上厕所的男生。”

上厕所看起来是一件很容易的事，孩子都已经是6~7岁的年龄状态，他们怎么会害怕上厕所呢？实际上很多孩子在新的学习环境中会不敢跟老师表达自己想上厕所的意愿，甚至还有很多孩子在学校找不到厕所的具体位置，他们自然会怕。

解决方案：在条件允许的前提下，带着孩子参观一下未来学习和生活的场所，让孩子感受一下教室、操场、体育设施。特别是让孩子提前知道厕所的正确位置，让孩子不再害怕去学校的厕所，并告诉孩子在遇到困难时要学会寻求帮助，比如通过询问同学知道厕所的准确位置。

2. 挑食怎么办？

幼儿园大班的女生豆豆："我很期待上一年级，那时我就可以戴红领巾了，不过我最怕学校的饭菜不好吃，老师还强迫我吃不爱吃的东西。"

原来在孩子的眼里，他们不会怕拼音学不好，数学跟不上，他们怕的事情竟然是这么的简单和直白。

解决方案：在暑期父母可以模拟小学学习生活作息时间、生活习惯，给孩子一定的适应期，同时告诉孩子合理饮食的重要性。如果遇上自己实在不爱吃的东西也可以不吃，应该允许孩子有那么一两样不爱吃的东西。

3. 学校在哪里？

幼儿园大班男生铁蛋："我要去的小学离家很远，爸爸妈妈很忙，要是忘记接我，我会很害怕。"

新的校园环境，新的朋友，一切都是新鲜和陌生的，孩子也会害怕，害怕自己是最后一个被接走的孩子，害怕自己是被遗忘的孩子。在幼儿园阶段可以看到很多小朋友在早晨和爸爸妈妈分别时约定"记得第一个来接我哟"，到小学阶段依然如此。

解决方案：跟孩子一起绘制上学地图，从家到学校的公交路线、开车路线、骑车或者步行路线，并一起画出沿途的主要建筑物，让孩子模拟从家到学校的全过程，并在过程中考察孩子如果出现突发情况的处理方法。同时，让孩子记住父母的电话号码、家庭的准确地址，对孩子的上学放学接送做好安排。

4. 没有朋友怎么办？

幼儿园大班女生丽丽："我最害怕上小学之后没有朋友，你看现在我和妞妞一起上学放学，我们不能去同一所小学，不知道到时候跟谁一起玩呢！"

在孩子的眼里，他们不会考虑考试得分、座位顺序、综合能力，在这个年龄他们需要的是一个很安全的环境、一些能够相处得很融洽的小伙伴。

解决方案：父母可以在同社区找到一起上学的小伙伴，在没上学之前就让他们熟悉起来，让孩子感受到"不是一个人在战斗"，他并不孤独。

5. 他们会喜欢我吗？

幼儿园大班女生小苹果："到小学不知道老师会不会喜欢我，小朋友们会不会喜欢我，他们要是都不喜欢我，我该怎么办呢？"

这一点孩子和父母的担忧保持了高度的统一，很多家长都希望孩子在新环境中成为受欢迎的人，在集体中受欢迎能给孩子带来更多的自信，为孩子身心健康发展奠定重要的基础。

解决方案：让孩子发自内心地尊重师长、友爱同学、自觉地遵守学校的各种规范、与同学愉快的相处、懂得分享、善于表达，同时创造更多的机会让孩子在课外时间有更多的聚会，帮助他们成为"受欢迎的人"。

这些孩子关注的问题具有典型的代表性，和父母关注的上课不专心、学习跟不上是完全不同的，作息时间、学习习惯等都可以通过暑期模拟练习获得，即使无法获得，孩子有一两个月的时间也都能适应。反而孩子心理疏导显得更为重要，孩子积极、快乐、主动地上学，获得老师的认可、同伴的友谊，这才是他们关心的，所以父母更要从他们关注点出发做好学前模拟练习，这样他们才能顺利地度过这个关键时期。

## 章节测验

### 一、思考与练习

1. 什么是胎教？胎教的方法有哪些？
2. 新生儿的保教策略有哪些？
3. 如何正确对待儿童的“逆反期”？
4. 如何做好入园的准备工作？
5. 如何做好入学的准备工作？
6. 学前儿童各年龄阶段的发展特点及家教特点是什么？

### 二、材料分析题

涵涵下个月就要上幼儿园了，带了她3年多的奶奶长出了一口气：“以后你再敢调皮捣蛋、不听话，就让老师把你关到小黑屋去，老师可比奶奶厉害，有的是治你的招。”这本是句玩笑话，可是说的次数多了，涵涵一听幼儿园三个字就吓得直哭。妈妈带涵涵去幼儿园面试，还未到幼儿园门口，涵涵就生离死别般地号啕大哭，说什么也不肯进去。

想一想：涵涵这种情况正常吗？为什么？

第五章

# 不同类型家庭儿童的家庭教育

## 学习目标

1. 了解不同类型家庭的界定。
2. 理解不同类型家庭教育对儿童的影响。
3. 掌握不同类型家庭儿童的特点，并能灵活应用相应的家庭教育策略。

## 知识导图

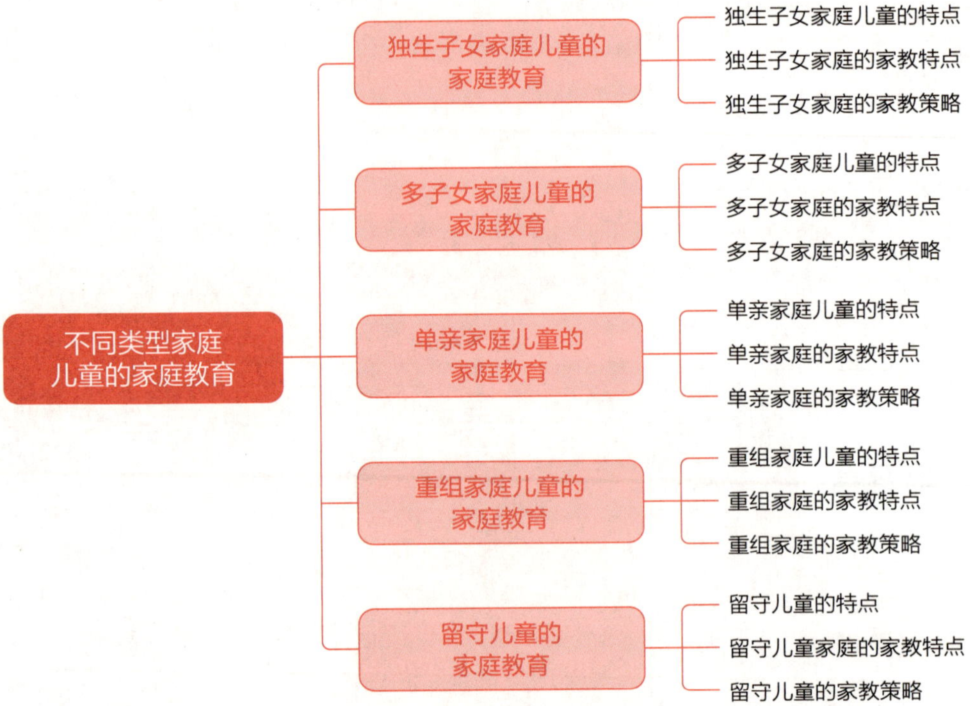


# 第一节　独生子女家庭儿童的家庭教育

### 案例导入

小豆子3岁半了，是一个活泼开朗的小男孩，是家中的独生子女。平常都是由爷爷奶奶带大，周末则跟在爸爸妈妈身边。爷爷奶奶因为只有这么一个宝贝孙子，小豆子提什么要求都能得到满足。在一次去亲戚家做客的过程中，小豆子看到了亲戚家孩子的小熊玩偶，非常喜欢，于是他毫不犹豫地拿起玩偶，抱在怀里，拒绝归还。亲戚家的孩子看到这一幕，感到十分生气和伤心，而小豆子却毫不在意，依然紧紧抱着玩偶。亲戚们看到这一幕，虽然表面上没有说什么，但心里对小豆子的行为感到不满。

思考：小豆子出现这种现象的原因有可能是什么？如果你是小豆子的父母，你会怎么进行教育呢？

新中国成立以后，我国人口增长速度过快。1957年10月，中共中央颁布的《1956年到1967年全国农业发展纲要（修正草案）》，首次将计划生育写入指导性文件，并开始在一些地区进行计划生育试点。20世纪70年代初，面对严峻的人口形势，我国开始全面推行计划生育，严格控制人口增长。随后，国务院批转了《关于做好计划生育工作的报告》，把控制人口增长的指标首次纳入国民经济发展计划。1980年，中共中央发表《关于控制我国人口增长问题致全体共产党员共青团员的公开信》，提倡一对夫妇生育一个孩子。1982年9月，党的十二大把实行计划生育确定为基本国策，同年11月写入新修改的《宪法》。随着计划生育政策的大力宣传与实施，有效地控制了我国人口的快速增长。同时，“独生子女”一词也进入了大众的视野。

根据数据统计，截至2023年，我国独生子女数量已超过2亿人。独生子女是指夫妻双方终生生育和存活的一个孩子。[①]目前，对独生子女的认定主要有以下几类：

（1）一对夫妻仅生育一个子女。

（2）一对夫妻生育两个或两个以上但仅存活一个子女的。

（3）只生育一个子女的夫妻离异后，一方依法与该子女共同生活，未再婚或与无子女的人再婚且没有生育的。

（4）由社会福利机构抚养成人且没有兄弟姐妹的。

## 一、独生子女家庭儿童的特点

早在19世纪，国外的一些学者开始对独生子女问题展开研究，美国儿童心理学家霍尔和他的学生博哈农就是代表之一。霍尔提出：独生子女本身就是一种疾病。随后在1898年，博哈农发表了关于独生子女问题的论文《家庭中的独生子女》并指出：“独生子女在特殊儿童中占的比例大，而且社交性差。”他的这一观点在当时被大多数人所接受。

随着独生子女数量在全世界范围内的增长，独生子女不再被当成特殊问题儿童对待，对独生子女特点的研究结论也逐渐形成了两种主要观点。一种观点是多数研究发现独生子女问题较多，许多方面不如非独生子女，如独生子女挑剔、不尊敬长辈、不爱惜东西、爱发脾气、自理能力差等。另一种观点认为独生子女有其特殊的优势，如在灵活性、独立性、求知欲上优势明显。总体而言，独生子女呈现以下特点。

### （一）身体发育较好

首先，根据国家国民体质监测中心发布的《第五次国民体质监测公报》数据显示，无论是在身体形态还是身体素质发展方面，幼儿的各项体质指标平均水平均随年龄增长而提高。其次，通过各省市的儿童身体发展统计数据，可以发现独生子女在身体发展上比较明显的特点是身高体重高于平均数值。上海市对2～6岁1200名独生幼儿的调查发现，独生子女的身高、体重的平均数均高于标准数值，而且每个年龄组都有一定数量的独生子女超过标准体重的高限制，过于肥胖。安徽省教育科学研究院对3～15岁1000名独生子女的研究发现，独生子女的体格发育略高于非独生子女，其中，身高增长尤为明显。但也有部分独生子女超过标准体重的高限值，过于肥胖，也增加了患病的风险，这和饮食习惯和营养结构不合理有关。

独生子女身体机能发育的研究资料表明：脉搏、血压平均数与1979年全国城市的平均数没有明显区别；而在肺活量方面，独生子女的平均数高于全国城市标准水平，这与独生子女身高、体重发育良好有关，标志着独生子女呼吸功能有较大的潜力。[②]

### （二）智力发展较好

德国一位儿童心理学家指出：儿童的智力发展，与家长如何对每个孩子分配“智力激励”相



① 吴忠观，人口科学词典［M］. 成都：西南财经大学出版社，1997：873.

② 万慧颖. 学前儿童家庭教育［M］. 南京：东南大学出版社，2016：102.

关。随着现在社会的发展，独生子女不仅独享其父母的“智力激励”，还有来自四位隔辈老人的关爱与优待，相较于非独生子女，他们会将时间、物质和精力都投入这一个儿童身上，去锻炼幼儿的认知发展，开发幼儿的智力，因而他们的知识面较广，智力发展较好。据研究表明，“独二代”与非“独二代”幼儿的智能特征上存在差异，“独二代”幼儿的记忆力、观察力、思考力都高于非“独二代”幼儿。

### （三）行为与个性特点突出

在我国的独生子女政策实行的初期，国内学者对独生子女在个性特征与行为习惯方面做了一些研究，往往认为独生子女比不上非独生子女。主要表现在独生子女习惯了周边人对他的宠爱，容易形成自以为是、娇惯、任性、自私自利、自理能力差等特点，严重缺乏社会责任感。调查者在天津市的五所学校进行了问卷调查。调查主要涉及道德品质性格与行为习惯、学习成绩、身体素质四个维度。其中，在性格与行为习惯方面独生子女中有任性、胆小、挑食、挑穿等不良行为习惯的比例明显高于非独生子女。并且随着学生年龄的上升，任性、胆小、挑食、挑穿的比例逐渐下降。学者潘朝玉等人的调查研究也发现独生子女在行为上挑食、信任、挑穿、自我服务能力差、脆弱、娇气的比例均高于非独生子女。

**案例阅读**

小立是一个5岁的男孩，是家里的独生子。爸爸常年在外工作，平常都是妈妈和爷爷照顾。小立平时总是喜欢按自己的意愿做事，若是身边的小伙伴妨碍到他或者没有遵从他的想法，便会和小伙伴起争执，不但生气时会说出不文明的话，暴怒时更会拳打脚踢。

有一次在幼儿园，小立因为没有画画的水彩笔，便在没有经过小伙伴的同意下抢走了水彩笔，小伙伴不同意，他便拿起笔筒用力地敲打小伙伴的头。老师把小立的在园情况反馈给小立的家长，妈妈无奈表示无法管教，孩子在家里无论怎么劝说，都是无效。小立爷爷在小立不听管教时甚至会使用暴力手段，但是过后依旧收效甚微。

## 二、独生子女家庭的家教特点

家庭教育对独生子女的影响是最基本、最直接的。随着社会的发展，父母对子女的教育更加重视，特别是独生子女家庭。在父母眼中，独生子女就是他们的寄托，是他们的将来。因此，在教育独生子女上，有的父母过于心急，甚至对孩子的教育有强迫性，导致孩子产生逆反心理。有的家长则对孩子放任自流，只注重物质满足，缺乏精神内涵教育。

独生子女家庭教育特点

如今，独生子女的家庭对学前儿童的教育关注度普遍很高，竭尽全力地使用一切可能的教育资源对儿童进行教育，使其家庭教育呈现出以下特点。

### （一）享有家庭集中的关爱与教育资源

独生子女家庭只有一个子女，尤其现在家里一个独生子女不仅由父母照护，还有四个老人参与照看，都生怕孩子受到半点委屈，家庭中所有的资源都集中在一个儿童身上使用。多数父母特别是祖父母对儿童呈现出无原则的溺爱与宽容，对孩子百般迁就。同时，父母能够并且愿意付出更多的金钱使儿童上更好的学校，有强烈的意识和愿望为儿童选择优质的教育平台、资源，积极地为儿童进行智力投资和兴趣拓展活动，会购买足够的甚至过多的玩具、绘本等，并乐于让儿童参加兴趣班和特长班，培养儿童的兴趣，提升儿童的能力。

### （二）承载着父母强烈的成才期望

很多父母在教育孩子时会将自己未完成的目标或想要挑战学习的目标寄托在孩子身上，因此，父母会从自己的角度考虑应该让孩子学习什么，而不是孩子的发展中需要什么。尤其现在社会的竞争愈发激烈，“不要输在起跑线上”的教育理念影响了一代代的父母，尽管目前国家提出了“双减”政策，但是父母给孩子报班的现象仍层出不穷，无一不折射出家长们对孩子强烈的成才期待。在这样一种氛围下，独生子女在享受家庭集中的家庭教育资源的同时，也承载着父母强烈的成才希望。

### （三）承受着矛盾的教养方式

因为学前期独生子女生存发展依赖父母的养育和对于父母的唯一性，会导致父母极度的珍爱和保护，这也催生了矛盾的教养方式：一是放任自流的方式。娇生惯养，对于物质需求方面，要什么给什么，形成了自我中心、脾气大、娇气、挑吃挑穿、懒散、自理能力差等特点。二是限制过多过严。父母从幼儿的安全着想，剥夺了儿童活动的自由，限制儿童的户外活动，不许跑跳，不许攀登，担心会有危险。这些过多的限制、干涉和保护，会压制儿童的自然发展，扼杀儿童的好奇、好动、积极主动、勇敢等特点。

## 三、独生子女家庭的家教策略

### （一）摆正独生子女在家庭中的地位

一个人在家庭生活中处于什么地位，必然导致他同其他家庭成员形成一定的关系，从而决定他对其他成员的态度。很多独生子女是被6个大人围绕，被放在家庭的中心地位，家人把所能想到的都给到孩子，导致儿童认为自己的一切需求都可以得到满足，不能从别人的角度思考问题，表现出了明显的自我中心化。所以，独生子女家庭的父母更应该理性地对待孩子，将孩子放在适当的位置上，弱化孩子的中心性，不要将孩子完全放在家庭的中心地位，让孩子轻而易举地满足一切物质需求，更不用时刻小心翼翼地保护孩子。让孩子独自面对挫折，有利于其人格的完善。

### （二）端正父母的教育态度和方式，创设良好的家庭环境

儿童在早期个性特征就已初具雏形，家庭作为儿童最早接触的微型社会，父母的言行教育对孩子的影响是不可磨灭的。家长平时生活中的一言一行都会潜移默化地影响孩子。因此，作为父母，在家庭教育中要注意生活中的细枝末节，做好表率，给儿童树立一个积极正面的形象，为儿童营造一个有爱的、健康的、正向的家庭环境。

### （三）为儿童提供同伴交往的机会与环境

同伴交往在儿童的社会性发展过程中是非常重要的内容，特别是对于缺少兄弟姐妹的独生子女来说，无疑是给他们提供了一个成长学习的机会。有研究表明，同伴交往能够弥补独生子女因缺少兄弟姐妹影响而存在的缺陷。同伴间最自然有效的交流方式就是符合幼儿天性的游戏和活动，年龄相近或相仿的幼儿，认知水平、情感态度发展比较相近，能够互相吸引并有相同的爱

好，一起游戏和活动成为一种自然而然的事情。幼儿可以在活动中通过频繁的交流丰富自身的经验体验，在共同解决问题或冲突的过程中理解他人，这也是褪去自我中心化的过程。家长应该创造机会让独生子女产生同伴交往，独生子女的同龄的亲戚、邻居、同学都是可选择的好玩伴。同时，提供丰富的游戏材料和不干涉的环境也有利于其交往和活动。

岗位链接

冰冰“变形”记

冰冰今年上幼儿园小班了，由于爸爸妈妈忙于工作，平常都是由奶奶接送。冰冰每天放学后奶奶就会带着他去菜市场买菜，买完菜回家就给冰冰打开电视看动画片，自己去忙着给一家人做饭。冰冰妈妈周五下班早，便顺道接了冰冰放学回家。到了小区里，有一群小朋友在一起玩，妈妈和冰冰说：“冰冰，你也和小朋友一起玩一会吧。”冰冰却说：“我不要，我不喜欢在楼下玩，我要回家看动画片。”妈妈听了很无奈，只好带着冰冰回家。

针对冰冰这一状况，妈妈在家里组织了一个家庭会议，决定让冰冰寒假到乡下的姥姥家住一段时间，可以跟冰冰的表哥、表姐多接触接触，也可以体验一下乡下的快乐生活。结果冰冰没有在家，一问才知道冰冰跟着一群小伙伴喂小鸡去了。冰冰回来后，听到妈妈说要带他回奶奶家怎么也不肯走，说还想和小伙伴们一起玩呢。

思考：请你结合所学的知识分析冰冰的表现。

## 第二节　多子女家庭儿童的家庭教育

案例导入

随着国家“三孩”政策的开放，一些影视媒体也紧随国家号召脚步，通过视讯新媒体等途径响应国家要求。2023年7月，开播了一档节目《三孩来了》，由一些嘉宾坐在观察室里观察三组三孩家庭的真实生活状态。其中一组“日月星”家庭的三胞胎吸引了广大观众。“日月星”三兄弟有时会互相帮忙穿衣服，有时会一起玩游戏，有时又会因为抢食物、玩具甚至是爸爸妈妈而大打出手，爸爸妈妈要经常处理三兄弟的问题。

思考：面对家庭里的多子女，父母应该如何平衡子女关系与育儿呢？

国家卫健委发布的《2022年我国卫生健康事业发展统计公报》数据显示：2022年我国出生人口为956万人，其中二孩占比为38.9%，三孩及以上占比为15.0%。20世纪70年代，我国执行了计划生育政策，但由于我国多子多福的传统思想和少数民族的政策不同导致许多地区家庭仍然存在两个或多个孩子的状况。多子女家庭与独生子女家庭相对应，是指一对夫妇拥有两个及两个以上的孩子的家庭。这样的家庭可能是主干家庭，也可能是核心家庭。相对而言，目前关于多子女的家庭教育问题并没有受到太多的重视，这主要是因为我国计划生育政策和独生子女过多的现象，但随着“二孩”和“三孩”政策的实施，多子女家庭会逐渐增多，对于多子女家庭儿童的教育也引起了人们的广泛关注。

## 一、多子女家庭儿童的特点

### （一）社会性发展较好

亲子关系是家庭生活的重要组成部分，也是构成儿童第一次社会化的重要机制。多子女在家庭中的交往对象除了父母还有兄弟姐妹，同辈的交往可以让儿童建立更好的自我认同感，有利于儿童的去自我中心化，促进儿童积极情绪的发展。有学者对成都市学龄前独生子女与非独生子女情绪与行为问题进行比较，结果显示，非独生子女在情绪症状、品行问题、注意缺陷多动障碍等方面的情况均好于独生子女。[①]例如，在日常生活中，姐姐会习得母亲照顾弟弟的行为模式来给弟弟穿衣、喂饭等；在兄弟姐妹玩耍过程中，儿童会发展出协商、合作、竞争和相互支持的品质，这些品质也会带入到后续的生活和工作中。

### （二）倾向于形成良好的品质

多子女家庭中的儿童更易形成关爱和责任的品质。因为他们有了弟弟妹妹，作为哥哥姐姐便有了照顾弟弟妹妹的意识和责任，有益于幼儿形成关爱他人和富有责任感的品质。相比于独生子女，由于家庭中的子女人数多，家庭内的资源需进行分配，那么分配给每个子女的资源相对就会减少，儿童得到食物、衣服和玩具时就会更加珍惜，促进儿童形成节俭和珍惜的品质。

一些家庭在实际生活中，会将一些衣物、用具、玩具在多个子女间使用，可以节约资源，提高使用率。同时，也有利于培养儿童节俭和珍惜事物的道理，使儿童怀有一颗感恩的心，懂得珍惜身边的人、事物和资源。

### （三）容易形成爱比较的心理

多子女家庭为儿童提供了同辈的交往者和关爱者，但同时也为家长和儿童提供了一个直观的成长参考系。拥有多个子女的家长会自觉或不自觉地将子女的各个方面进行对比，并且以比较的形式把对比结果告诉儿童，以使儿童形成爱比较的心理。儿童在比较的心理之下不仅会比较自己和兄弟姐妹的行为表现的种种差异，而且还会比较父母对他们的物质投入、态度和关爱的差别，甚至还会比较亲戚、他人对待他们的态度和评价。这种爱比较的心理会促使儿童间互相学习，发挥榜样的作用，但也容易让儿童只在意父母对待不同子女的差别，造成负面的心理影响。

## 二、多子女家庭的家教特点

### （一）父母对子女关注不均衡

在多子女家庭中，随着子女数量增多，父母在照护时会力不从心、照顾不暇，尤其是子女年龄相近时。例如，在节目《三孩来了》中，“日月星”是3个三胞胎小男孩，爸爸妈妈在给他们分配食物时，会有儿童因为其他兄弟拿到了自己还没拿到而哇哇大哭，会因为抢玩具打架，每次都需要爸爸妈妈的协助才能将问题解决。但是父母的精力也是有限的，有时并不能做到全部关注，可能照顾了小宝而引起了大宝的不满，认为父母偏心等，势必又会引起儿童的争宠和攀比等。

多子女家庭教育特点

① 任妍，朱帝玲，叶丽雯. 成都市学龄前独生子女与非独生子女情绪与行为问题比较［J］. 中国学校卫生，2023，44（5）：733–737.

拓展阅读

**长子焦虑症与长子综合征**

长子焦虑症：随着生育政策的开放，一些家庭会考虑是否要生个二宝或是三宝，但是如果有了新的家庭成员，父母势必会将更多的时间和精力放在新成员上，从而引起长子或长女的心理矛盾。他们会担心父母对自己的爱被分走而产生焦虑现象。

长子综合征：描述的是家里老大通常被当作弟弟妹妹的榜样并被要求承担更多责任。奥地利心理学家阿尔弗雷德·阿德勒曾提出一个出生顺序理论，他认为孩子的出生顺序对他们的人格特质、行为和生活有很大影响。兄弟姐妹之间的性格差别根本上与家庭内部的生存竞争相关，孩子一出生其实就在争夺父母的爱与关注。这种爱与注意力争夺之战，在规模较小的家庭，尤其是在二胎家庭，更加激烈。

### （二）教育资源分配不均

多子女家庭和独生子女家庭相比，教育资源的分配相对分散。父母需要将物质资源在多子女间进行分配，导致分配在每个幼儿身上的物质和金钱相对减少；同时，父母对于每个幼儿的注意力和关爱，在幼儿身上所花的时间也需要进行分配。父母在多子女间的教育资源的分配通常也是不均等的，会根据幼儿出生的次序、性别和身体心理状况而有所倾向。比如，在农村的一些多子女家庭，男孩可能会比女孩得到父母更多的物质投入和精神关怀，而这种做法对于多子女家庭中的女孩来说极易造成不好的影响。

### （三）容易产生关爱之争

在多子女家庭中，幼儿渴求父母的关爱与父母的关爱不能只集中在一个孩子身上是必然存在的矛盾，而幼儿由于其年龄发展的限制并不能理解和接受这种必然性，就会出现“争宠”的现象。争宠现象在两个孩子年龄相差不大的多子女家庭中最容易出现，他们较为注重自己所受到的待遇是否公正，反感父母的偏心，甚至会出现孩子为了争宠而出现恶性竞争的状况。

### （四）子女间相互潜移默化的影响

多子女家庭中有兄弟姐妹，有其他年龄近似的人可以互相参照，有利于幼儿形成正确的幼儿身份认同和完整的幼儿角色。同辈幼儿还可互相学习和换位思考。幼儿更愿意与自己同年龄的人交流，许多观念知识来自同伴而不是父母。如果有兄弟姐妹，那么在大多数情况下，孩子可以和自己的兄弟姐妹交流并得到信息，相互安慰或者劝说也会更加有效。在父母教育不恰当或者顾及不到的地方，孩子可以通过相互学习而成长。

## 三、多子女家庭的家教策略

### （一）引导子女之间建立和谐关系

多子女家庭与独生子女家庭相比，面临着更复杂的家庭关系，除了亲子关系，还面临着多子女之间的关系。在多子女家庭，子女之间的关系是否和谐才是家庭关系是否健康的关键，而多子女之间的关系很大程度取决于家长怎样去引导多子女形成和谐的关系。当第二个孩子来临的时候，家长也应关注第一个孩子的心理变化，注意给予关心和爱，不要让第一个孩子因缺少关爱而把新生的孩子当作抢夺自己关爱的“敌对者”。家长还应采取各种方法让多子女之间建立爱和依恋，如让他们之间互相照顾，培养共同的兴趣，共同面对并解决生活问题等。

### （二）尊重子女个性化发展

多子女家庭的家长往往比独生子女家庭的家长更具有育儿经验，积累了以往的育儿经验去面对下一个孩子的教育问题是非常便利的，但也容易让家长惯性地以固定的眼光和方法看待孩子，不能接受幼儿出现的新问题，扼杀幼儿成长的个性空间。家长应尊重儿童的个性化发展，倾听每个子女独特的想法，让每个儿童都能自由地表达自己；允许每个子女有各异的表现，摒弃比较心理，为儿童提供空间和条件，使其按照自己的成长轨迹去发展。

## 第三节　单亲家庭儿童的家庭教育

**案例导入**

我爸爸出差了

康康是幼儿园中班的一名幼儿，从小就乖巧懂事，非常听妈妈的话。最近，幼儿园里要组织亲子活动，让小朋友的爸爸妈妈都要到场参加。由于每次开展活动，康康的爸爸都未能到场，班里的王老师特意叮嘱康康要爸爸也来参加。康康对王老师说：“我爸爸出差了，还没有回来，我也很久没见过他了。”王老师一听，怎么每次幼儿园组织活动，康康的爸爸就出差呢，是不是有什么特殊情况。于是王老师在放学的时候与康康妈妈进行了沟通，原来康康的爸爸是一名军人，在某一年地震救援中不幸去世了。妈妈也不知道如何跟康康解释，便一直跟康康说爸爸出差了，回不来。

思考：如果你是王老师，了解了康康的情况后，你会怎么做呢？

单亲家庭通常指只由一位父亲或一位母亲独自抚养子女的家庭形式。随着我国社会的发展与变迁，单亲家庭在现代的社会生活中越来越普遍，主要有丧偶式、离婚式、未婚生育式等几种常见类型。根据《中国统计年鉴2023》统计数据结果显示，结婚登记人数共计814.33万对，离婚人数为433.9万对，且我国的离婚率连续15年攀升。新华网发表的统计数据显示，我国目前约有上千万的12岁以下单亲儿童，且每年还在以50万～60万的数量持续递增。据对全国900名父母离异的儿童和800名家庭完整儿童的比较研究结果表明，单亲儿童在认知发展、情绪情感、社会性发展和心理健康等方面表现出更多的问题。2021年，瑞典的研究者对一百万年轻人的心理健康进行了追踪记录，结果发现，单亲家庭儿童患精神疾病、自杀未遂和酗酒等问题的概率是双亲家庭的两倍。事实上，在家庭中长期缺少夫妻任何一方，都会对子女的成长与家庭教育产生或多或少的负面影响。



### 一、单亲家庭儿童的特点

在一个完整的家庭中，父母双方共同承担养育子女的责任，任何一方的缺失都会给子女的生活产生很大的影响与变化，而这种影响与变化也多是负面的。一般而言，单亲家庭儿童的心理和行为主要表现出以下特点。

### （一）易产生消极情绪

学前儿童的情绪本身就具有易感染性。家庭破裂后，儿童的生活条件、生活环境等都会发生一系列的变化，加之父母的消极情绪会潜移默化地影响幼儿，使儿童也处于消极的情绪情感状态之中。据研究表明，90%的儿童在父母离异的开始6个月，有较强烈的恐惧感，如果不尽快帮助孩子适应生活，可能会导致心理障碍发生；44%的单亲家庭儿童在父母离异的前6个月有强烈的悲伤情绪。由此可见，单亲家庭儿童不良情绪发生率较高。而长期的消极情绪可能影响幼儿身体的发育和品行的发展。但如果离异的父母消除了彼此的分歧，在养育孩子方面互相支持对方并履行自己作为父母的职责，那么单亲家庭儿童也会成为具有上进心和幸福感的人。

**对点案例**

**做孩子最好的爸爸妈妈**

2007年，有一群“快乐男生”通过全国民众的选举完成出道，后因为种种原因而在大众的视野里逐渐减少。但近年来，随着“就业男团”的复出，人们对他们的生活情况也有了更多的关注。其中一位歌手因其家庭问题而引起大家的关注与讨论。他和妻子育有一儿一女后离婚，原本他和妻子各自抚养一个孩子，但是他的妻子希望孩子们都和自己生活在一起。他尊重对方的想法和要求，也考虑到自己因工作确实可能在照顾孩子方面会有忽略，于是答应了妻子的要求。但是他们并没有因此而在孩子面前争吵、给对方难堪，而是携手共同抚养两个孩子，妈妈会带着孩子参加爸爸的演唱会，为爸爸加油；还会在孩子过生日的时候，父母都聚在一起为孩子庆生等。孩子和父母之间依然保持着亲密关系，孩子在这种家庭观念和教育方式下成长得很好。

### （二）易存在性格缺陷

单亲家庭的孩子往往经历了一段生活在关系不和睦的家庭环境中的经历，他们可能目睹了父母的敌对关系，甚至也可能成为父母的吵架攻击对象。由于他们的年幼和不成熟，极易在心理上受到冲击，从而影响幼儿正常性格的形成。当他们在周围环境中看到同伴或他人幸福家庭的场景时，内心会变得更加敏感与失落，从而进入独立以及封闭的空间中。久而久之，难免会形成自卑、忧郁、怯懦等性格。有研究表明，父亲缺失的男孩比完整家庭的男孩在性别角色定位上缺少男子气概，如果父亲缺失发生在儿童4岁以前，其对儿童性别定位发展的延缓作用要大大强于4岁以后。[①]调查中发现：和睦家庭儿童心理状况不佳的占4.8%，不和睦家庭儿童的心理状况不佳的占13.5%，而离异家庭中儿童心理状况不佳的则占33.3%。[②]由此可以说明，单亲家庭所引起的不良环境会影响到幼儿心理健康的成长。



① 杨丽珠，董光恒. 父亲缺失对儿童心理发展的影响［J］. 心理科学进展，2005（3）：260-266.

② 刘艳. 幼儿心理问题及其影响因素的分析与应对［J］. 学前教育研究，2015（3）：70-72.

### （三）易产生问题行为

单亲家庭也被称为“残缺型家庭”，由于父母的离婚给家庭中的儿童带来了巨大的心理创伤，他们对家人、社会极易产生敌对心理，加之对自我的行为常缺乏控制能力，因而常常会出现一些异常的行为。据有关部门统计，在父母离婚后，1/3 的孩子在5年内会感到压抑，缺少目标和抱负，有的子女还会出现品行障碍问题。父母离婚常见的原因之一是其中一方在性格或行为上有问题缺陷，使之不能继续维持婚姻关系。当儿童跟着有问题缺陷一方继续生活时，也更容易产生问题行为。多项研究表明，单亲家庭子女的行为问题得分显著高于完整家庭，在行为问题的具体内容上，抑郁、退缩、孤僻、交往不良等问题的发生率较高。

**拓展阅读**

**家庭对青少年犯罪的影响**

目前，青少年犯罪已成为全球瞩目的社会问题，青少年犯罪不仅人数增多，而且涉及面广。有关调查显示，有50%以上的“问题少年”其“问题”出在家庭。单亲家庭子女犯罪率是健全家庭的4.2倍。一份调查青少年犯罪原因的报告指出：不健全的家教可能导致孩子犯罪，不良的社会环境、有严重缺陷的家庭教育，是造成青少年犯罪的主要原因。父母离异子女常出现品行障碍问题。孩子的父母，由于缺乏必要的心理健康知识，对这一问题缺乏正确的认识，误认为这些出现品行障碍的孩子道德败坏，就放任自流，使这些孩子的心理与行为越来越不能适应社会生活环境，产生危害他人、危害社会的行为。

## 二、单亲家庭的家教特点

### （一）父母之爱不完整

在单亲家庭中，由于父亲或母亲的缺位，使儿童缺失来自父母一方的爱，从而在儿童心理上留下深深的烙印。儿童自身可能会产生情绪低落、不爱交际、自卑等心理现象，有时还会受到来自其他幼儿的嘲笑，儿童之间不经意的玩笑话也可能给其带来心理伤害。有研究发现，如果儿童缺少母爱，可能会形成偏执型人格，冷漠、缺乏爱心和同情心，没有安全感等；如果缺少父爱，则儿童容易怯懦、多愁善感、优柔寡断等。总之，父母对孩子的爱是无可替代的，缺失任何一方的爱都可能会导致儿童形成不健全的人格。

单亲家庭教育特点

### （二）教育方法易失偏

在单亲家庭中，儿童往往成为单亲父母寄托情感的唯一对象。有的单亲父母会认为是自己对不起孩子，从而在各种物质需求方面一味地满足，对孩子过于溺爱和迁就，结果导致孩子形成追求享受、为所欲为、爱慕虚荣的心理；而有的家长会将自己的抱负与期望投射到儿童的身上，把孩子当作自己唯一的精神支柱，结果导致孩子心理压力过大，产生逆反心理；还有的父母会将儿童视为自己婚姻失败的原因，因此看到儿童就忍不住打骂与发泄怨恨，从而使儿童身心都受到极大的摧残。当然，并不是所有单亲父母的教育方式都是有问题的，有的父母会尽力弥补孩子在另一方爱的缺失，孩子也不负父母期望，获得成功。

### （三）教育投入相对较少

相较于完整家庭而言，单亲家庭的收入状况往往不容乐观，对于儿童的教育也是由双方提供教育投入变成一方提供教育投入，这使得子女在教育方面的投入减少。因丧偶而导致的单亲家庭，在位的父亲或母亲为了家庭的正常运行和幼儿的教育，他们不得不加倍努力工作，从而导致在儿童的教育精力和时间投入上大大减少。因为离异而导致的单亲家庭有的会像上述家庭一样积极工作，尽量保障儿童的教育，但有的家庭会因离异而使整个家庭经济状况变得恶劣，如无工作、不支付应承担的抚养费等，使儿童无法获得正常的教育机会与资源。

## 三、单亲家庭的家教策略

### （一）调整情绪，注重与孩子的情感沟通

无论是离异还是丧偶，对于一个完整的家庭而言都是一个沉重的打击，儿童会在父母的情绪和行为表现中敏锐地感知到家庭的变化。同时，年龄越小的儿童，他们的模仿能力和受暗示性较强，极容易受到父母情绪的影响。因此，这就要求单亲父母首先要尽快调整好情绪，可以尝试将自己的苦恼、困惑向朋友、家人、心理咨询师倾诉，尽快摆脱因离异或丧偶给自己和孩子带来的痛苦，尽量避免在孩子面前宣泄自己的消极情绪。曾有一位母亲因离异而感到生活无趣，而常常在儿子面前唉声叹气、掉眼泪、听悲伤的音乐等，做出一系列消极的行为反应。有一天，儿子受不了母亲的行为，便满含眼泪地对母亲说："妈妈，我们一起去死吧！这样您就可以解脱了。"母亲听了孩子的话幡然醒悟，她意识到儿子因为现在低沉的自己也失去了生活的希望和乐趣，儿子不应该跟着自己承受这些。从此，她开始振作，走出了人生低谷。因此，对于单亲家庭而言，父母要积极为孩子创造一种愉快的家庭环境和氛围，不因任何一方的离去而给孩子的成长带来创伤。

### （二）引导儿童正确面对家庭变化，消除不安全感

儿童是敏感的，他们能够感受到家庭的细微变化。同时，儿童的心理也是脆弱的，当父母离异后，他们会羡慕父母双全的孩子，会觉得自己和别人不一样，害怕同伴的嘲笑、看不起，从而产生深深的自卑感。作为父母，应该平心静气地用孩子可以理解的方式说明父母离婚的原因和事实，同时告诉他爸爸妈妈尽管不在一起生活了，但还是会像以前一样爱他。父母千万不要企图隐瞒儿童，这只会增加儿童的不安，失去对成人的信任，从而也失去对世界周围事物的信任。此外，儿童作为家庭中的一员，他有权利知道与自己有关的事实，这也有助于儿童勇敢地面对。

有些父母会由于感情的破裂而怨恨对方，故意在孩子面前贬低对方，说对方的坏话，在孩子的心里播下仇恨的种子，对孩子的教育是很不利的。实际上，孩子对父母亲的爱是不变的，即使离异，也很难或不愿意去恨自己的父亲或者母亲。一个正常的孩子，渴望得到父母的爱，这是孩子的本性，只有拥有父母双方的爱，孩子才能健康地成长。因此，离婚后的父母要尽量创造条件与孩子在一起，让孩子依旧拥有父母的爱，让其明白，虽然父母离婚了，但父母还会和以前一样地爱他、关心他。为了孩子的发展，离异的父母一定要善待对方，不要给孩子增添新的烦恼和伤害。

### （三）注重性别角色教育

在学前儿童心理成长过程中，性别角色的获得不是与生俱来的，而是一个重要的学习环节。

由于父母一方性别角色的缺失，单身父母如何对儿童进行性别角色教育是一个重要的问题，尤其是单身母亲对男孩的性别角色教育。在正常的父母双全的家庭中，儿子从小就有自己的性别角色认同对象。而在早年生活中缺乏父亲形象的儿子，如果母亲没有相应地关注，会使孩子在性别角色确认这一环节出现困难和混淆，表现出“女性化”倾向，在性格上会表现出敏感、自卑、胆小、缺乏安全感等，从而给他的人格发展及社会适应带来不良影响。

美国心理学家波斯诺特在《父母与子女》一书中提到：“离了婚的父母，虽然已经不是夫妻，但是最好的办法是继续做孩子的父母。”父母应该付出更多的时间陪伴子女，特别是父亲，更要认识到父亲角色在儿童成长过程中的不可替代性，即便不在儿童身边，也要抓住任何教育子女的机会，通过网络等途径与儿童互动，关注儿童的成长。

**对点案例**

**“90后国民学长”李柘远：从耶鲁大学到入选福布斯精英榜**

在李柘远幼年时，他的父母离异，9岁时他跟随母亲来到厦门。李柘远自小性格古怪，小时候调皮、逃课、打架，初中成绩更是垫底，是大家口中的坏孩子，甚至曾经因为跟老师作对，差点被劝退。李柘远妈妈很着急，她骂也骂过，打也打过，可李柘远依旧我行我素，不愿意把精力放在学习上。于是，李柘远妈妈把李柘远送到了远在厦门的外公家。

可就是这样一位别人眼中的坏孩子，却被外公改变了命运。外公对他除了满怀信心，更多的是给予关爱。外公陪李柘远总结出一系列适合他的学习方法，用3个月时间使李柘远从成绩垫底一跃成为年级前几名，甚至创造了10天记下4000个单词的记录。后来，他成功考上了耶鲁大学，获得了4年的全额奖学金。本科毕业后，他放弃了无数毕业生梦寐以求的工作机会微软公司，加入了顶尖的银行高盛集团，年仅23岁就被授予“世界经济论坛全球杰出青年”的称号。

然而，李柘远并不满足于此。在不断进取的道路上，他认识到自己还有很多需要提升的领域。因此，25岁时，他辞去了高盛集团年薪百万的工作，开始了自主创业，并被哈佛商学院录取，依然获得了奖学金资助。28岁时，他入选福布斯精英榜。

李柘远不仅拥有超强的学术能力和商业头脑，还通过出版书籍的方式向年轻人分享学习方法。例如，他把自己的记忆方法写进了《成为学习高手》这本书中，总结了100多种学习方法，以帮助年轻人摆脱成绩落后和学习不好的困境。



## 第四节　重组家庭儿童的家庭教育

**案例导入**

**大琳琳与小林林**

琳琳是一个5岁的女孩，原本生活在一个幸福的家庭。然而，由于父母感情不和，他们最终决定离婚。离婚后，琳琳跟随母亲生活，不久后母亲再婚，组成了一个新的家庭。新家庭中，除了琳琳和母亲，还有继父以及继父带来的一个比琳琳小两岁的弟弟，这个弟弟也叫林林。为了区分两个孩子，家里都叫他们大琳琳和小林林。琳琳初入重组家庭时，面临着多方面的挑战。她对继父和弟弟的存在感到陌生和抵触，不愿意与他们交流；对妈妈总是关照弟弟而吃醋，大发脾气。后来在幼儿园里，老师也关注到琳琳总是和小朋友吵架，抢玩具等。最后，琳琳出现了一系列的行为问题，如易怒、摔东西等，让母亲和继父倍感头疼。老师也建议琳琳的父母带着琳琳去看心理医生。

思考：重组家庭给孩子带来的影响有哪些？应该如何引导案例中的琳琳呢？

重组家庭是指丧偶或离异后又重新择偶而组成的新家庭。换句话说，重组家庭是由两个单亲家庭组成在一起生活的家庭形式，其家庭成员关系更加复杂、敏感，也更具有挑战性。随着我国离婚率的持续走高，再婚率也逐步上涨，截至2022年，我国再婚人数已经连续九年增长，2022年我国再婚人数为455.94万人，较2021年增加26.72万人，同比增长6.23%。再婚人数的增加也导致重组家庭的数量相应增多。

与其他类型家庭不同的是，重组家庭中的孩子经历了家庭逐渐瓦解的过程，体验了原生家庭的矛盾和争吵，还要考虑该如何融入一个新的家庭，在这个新家庭中父母是否还会像之前一样争吵，自己是否要讨好新的父亲、母亲甚至是兄弟姐妹，这一切都会让原本心理脆弱的儿童更加雪上加霜，最终导致儿童出现更多的心理问题。也正因如此，重组家庭的教育问题也自然而然地进入家庭教育研究的视野之中。

## 一、重组家庭儿童的特点

### （一）性格敏感，言行谨慎

重组家庭的儿童在性格发展上多偏负向。他们往往会担心新家庭中的继父、继母以及兄弟姐妹对自己是否喜欢而行事小心翼翼，性格唯唯诺诺，不敢有自己的主见和判断。有的儿童也会比较敏感多疑，当他们看到一群人在聊天时看了他一眼，他会怀疑别人在议论自己，害怕别人看不起自己。有研究表明，生活在重组家庭的儿童容易将家庭结构变化的自身情况进行对比，认为他们在新的家庭中失去了一定的自由度、经济支配权，家庭地位有所改变，这些变化使他们承受心理上的焦虑、不安和怨恨等负面情绪。①还有研究表明，这种不良情绪的影响是持续性的，很多有相似经历的大学生虽然如今身心发育成熟、能够较为妥善地处理家庭关系，但这种经历依然在他们身上留下了明显的痕迹。



对点案例

《家有儿女》——夏雪初见刘梅

电视剧《家有儿女》中刘梅和夏东海组成了一个新的家庭，其中刘梅带了一个儿子叫刘星，夏东海有一个女儿叫夏雪，一个儿子叫夏雨。初到新家的夏雪因为怕受继母

① 李萍．特殊家庭大学生的心理特点及辅导策略［J］．黑龙江高教研究，2012，30（11）：142-145.

的气，故意给刘梅来了一个下马威，不但对刘梅为她准备的接风宴挑三拣四，还提出了约法三章，甚至故意找“狂野男孩”假扮自己的男友给父母出难题。刘梅不仅容忍了夏雪的咄咄逼人，而且为了和夏雪有共同语言，克服恐惧陪夏雪观察小白鼠，甚至恶补有关猩猩的知识，并为夏雪办了一个猩猩展室。最后，刘梅的苦心终于有了回报，夏雪体会到继母的关心和爱护，从内心接受了继母，说出了：“谢谢您，老妈。”

### （二）社会交往能力相对较弱

相较于核心家庭和单亲家庭而言，重组家庭的成员关系和氛围也更加复杂，且非常容易由于家庭成员的变动而导致家长及孩子产生人际交往方面的问题。他们可能因为过去的经历而对人际关系产生不信任感，或者在新的社交环境中感到不适应。在与新家庭成员沟通时，可能不愿意表达自己的真实感受和需求，导致沟通不畅，影响家庭关系的建立。重组家庭中的子女更容易面临人格发展不健全、社会交往能力差、亲情感不强等问题。[①]对于儿童而言，让他们真正接受新的家庭成员关系，会有一个很长的过程，需要父母做好引导。

### （三）易产生问题行为

重组家庭的儿童面对新环境与新成员的变化，可能一时在心理上无法顺利接受。而且在家庭中，父母的言行与态度也会影响儿童的判断与行为。例如，有的继父（母）对亲生子女与继子（女）的态度是不一致的，可能会更加偏袒其中的一方，另一方则会在这种环境中逐渐产生怨恨，进而表现出反抗和叛逆等行为。也有的亲生父母会将对前夫（妻）的怨恨转移到自己的亲生子女身上，可能在语言上会产生更多的责怪，忽视儿童的成长与教育，最终也导致儿童产生更多的问题行为，如叛逆、攻击性行为或退缩行为。这些行为可能是他们应对家庭变化的一种方式，也可能是他们试图引起关注或寻求安全感的表现。

**对点案例**

**隐秘的角落**

电视剧《隐秘的角落》中，朱朝阳是一个13岁的普通初中生，父母离婚，跟着妈妈生活，爸爸再婚又生了妹妹，在他平静的外表和内向的性格下，是对拥有完整家庭的极度渴望。一边是偏爱妹妹的爸爸，一边是只关心他学习的压抑的妈妈，朱朝阳在复杂的渴望和命运的巧合下，结识了严良和普普，与他们成了好朋友，朱朝阳所承受的父爱的缺失、家庭的压力，恰恰也是严良和普普所共有的，于是在彼此分享中，三个人都得到了来自他人的认同，并在一定程度上被治愈。但也是这份对友情的渴望，让朱朝阳逐渐偏离了正常的人生轨道……

其中有两个场景值得我们深思：

① 孙琳琼，信国芳，宋娜．重组家庭子女的社会化问题研究［J］．山东农业工程学院学报，2016，33（11）：81-85.

场景一：朱朝阳爸爸带着朱朝阳买鞋，原本是一件令朱朝阳非常开心的事，但当到了商店，朱朝阳爸爸就立刻扔下朱朝阳，奔向现任妻子和女儿身边，这让朱朝阳感到心痛万分，加上表情不屑的继母，恃宠而骄的妹妹，这些都深深伤害了这个渴望得到父爱的孩子。

场景二：细心的班主任向朱朝阳妈妈反映，孩子在学校里没有朋友，甚至被其他孩子孤立，而朱朝阳妈妈却不以为然，认为孩子有没有朋友不重要，只要读好书就够了。

思考：是什么原因导致了朱朝阳悲剧的发生？重组家庭的父母应如何积极引导儿童健康发展？

## 二、重组家庭的家教特点

### （一）父母之爱不完整

重组家庭的孩子在情感上常感到孤单、无助。有学者提出，重组家庭的家庭成员从建立新家开始会经历七个阶段：新的开始、努力同化、醒觉、重新建构、做出行动、整合以及解决变成两个核心家庭的问题。在这几个阶段的发展过程中，往往有的继父（母）在“同化”这一阶段就走向了偏离，他们不能像亲生父母一样对待继子（女）。孩子由于缺少与父母良好的感情交流，情绪情感常常得不到健康的发展。情感的疏离使得孩子排斥心强，继父母在子女的教育中缺乏说服力，常常造成教育失败。

### （二）家庭教育方式难以统一

重组家庭中夫妻双方都有着自己的家庭教育方式，在重组家庭后，很难快速地改变自己的教育方式，达成统一，这就会导致对孩子的要求和情感投入的不一致，家庭教育方式混乱。继父母在面对与自己没有血缘关系的子女教育问题时，难免会心存芥蒂，很难真诚客观地看待孩子的教育问题，经常不知道采取什么样的教育方式，导致教育方式杂乱。而有些家庭为了避免教育方式不统一的问题，由原有家长教育自己的孩子，继父母不过问孩子的教育，又极易造成情感疏离的问题。

### （三）家庭成员人际关系紧张

新家庭的组成往往需要家庭成员去适应新的生活环境与人际关系，但这种转变和适应是需要时间的。继父母的抚养方式与儿童习惯的抚养方式会有所不同，儿童必须适应新的规则，在这个规则中，可能会对儿童造成压力。另外，儿童常常会被再婚家庭中其他子女视为原生家庭的“破坏者”与“入侵者”，剥夺了他父母给予的爱，使自己的家庭支离破碎，从而使儿童在新的家庭中难以融入，人际关系紧张，长此以往，也会影响儿童在外的人际社交。

## 三、重组家庭的家教策略

### （一）增强重组家庭父母的角色意识

夫妻关系是家庭关系的核心。重组家庭中，婚姻关系和亲子关系是相互影响的，夫妻关系亲密和谐，对子女进行正确的角色引导，那么子女在新家庭的融入与成长也会更加顺利。因此，重组家庭的母亲要增强自身的角色意识，努力通过各种方式提升自己的教育素养，给孩子提供和睦的家庭氛围，并用科学的教育理念武装自己，以指导现有家庭的教育实践。另外，重组家庭的父母必须本着对孩子成长负责的态度，让孩子了解家庭变故的真相，帮助孩子正视现实，并明确告知孩子，他们会努力给予孩子完整的爱。重组父母还应给继子女更多的宽容，给继子女适应陌生环境的时间。

### （二）尊重子女，加强亲子间的有效沟通

重组家庭对儿童来说是一个巨大的挑战，父母有责任去帮助儿童适应新的家庭，并且在家庭重组后不应以任何理由减少对儿童的关心与爱护。同时，作为继父（母）要了解儿童在不同发展阶段身心发展的特点，根据儿童的不同情况采取不同的措施。父母可以站在一个朋友的角度，主动关注儿童，尊重儿童，平等地与儿童沟通和交流，关注孩子的变化，积极帮助其适应新的生活与习惯，了解儿童的兴趣爱好，陪伴儿童，增加情感紧密度。

### （三）重视情感引导，培养子女健全的人格

在对重组家庭进行教育的过程中，为了培养子女健全的人格，首先要教育孩子学会面对现实，如实地向孩子说清楚父母之间的事情，并告诉孩子，离婚和重组是需要面对的现实，但是对孩子的爱不会减少。其次要引导他们学会成长，重组的家庭从某种意义上说也给孩子提供了磨炼意志的机会，从逆境中走出的孩子，更容易有所作为。最后家长与教师要在尊重的基础上关注孩子，避免进入情感性教育的误区和极端性教育的误区，要善于观察儿童的内心变化，避免自己的言行伤到儿童，多进行正面引导，并且创造温馨的活动环境，丰富儿童的精神生活。

## 第五节　留守儿童的家庭教育

**案例导入**

湖南卫视《变形计》节目的播出，让留守儿童的生活走进了大众的视野，其中一期的主人公是梁训。梁训的家在贵州省的一个村子里，那里海拔有2000多米，去村子只有各种崎岖的小路，交通非常不方便，而且山多地薄，几乎没有能够赚钱的工作，所以导致很多年轻人选择外出打工，梁训的爸爸妈妈也是如此。

梁训的家里有四个兄妹，他是最小的一个，哥哥和姐姐已经去镇上读书了，只有他一个人待在家里，每天一个人起床，一个人做饭，一个人上学，一个人睡觉。在梁训14岁时，节目组找到他，工作人员问他的基本情况，梁训回答说："家里一年到头就只有我一个人。"让大家都感觉到很心疼。有人问他："你还这么小，怎么照顾自己啊?"梁训含着眼泪，用细微的声音说："也没什么办法，只能自己照顾自己。"在梁训14年的成长过程中，豆腐和豆腐皮就是他吃过最好吃的东西了。由于常年营养不良，他的身高还不及一个普通的10岁儿童的身高。

思考：留守会给儿童产生什么样的影响?

随着我国经济社会的快速发展，工业化、城市化进程不断加快，我国工业和服务性行业迅猛发展，城市创造了更多的就业机会。由此，农村劳动力大量流向城市，但由于户籍制度和经济水平的限制，农民工在城市的住房、子女教育等问题都比较难以解决，不得已将子女留在农村，“留守儿童”一词便出现了。[①]留守儿童是指父母双方外出务工或一方外出务工，另一方无监护能力而被留在户籍所在地，并需要其他亲人或委托人照顾的不满16周岁的儿童。

党的十八大以来，随着县域城镇化进程推进、普惠性教育基础设施的完善，我国留守儿童问题得到缓解。2018年8月底，民政部发布的统计数字表明，全国农村地区有697万“留守儿童”。2022年1月，中国农村16岁以下留守儿童总数达到902万。根据2020年第七次全国人口普查数据统计，我国流动人口为3.76亿人，其中流动人口子女规模超过1.3亿人。留守儿童作为一个庞大的社会群体，已经成为我国不容忽视的一大社会问题。

## 一、留守儿童的特点

### （一）身体健康状况较差

留守儿童主要生活在农村地区，且以偏远农村地区为主，他们生活的地方经济落后、资源相对匮乏，加之父母外出务工，经济收入不稳定或工作流动性大，在经济上无法稳定地支持儿童的营养需要。如果是由隔代老人带大的儿童，他们缺乏科学的喂养知识和能力，也会造成儿童的身体健康状况较差。一项以湖北3～4岁留守儿童和非留守儿童为对象的研究表明，留守儿童与非留守儿童在身高、体重、头围、胸围、牙齿数目等身体健康指标上差异极其显著，且非留守儿童的身体各项指标都优于留守儿童。在营养摄入与饮食均衡方面，留守儿童与非留守儿童存在较大差异，不论是挑食人数，还是营养失衡人数，留守儿童均高于非留守儿童，尤其在蔬菜、水果、奶类及豆类制品这几个指标上差异显著。[②]

### （二）亲子关系疏远

由于父母要外出务工，其与子女的见面次数普遍较低，大多数家庭半年至一年才能见一次面，更有甚者一年一次都做不到。这便导致父母与子女的直接交流机会较少，情感交流也产生了一定的隔阂，他们只能以间接的方式（如电话和网络通信工具）来维系彼此的亲情和关爱，而由于诸多环境因素和经济因素的限制，以及学前儿童语言发展的特点，留守儿童与外出父母沟通是短暂的、频率是较低的。曾有一个真人秀节目，一群明星嘉宾到偏远地区的农村学校里看望留守儿童，让他们画一画自己的父母，有的幼儿直接说我不记得我妈妈长什么样子了。

其实在很多留守儿童的心里，父母仿佛是一台冰冷的提款机，父母负责提供钱和衣物，却提供不了及时的爱的回应。留守儿童只能慢慢学会适应等待，他们也渐渐成了一个情感淡漠的人。如果监护人能及时给予儿童关爱，那么，这对留守儿童来说是幸运的，但若无人关爱，势必会造成亲子关系疏远甚至遗忘。

### （三）心理健康被忽视

留守儿童由于父母长期不在身边，缺乏父母的关心与爱护，情绪需求得不到满足，容易产生

---

① 杨菊华，段成荣．农村地区流动儿童、留守儿童和其他儿童教育机会比较研究［J］．人口研究，2008，32（1）：11–21．

② 彭俭，石义杰，高长丰．学前留守儿童身体健康状况及干预策略：基于与非留守儿童的比较研究［J］．教育评论，2014（10）：78．

沮丧、孤独、胡思乱想等情绪，也易产生偷窃、说谎等不良行为。同时，留守儿童的监护人多且比较分散，父母作为理论上的监护人，因身处异地而在儿童教育上力不从心，家里爷爷奶奶由于知识的限制，也缺少对儿童心理健康的教育。有学者通过调查发现：大部分留守儿童由于缺乏与父母的情感交流不知如何与父母相处，容易出现不愿与人交往、性格孤僻等问题。在这些孩子中，有心理问题的农村留守儿童中，女生占了很大一部分。另外，由于农村留守儿童年龄较小，缺乏自制力，因此很容易沉迷于网络。[①]

### （四）学习能力较弱

对于留守儿童而言，教育是一大亟待解决的问题。首先，由于地区偏远、落后，村里的人都往城里走，却很少有人愿意到村里来，留守的儿童也就缺乏了基本教育条件和资源。其次，大部分留守儿童都是以爷爷奶奶、姥姥姥爷照护为主，他们监护和教育留守儿童的精力有限，只能尽量保障儿童吃饱穿暖，无法照顾儿童发展需要的方方面面。因此，相较于非留守儿童而言，留守儿童在学习能力上相对偏弱。有研究结果表明，在学习成绩方面，父母外出务工对留守儿童学习成绩有明显的负面影响。[②]还有学者以道真县花池村的留守儿童健康素养教育情况进行调查研究，通过对花池小学学生的期末成绩进行统计，以60分以下为不合格，其中留守儿童不合格人数占80%。[③]

## 二、留守儿童家庭的家教特点

### （一）容易错失对子女进行最初的人生塑造时机

在人生最初的生命时间里，外界的影响对婴幼儿未来的发展具有决定性的意义。家庭对人的塑造力远大于人们的想象，尤其是在婴幼儿时期，将影响其一生的发展。倘若父母在儿童婴幼儿时期就与孩子隔离，那么将会错失最初的对孩子进行人生塑造的最佳时机，这是以后都无法弥补的，而且容易使孩子出现品行问题、心理问题、社会适应问题等。

### （二）片面重视孩子物质上的满足

大多数父母外出务工的主要目的是为子女的生活和教育提供更好的物质条件，所以倾向关注留守子女的物质生活，而对其心理和情感发展等其他方面关注较少。往往认为只要给孩子充足的物质保证，让孩子吃好、穿好，祖父母照顾好生活起居，平平安安就是对孩子最好的爱，但他们却忽视了父母的教育责任，忽视了孩子的精神需求。由于父母长期在外，基于一种补偿心理，他们大多会采取“物质（金钱）放任”的方式来对待与孩子的分离。有的父母很久都不回来一次，而且很少与孩子进行交流，难以尽到为人父母的职责。岂不知孩子最需要的不是金钱，而是父母的陪伴与关爱。

### （三）易忽视孩子的营养、健康、安全等问题

由于受到经济条件的限制和陈旧的儿童健康观念的影响，以及临时监护人的职责不明等原

① 卢利亚．农村留守儿童网瘾环境成因及对策研究［J］．湖南社会科学，2011（6）：85-89.
② 段颀，刘冲，钱留杰．父母外出务工对农村留守儿童基础教育的影响［J］．世界经济文汇，2020（3）：107-120.
③ 严鸥，梁龙，石春柳．农村留守儿童健康素养教育研究：以道真县花池村为例［J］．农村经济与科技，2023，34（19）：267-271.

因，留守儿童的饮食营养搭配、疾病预防、安全教育等问题往往难以得到应有的重视。很多临时监护人对孩子的养育理解为只要让孩子吃饱穿暖就行了。父母不在身边，孩子没有直接的关爱和呵护，其成长所需要的营养、保健、安全等问题无法落到实处，很可能成为不法分子的侵害对象。近年来，留守儿童被拐卖或伤害的案例呈上升趋势，这些孩子的人身权益和身心健康受到严重侵害。

## 三、留守儿童的家教策略

### （一）增强父母的角色意识，避免过早与儿童长期分离

作为父母，首先要增强自己的角色意识，清楚认识到作为父母的责任与义务。而且，婴幼儿时期是个体发展最快的时期，也是形成对这个世界初步认识的关键时期。父母在做出外出务工决定时，不仅要考量家庭经济方面的压力，也要考虑外出务工是否有利于孩子健康成长。以牺牲子女的情感幸福来换取物质水平的提高或未来教育投资的储备，往往是得不偿失的。

### （二）建立教育责任意识

年轻的父母在生育孩子后就必须树立起对子女的教育意识。父母是孩子的第一任老师，也是伴随他们一生的老师，这个地位是无人可以取代的。父母在孩子教育中发挥着重要作用，并且在孩子的教育中拥有最高决策权。只有父母才能对孩子的教育负最终责任，不可以轻易地把教育子女的义务推卸给他人，毕竟隔代教育代替不了父母本身。父母还应该意识到孩子年龄越小越需要陪伴。因此，家长要改变不正确的思想观念，树立起教育子女的责任感，意识到给孩子再多的钱、衣服、玩具都不如给孩子的陪伴和关爱重要。

### （三）保证亲子联系畅通，注重正向陪伴

婴幼儿时期不仅是子女与父母建立依恋关系的时期，也是形成对世界信任的时期。父母外出务工时，应尽量避免双亲同时外出务工，至少可以留母亲来陪伴孩子。母亲无论在照顾孩子饮食起居，还是在孩子情感陪护方面都会更有优势。若因生活压力，父母双方必须外出时，父母必须保持与幼儿的密切联系，让儿童知道即使父母不在身边，爸爸妈妈也是最爱自己的。当父母回家看望儿童或线上语音视频时，也要注意自己的言行举止，将外界感受到的好的方面表现给孩子，传递正能量。

### （四）慎重选择合适的临时监护人

监护人的行为对子女的榜样作用非常明显。家长要减少任意性，尽可能地寻找那些水平高、教育能力强、责任心强、有保护能力和有精力的人来充当孩子的临时监护人。不仅要注意“养”的问题，更要注意“教”的问题。例如，选择有强烈的教育责任感、能够及时发现孩子的不良行为并给予及时的教育与引导、能够及时与自己交流沟通的人等。选择高素质的临时监护人，可以降低孩子成长中出现问题的概率。

## 章节测验

一、思考与练习

1. 独生子女儿童与多子女儿童在家庭教育特点上有什么不同？
2. 单亲家庭对儿童的心理会产生什么样的影响？单亲家庭在学前儿童教育上应该注意什么？
3. 重组家庭会给儿童的发展带来什么影响？重组家庭的父母应如何引导儿童融入新的生活环境？

4. 结合国家发展政策，分析留守儿童的家庭教育现状和家庭应对策略。

## 二、材料分析题

小宇今年5岁了，他的爸爸和妈妈因为经常吵架最终离婚，小宇跟着爸爸生活。后来，小宇的爸爸认识了一位离异妈妈，两个人互生好感，经过一段时间接触，俩人重组了新的家庭，这位离异妈妈还带了一个4岁的女儿琪琪。

重组家庭后，两个孩子表现出了不同的行为和心理问题，给这个新家庭带来了巨大的挑战。小宇在新家庭中表现出明显的抵触情绪，对继母和妹妹琪琪保持距离，经常独自玩耍，不愿意与家人沟通。琪琪则表现出对新家庭的过度依赖，对继父特别亲近，但在与其他小朋友相处时则显得胆小、退缩。

请结合学前儿童家庭教育分析以下问题：

1. 小宇和琪琪在重组家庭中所产生的心理问题及其成因是什么？
2. 针对这些问题，提出具体的教育策略和建议，并讨论在重组家庭中学前儿童教育的重要性和挑战。

# 第六章 特殊儿童的家庭教育

## 学习目标

1. 了解特殊儿童的相关概念。
2. 理解不同类型家庭教育对儿童的影响。
3. 掌握特殊儿童表现的心理特点，并能应用相应的家庭教育策略。

## 知识导图

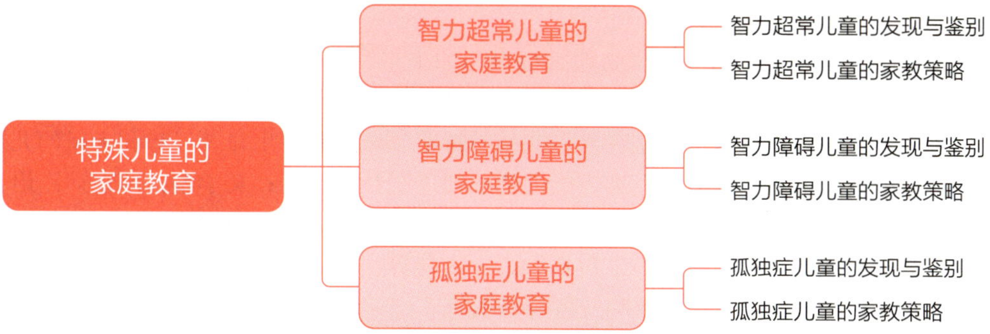


# 第一节　智力超常儿童的家庭教育

**案例导入**

“中华小诗库”王恒屹

2013年，王恒屹出生在山东青岛的一个普通家庭。由于爸爸妈妈平时上班忙，所以由奶奶来照看。奶奶喜欢读诗词和书籍，还爱听音乐，王恒屹从小就被奶奶的读书声包围着。在王恒屹1岁多的时候，奶奶发现每次自己念诗词时，还没念完整句，王恒屹就迫不及待地说出了最后一个字。奶奶还发现他对儿歌和古诗也非常感兴趣，于是买了很多书籍和识字卡教王恒屹。后来，年仅3岁的王恒屹就能背诵上百首古诗，认识3000多个字，对音乐也有着很强的记忆力，仅听几秒钟就能说出歌曲的名字。5岁时能背近200首古诗，7岁时，他参加节目《中国诗词大会》，在“姓氏飞花令”挑战环节，面对难题从容不迫地答出了所有题目。最后，在《中国诗词大会》的中秋赛场上，经过几轮比拼，最终获得了冠军。

经记者采访，王恒屹的家人并没有硬性要求孩子学背古诗，他们觉得兴趣才是最好的老师，如果逼迫孩子只会让他更厌恶学习，反而效果会更差。王恒屹喜欢读诗词，他们就给他提供充分的条件和机会，支持他。

思考：案例中的儿童王恒屹是典型的特殊才能超常儿童，对于这种智力超常儿童，父母在家庭教育中应该注意什么？与普通家庭的教育应有什么区别？

## 一、智力超常儿童的发现与鉴别

### （一）智力超常儿童的定义

早在公元前552—479年，我国古代就有关于“神童”的记载。当时将那些才智出众、少年得志的儿童称为“神童”。古希腊的柏拉图（公元前427—347年）则将聪明异常的儿童称作“金人”，意在“稀少、珍贵”。我国古代的庄子还曾把这些聪明的儿童称作“天人”，意为上天赏赐之人。17世纪，英国生物学家高尔顿则使用了“天才”一词，意有天生之才之意。

智力超常儿童，主要是指智力发展水平明显高于同龄人一般发展水平或具有某种特殊才能的儿童，如数理智能、言语智能、人际智能以及艺术智能等。一般而言，超常儿童主要有以下几种。

（1）智力超常：主要是指一般智力超常出众。如果用智力测验来测量，智商一般都在130以上，或测验成绩高于同龄人平均成绩的两个标准差以上。

（2）特殊才能超常：通常指的是在某一或某些特定领域内展现出显著优势和天赋的儿童。例如：数学型，即数理逻辑思维突出发展，能创造性地进行数学活动；文学型，即在运用语言交往或描述事物活动中表现的突出能力，包括写作诗歌、散文、小说、翻译及演说等；美术型，即在视觉艺术活动中表现的各种杰出能力，包括绘画、雕塑等；音乐、舞蹈型，即从事音乐和舞蹈活动的突出能力，包括作曲、演奏、歌唱及各种舞蹈等。

（3）一般智力发展超常出众，同时有某方面有特殊才能。

## （二）智力超常儿童的特征

### 1. 认知兴趣浓厚，求知欲旺盛

超常儿童会对某项具体事物表现出明显的浓厚兴趣和强烈的好奇心，特别是在学前儿童阶段就具有明显的表现。例如，喜欢盯着事物一直观察、思考，探究为什么？对看过或听过的古诗词、歌曲等过目不忘，铭记于心。实际上，好奇的过程也是求知、探索的过程，好奇心曾经被科学家定义为两点，一是求知欲，这是人们对新鲜事物的渴求，二是经验的开放性，这主要指在求知的过程中喜欢独立自主地探索事物的本质，如果一个孩子身上具有这两种特质，是对他们智力的肯定。

### 2. 具有较强的记忆力

学前儿童的记忆往往以机械记忆为主，有意记忆逐渐发展。对于智力超常儿童而言，其意义记忆会比同龄人提早发展。有专家表示，智力超常的儿童会表现出记忆力强、过目不忘的能力。例如，在我国一档节目《最强大脑》中，观众常常被选手表现出来的记忆力所震惊，他们都有自己的高效记忆方法。著名节目主持人撒贝宁也曾经在采访中表示，自己学习成绩好的很大一部分原因是得益于他的“照相机记忆”，他看一本书后能大概记得这本书，甚至里面每一个段落的排版。由此可见，记忆力超群是智力超常儿童的标准配置之一。

### 3. 具有敏锐的观察力和持久的注意力

智力超常的儿童可以在长时间内集中注意力于某一事物或某一活动，他们会处处留心观察并进行思考，而且他们的观察与思考是有目的和有条理的，能抓住事物的主要特点。此外，智力超常儿童思维比较敏捷，理解能力较强，具有一定的逻辑推理能力，反应速度也快于常人，对许多问题一点就通，想象力也非常活跃。

### 4. 具有强烈的探索精神和顽强的意志

愿意主动探索事物的本质与联系是聪明儿童的基本行为表现。由于超常儿童往往具有强烈的求知欲和好奇心，进而会出现长时间的探索行为，对自己的困惑要探个究竟，直到寻找到答案。而且他们在探索、解决问题的同时能够长时间集中注意力，克服种种困难和干扰，表现出一定的意志力。

## （三）智力超常儿童的鉴别

智商测验是鉴别智力超常儿童的主要方式，目前通常采用斯坦福-比奈量表。随着美国斯坦福大学的心理学家在1916年提出智商这一概念以后，人们又提出以智商（IQ）分数的多少作为定义“天才”儿童的标准。美国心理学家刘易斯·麦迪逊·推孟把儿童智商分为以下几类（表6-1）：

表6-1 儿童智商分类

| 智商分数（IQ） | 类别 |
| --- | --- |
| 140以上 | 天才 |
| 120～139 | 最优秀智力 |
| 110～119 | 高智力 |
| 90～109 | 正常智力 |
| 80～89 | 中下智力 |
| 70～79 | 临界智力 |
| 60～70 | 轻度弱智 |
| 50～60 | 深度弱智 |
| 25～50 | 亚白痴 |
| 25以下 | 白痴 |

对点案例

“最强大脑”王昱珩——微观辨水

2015年，王昱珩在《最强大脑》中以一场“微观辨水”一战成名。“微观辨水”是选中一杯水迅速看一眼后放回去，不借助任何外界因素做标记，于15分钟在520杯一模一样的水中准确找出被选中的那一杯。

评审员以为王昱珩会观察几个小时，毕竟从来没有选手在水这么抽象的事物上做过实验。一杯透明质地的水，对于常人而言，没有任何参考特征，可以说是一模一样，无法分辨。可是王昱珩以1秒4杯的速度从520杯同质同源同量的水中，准确找出了先前被随机选中的那杯，甚至看出了这杯水从被选中、拿起观察再到放回原位，摆放的角度旋转了15度。主持人替他捏了一把汗：“这么快，你确定吗，要不要再看看？”王昱珩很坚定：“不用再看了。”结果完全正确。现场的资深脑力研究者魏坤琳感到难以置信，他之前见过很多有能力的选手，却从未遇到过这样的“天才选手”。王昱珩却平淡地说：“我分辨这些水靠的其实是想象力，我会把杯中的水想象成一幅画，比如说星空或是一张孩子的脸。”

由于对智力超常儿童的定义和测量标准不同，因此，对智力超常儿童的鉴别方法也是多样的。我国学者研究发现，在所有儿童群体中，智力超常儿童占全体儿童的1%～3%。我国常采用的智商测验工具有中国比奈量表、韦式学前儿童智力量表、瑞文测验等。我国研究者还编制了“鉴别超常儿童认知能力测验”，用于测量儿童的图形类比推理能力、词语类比推理能力等。

但是只靠量表来决定儿童智商水平是有局限的，例如它不能鉴别出儿童的创造力。因此，部分研究者开始采取多方面的指标，例如，考察幼儿学习能力方面、特殊才能方面、个性特点方面等，并且扩大测定方法，采用作品分析法、实验法、观察法等。此外，对于被初步确定为智力超常的儿童，还要经过追踪研究对他们做进一步考查。

拓展阅读

超常智力儿童行为测定项目[①]

1. 兴趣、爱好广泛；
2. 对科学或文学产生浓厚的兴趣；
3. 是个好学不倦的人；
4. 喜欢计算，能快速进行心算；
5. 对新鲜事物特别好奇；
6. 能非常机灵地回答问题；
7. 能较长时间集中注意力看书或做智力游戏；
8. 语言表达较好；
9. 能很快适应新的环境；
10. 喜欢独自一人做事；
11. 有好胜心理；
12. 别人谈话时经常插嘴；
13. 发现新的东西表现出很高兴；
14. 有强烈的自信心；
15. 对别人的感情很敏感；
16. 性格活泼，面部富于表情，不呆板；
17. 能讲富有想象力的故事；
18. 急于把发现的事情告诉别人；
19. 喜欢做新的事情；
20. 能控制自己的言行；
21. 有很好的观察力，注重事物的细节；
22. 能发现事物之间的联系；
23. 有忘记时间的倾向；
24. 能分清事情的主次因素；
25. 用有高度创造力的方法解决问题；
26. 有某一种或更多的特殊才能；
27. 会挑战成人的看法；
28. 情绪较为稳定，能判断别人的能力。



## 二、智力超常儿童的家教策略

### （一）早发现早教育

大量研究表明，0～3岁是婴幼儿大脑发育的关键期，是进行科学教育、促进儿童大脑发展的黄金时期。如果父母能够在儿童发展早期进行科学的养育，有利于儿童智力的发展。美国心理学

① 丁连信. 学前儿童家庭教育［M］. 北京：科学出版社，2011：114.

家布卢姆提出了5岁前是儿童智力发展最为迅速时期的假说。他认为，在智力发展的关键期，智力发展一年的效果超过在智力发展其他时期中8～10年的效果。有一项研究对110名智力超常儿童的家庭进行了调查，结果显示，70%的儿童在2～4岁时便能受到较有计划的早期教育，平均接受早教的年龄为3.5岁。

家庭是发现儿童潜能的第一场所，家长是鉴别儿童是否智力超常的“第一人”。根据已有的智力超常儿童鉴别的经验，除智力超常儿童研究专家外，家长尤其是母亲对孩子发展超常与否的判断准确性远远高于其他人。原因在于家长对自己孩子的重视程度超过他人。一方面，家长对孩子的成长情况了解得比较全面。另一方面，家长能够接受和重视专家的建议指导，比较准确地掌握鉴别的原则与标准。[①]对智力超常儿童及早进行鉴别，选择正确的方式进行早期教育，对智力超常儿童的长远发展具有至关重要的作用。

### （二）提供良好的家庭环境和资源支持

良好的家庭教育可以促进儿童的健康发展。家庭是儿童发展的主要环境，家庭中显性和隐性的教育环境资源为儿童的智力发展提供了条件。在儿童的早期家庭教育中，父母应为儿童营造良好的环境，包括丰富的物理环境与和谐愉悦的精神环境。丰富的物理环境可以给儿童的认知、观察、探索提供刺激，而当父母观察到儿童在某一方面表现出明显优势时，父母可以主动为儿童提供其探索所需的材料和工具，支持儿童的探索和创造性发挥。除了良好的物理环境外，父母要共同经营好家庭关系，采取民主的教养方式，尊重儿童的自主权，满足儿童的合理要求，增强儿童的安全感，这样儿童可以更放心地去做自己想做的事情，发展自己的超常才能。

### （三）注重因材施教

智力超常儿童是独特的，具有与众不同的心理特点和行为表现。父母必须针对他们的特殊心理，坚持因材施教，才能使他们的智力和个性得到充分而健全的发展。首先，父母应为智力超常儿童提供能够促进其发展的成长环境，为其智力发展提供支持，还可以针对他们的超常领域聘请该领域杰出的人士来引导儿童的发展。其次，为智力超常儿童提供配合其发展节奏的教育内容，但应注意教育内容要符合儿童身心发展的特点。最后，在教育方法的使用上，不能僵死和呆板，要以儿童的发展和适应程度为中心来使用教育方法。

### （四）重视非智力因素培养

非智力因素是相对于智力因素而提出的概念，包括情感、意志、兴趣、性格、需要、动机、目标、信念、抱负以及世界观等。有研究表明，一个孩子在智力正常的情况下，如果非智力因素能得到健康发展，事业上往往会获得较大成功。智力因素和非智力因素是相互联系、相互促进的，非智力因素对智力因素有内在促进作用，会补偿智力因素的某些弱点，如业精于勤、勤能补拙、笨鸟先飞等。

在智力超常儿童的成长过程中，家长往往容易过度关注孩子的智力发展，忽视在道德、人际交往、生活礼仪等方面的培养，只要学习好，其他事情都可以父母代劳包办。因此，很多智力超常儿童虽然智力得分高，但生活技能和社会交往技能可能较差。家长应该注重对子女非智力因素的教育，培养其良好的生活常规和基本的生活技能，加强对儿童社会性的培养，塑造儿童良好的个性，使其能够较好地融入社会，成为一个独立自主、开朗、认真、积极的人。



---

① 亢晓梅．超常儿童家庭教育问题探索［J］．天津市教科院学报，2010（2）：58-60.

对点案例

### 北大数学天才——韦东奕

2021年的某一天，一名手拿矿泉水，拎着馒头的北大男子接受采访的短视频登上了热搜，引起网友热议。在接受采访的过程中，他有些腼腆，外表看起来有点不修边幅，但是始终保持笑容。他正是北大助理教授、来自山东的“数学大神”韦东奕。

韦东奕出生在一个高级知识分子家庭中，父母都是大学教授，身为数学系教授的父亲，更是对他影响深远。韦东奕14岁时被破格录取到了山东师范大学附属中学的奥数班，凭借数学天赋，15岁时入选数学奥林匹克竞赛国家集训队，2010年经保送就读于北京大学数学科学学院，本硕博连读。看到这些成绩，毋庸置疑，韦东奕是典型的智力超常儿童。但是他在生活能力和社会交往方面却不如他数学上的成绩。其高中校友曾说：“他不爱社交，缺乏生活自理能力，高中连鞋带都不太会系，只穿布鞋……”

## 第二节　智力障碍儿童的家庭教育

案例导入

6岁的悠悠，家在赣州农村。悠悠的爸妈在城里打工，由奶奶一手照看。由于农村里老一辈人对养娃的观念比较陈旧，认为只要孩子吃饱了，穿暖了就行。而且奶奶平时有农活要忙，带悠悠学习的时间也少。奶奶忙的时候，就会让悠悠自己看动画片，或让孩子自己玩。在悠悠近两岁半时，悠悠的爸爸妈妈放假从城里回来，突然发现孩子这么大了，却还不怎么会说话，只会喊爷爷、奶奶这种简单的称呼，也不会互动交流。

悠悠的爸爸妈妈想着，或许是没有人陪孩子说话，只要后面多和孩子交流就可能变好了。但是半年过去了，悠悠的症状还是没有什么进展，到了3岁仍不能说一句完整的话。这次悠悠的爸妈大感不妙，赶紧带着孩子去市里医院检查，结果确诊为智力低下，相当于2岁孩子的智力水平。悠悠的爸爸妈妈听了无法接受，孩子怎么会变成智力低下呢？于是，他们又去了好几个医院，结果都是一样。

思考：智力低下儿童的表现是什么？对于这类儿童应该如何教育？



特殊教育始终是党和政府高度重视和关心的一项民生事业。党的十八大明确提出支持特殊教育，党的十九大提出办好特殊教育，十九届五中全会提出完善特殊教育保障机制，党的二十大进一步提出，强化特殊教育普惠发展。智力障碍儿童一直以来都是特殊教育的主要对象之一。根据相关统计数据显示，截至2023年，我国共有特殊教育在校生92.2万人，其中，在特殊教育学校就读在校生34.12万人，占比37.42%，其发展和教育质量将直接影响我国特殊教育整体质量的提升。[①]

① 冯雅静，杨希洁，吴扬．近五年我国智力障碍儿童发展及教育的研究现状及趋势［J］．绥化学院学报，2023，43（1）：50-54．

## 一、智力障碍儿童的发现与鉴别

### （一）智力障碍的定义

在1700年以前，人们对智力障碍的认识是模糊的、不科学的，甚至是错误的，他们将智力障碍当作是精神障碍的一种，会将有智力障碍的人和精神病人关在一起。直至18世纪末，世界各国对精神疾病与智力障碍加以区分，法国医生伊塔德通过研究分析，认为“智力障碍是一种心理障碍”，这种心理障碍不仅包括心理活动过程的不足，而且在适应日常生活方面也有严重困难。这是现代智力障碍概念的雏形。

1837年，伊塔德的学生塞甘在法国巴黎创办了智力落后儿童学校，后来由于巴黎政局的动荡，塞甘移居美国，他的到来对美国智力落后儿童的教育产生了重要的影响。1876年，美国“智力障碍协会”成立。1921年，美国智力障碍协会和美国全国心理卫生委员会合作，共同提出了智力障碍的定义，并在其后进行了多次修订。他们将智力障碍定义为是一种以智力功能和适应行为都存在显著限制为特征的障碍。适应行为表现为概念的、社会的，以及应用性的适应性技能，并且障碍发生于18岁之前。

我国目前对智力障碍的定义主要采用了医学定义，一方面用于残疾人抽样调查工作，另一方面用于做医学的诊断。在1987年第一次全国残疾人抽样调查中基本上采取了美国智力障碍协会1983年修订的智力障碍定义。在2006年第二次全国残疾人抽样调查时，在原来的基础上进行了修订，将智力障碍定义为智力水平显著低于一般人水平，并伴有适应行为的障碍。[①]智力障碍包括在智力发育期间（18岁以前），由于各种有害因素导致的精神发育不全或智力迟滞；或智力发育成熟以后，由于各种有害因素导致智力损害或智力明显衰退。

目前，我国通常用韦克斯勒儿童智力测验评估智力落后儿童的智商，并用儿童社会适应行为量表评估其社会功能，然后按照智商分数和社会适应性障碍程度两个指标，将患有智力障碍的儿童按照严重程度分为以下四个等级：

智力障碍的等级

（1）轻度智力障碍（IQ为50～70，适应性行为轻度缺陷）。这些儿童具有基本的生活自理能力，能够承担简单的家务劳动，但可能在社交、学习和职业方面遇到一些困难，如抽象能力、思维能力差，缺乏逻辑性。他们通常需要一定程度的支持和帮助，但总体上能够适应社会。

（2）中度智力障碍（IQ为35～49，适应性行为中度缺陷）。大多数有脑损伤和其他神经障碍，脑功能也有障碍。语言功能发育不全，吐词不清；注意力不能集中，具有机械记忆能力，只能进行简单的具体思维。对四周环境辨别能力差，只能熟悉事物的表面和片断现象。经过长期教育和练习，可以学会简单的人际交往，基本卫生习惯、安全习惯和简单的手工技巧。

（3）重度智力障碍（IQ为20～34，适应性行为重度缺陷）。有大脑损伤，脑功能障碍严重。婴儿出生后动作发展严重落后，动作笨拙、经长期练习能学会走路，但动作仍不协调。发音含糊，往往只能用手势、“嗯嗯哦哦”的声音与人交往，自我表达能力极差。抽象概念缺乏，理解能力低下，情感幼稚。经过系统、严格的训练，可养成简单的生活和卫生习惯，但生活需要他人照顾。有一定的防卫能力，能躲避明显的危险。

（4）极重度智力障碍（IQ低于20，适应性行为极度缺陷）。有严重的大脑损伤，脑功能障碍严重。缺乏语言功能，最多会喊爸、妈等，但并不能真正辨认爸妈，常为无意识的嚎叫。感觉和知觉明显减退，运动功能明显障碍，缺乏自我保护的本能，不知躲避明显的危险。即使在严格训练下，也不能生活自理，需要别人的照顾。

---

① 方俊明．特殊教育学［M］．北京：人民教育出版社，2005：200.

需要注意的是，智力障碍等级的划分并不是绝对的，每个儿童的发展都是独特的，可能会受到多种因素的影响。因此，在评估和诊断智力障碍时，应该综合考虑儿童的整体情况，包括他们的认知能力、社会适应能力、情感发展等多个方面。同时，也应该尊重每个儿童的个体差异，为他们提供个性化的支持和帮助。

### （二）智力障碍儿童的成因

导致儿童智力障碍的原因是多方面的，根据查阅的相关资料，目前确定的因素多达750种以上，且大部分研究对基因与智力障碍之间的联系进行了探讨，目前最终确定的病因只有50%左右。医学上会根据智力障碍因素出现的时间分为产前因素、产中因素和产后因素；而在社会学、心理学等学科中会将智力障碍产生的原因分为生物学因素以及社会环境因素。①

#### 1. 生物学因素

（1）脑外伤：脑外伤主要是指由于发生意外事故而造成儿童大脑损伤，伤害严重时可引起智力障碍，包括原发性脑损伤和继发性脑损伤。前者指在受伤当时便形成损伤，引起病变的主要为脑震荡、脑伤和脑裂伤等；后者于损伤后的一段时间内形成，常见的病变为脑水肿、出血和血肿等。

（2）脑膜炎：脑膜炎主要是脑膜受到外来的微生物侵袭造成发炎、发病的现象，是一种急性的颅内感染性疾病。引起脑膜炎的病原体有很多，包括细菌、病毒、螺旋体、真菌和寄生虫等。脑膜炎的典型特征为急性起病，常伴有发热、头痛、呕吐症状，严重的可能出现惊醒、嗜睡等。

（3）高烧、抽搐：高烧和抽搐是婴儿出生后导致智力障碍的高频率因素，婴儿早期大脑发育尚未完整，比较脆弱，高烧或抽搐容易导致脑细胞功能紊乱，产生脑电波紊乱，反复、长时间的发作有可能导致脑损伤甚至智力障碍。

（4）营养不良：营养对婴幼儿的发育十分重要，营养不足或严重失衡会对其发育构成严重影响，尤其是一些促进大脑发育必需的微量元素的缺乏，轻者导致体质不佳，长期缺乏会影响脑神经的发育。

#### 2. 社会环境因素

（1）社会文化因素。婴幼儿处于人生发展的逐步完善阶段，直至青少年期，他们的身心仍发展不完善，需要社会及照料者为其提供健康、积极的环境与刺激，尤其在婴儿早期，大量的环境刺激有助于脑神经的发育。如果孩子早期遭遇照料不足、刺激不够、虐待、忽略，甚至暴力，会对其身心发展构成严重影响，重者导致智力障碍。

（2）教育因素。教育不足对智力障碍的主要影响是会加深障碍程度，尤其对于家族具有智力障碍的遗传因素或已经发现有智力障碍症状的儿童，教育是否合理、及时非常重要。早期干预是降低产后形成智力障碍的主要手段。

### （三）智力障碍儿童的特征

智力障碍给儿童的身心发展都会造成一定的影响，使他们在认知和适应性行为发展上受到一定的限制。智力障碍儿童一般都具有以下特征。

#### 1. 运动功能发展受限

与普通儿童相比，智力障碍儿童在身体形态，如身高、体重等方面并无明显差异。但是在运动发育、运动技能的掌握和实际运动水平等方面都存在一定的困难，同语言障碍基本一致，即智力障碍的程度越重，运动发育水平也越差。但唐氏综合征患者在容貌上有一些特殊的面部特征，

---

① 遂宁市地方志办公室. 特殊儿童早期教育［M］. 天津：天津科技翻译出版公司，2018：90-93.

如头颅呈方形，眼向外斜吊，眼距宽，嘴唇厚，手指粗短，许多人是贯通手等。另外还有一种是苯丙酮尿症儿童，这类儿童毛发颜色淡，常常被称作“金发碧眼”。

### 2. 认知能力发展较差

由于大脑受到损伤或大脑发育功能障碍，智力障碍儿童在大脑参与活动的相关能力方面发展较差，如感知觉、注意、记忆、思维等。智力障碍儿童感官的感受性较差，对声音的高低、颜色色度的分辨等细微差别难以获得清晰认识。有研究发现，8～14岁患有轻度智力障碍的儿童在注意力发展上只能达到5～7岁普通儿童的水平，更严重的障碍儿童则无法坚持集中注意力。在记忆力发展方面，智力障碍儿童记忆范围狭窄、容量小，记住的东西很快就会遗忘。

此外，由于儿童大脑功能受到影响的区域不同、程度不同，智力障碍的表现形式也会有所差异，有的会表现为综合障碍；有的表现在某一方面能力低下，其他方面较好或接近正常；而有的儿童会表现为许多方面能力都很差，但某一领域却接近正常甚至超常，这类儿童或成年智障人士被称为“白痴天才”。

**对点案例**

#### 天才指挥家——胡一舟

在1978年4月1日（愚人节），胡一舟出生了。在他出生后的日子里，父亲整日高兴得合不拢嘴，经常抱着儿子到亲戚朋友家玩耍，大家都夸赞这是个可爱的乖宝宝。因为他从出生时到1岁多的时间里，除了会哭会吃东西以外，几乎从来不会乱爬乱动，每次都是在父母的鼓励下才会勉强爬行。但是后来父母意识到，对于这么大的孩子来说，过度的乖巧并不是好的现象。为了帮儿子释放更多的活力，夫妻俩经常鼓励他学习走路和做各种动作，但是胡一舟都学得很慢，父母起初以为儿子只是发育稍微缓慢，但后来夫妻俩发现，胡一舟都已经2岁了还基本上不会说话，于是带他到医院去做检查。医生的诊断犹如晴天霹雳，击碎了夫妻二人的心，胡一舟竟然是重型先天性愚型患者。他们又接连跑了好几家医院，得到的诊断也都完全一样。

胡一舟因为患病而无法像其他孩子一样正常上学，就连从一数到五都是父母教到5岁时才终于学会的。父母虽然不指望胡一舟将来能够成家立业，但也希望他能拥有一份足以养活自己的工作。于是在胡一舟长到少年时，父亲胡厚培开始经常带他外出，让他多与社会接触。父亲在台上演奏时，胡一舟在后台默默地观赏着盛大的交响乐演出，久而久之，站在乐队前面的指挥者渐渐吸引了胡一舟的注意。指挥者手拿指挥棒潇洒挥舞的样子，让他开始不自觉地模仿，随着音乐慢慢进入高潮，胡一舟的动作也变得越来越起劲。起初父亲只是把他的这一举动看作是孩子般的一种自我娱乐，然而后来胡一舟的一次“即兴发挥”，立时改变了父亲的看法。

一次乐团演奏交响乐《卡门》时，胡一舟像往常一样站在台下手舞足蹈地模仿。当演出结束之后，乐手们都在收拾自己的乐器和乐谱时，胡一舟默默地走向了乐团指挥的位置，拿起指挥棒兴奋地做起了各种各样的指挥动作。胡一舟的这一举动引起了大家的注意，渐渐地所有人都停下来把目光投向沉浸在指挥动作中的胡一舟。正当父亲准备过去制止儿子的这一有些过分的举动时，乐团指挥梅笃信拦住了他。看着陶醉的胡一舟，有的乐手重新坐在座位上拉起了曲子，慢慢地，所有的人都相继坐回去并拿起了手中的乐器。很快一首动听的《卡门》再次被演奏起来，有些尚未离场的观众也再次坐在座位上观看了起来。

在胡一舟潇洒翩然的动作的“指挥”下，剧院里就这样上演了一场特殊的交响乐表演。乐曲结束后，胡一舟学着乐团指挥梅笃信的样子，转身向在场的观众深深鞠了一躬，剧场里顿时爆发出了雷鸣般的掌声，这是观众们对胡一舟的喝彩。这次演出过后，“武汉歌舞剧院出了一名天才指挥家”的消息迅速传播开来，乐团里的所有同事也为胡一舟突然获得的光芒而感到高兴。在2000年北京人民大会堂举行的晚会中，胡一舟与刘德华以及美国武打巨星施瓦辛格同台演出，事后刘德华主动与他合影，而施瓦辛格向他捐赠了15万美金。

3．言语发展困难

智力障碍儿童往往在语言发展上也比较缓慢。其中，发音是智力障碍儿童语言发展中最显著的障碍，他们的发音、说单词句、完整句等往往要比普通儿童晚2～3年，同时还伴有发音模糊不清、词汇掌握比较贫乏、表达时语法错乱等现象，并且智力障碍的程度越重，语言发育越差，障碍越严重。重度智力障碍者基本不能掌握语言。由于语言活动是思维活动的凭借，能够帮助人们去理解、判断和分析一些事物，还可以帮助人们进行人际交往，所以语言能力发展缓慢，势必会影响到儿童认知能力和社会交往能力的发展。

4．情绪情感冲动、幼稚

由于大脑功能损伤，智力障碍儿童在情感的表达、掩饰性、自我控制能力比较低，往往内心有什么就会马上表现出来，易变化、好冲动。大多数智力障碍儿童最常见的是高兴、愤怒或悲伤等比较表面化和初级化的情感，而对于失望、愉悦、自我实现等高级情感的体验或表达较少。

5．社会交往困难

对于智力障碍儿童而言，他们在认知、情感和语言发展上都受到一定的影响，在与人交往过程中可能会存在表达不清楚或不准确的情况，也可能对别人的表达理解困难，因此，这给他们的人际交往带来了挑战。

### （四）智力障碍儿童的鉴别方法

智力障碍为儿童的发展和家庭的氛围都带来了一定的负面影响，如果能够及早辨别儿童是否为智力障碍，并进行及时干预，将有助于缓解这些影响。判断儿童是否有智力障碍需要从多方面进行综合评定，一般有观察、智力测验和医学检测。

智力测验是最为重要与客观的评估方式，是智力障碍儿童鉴别中的一项基本内容，也是在心理测量中最为成熟的一类测验。目前国际上比较通用和流行的有斯坦福-比内智力测验、韦克斯勒儿童智力测验、瑞文推理测验、考夫曼儿童成套评估测验等。智力测验要区分个别测验和团体测验，要区分不同年龄段适用的不同测验，要根据实际情况选取合适的智力测验。

此外，根据儿童智力障碍的定义，只测量智商是不够的，还应对儿童的适应行为进行测评。目前常用的适应行为量表有文兰适应行为量表、AAMR适应行为量表、适应行为调查等。

## 二、智力障碍儿童的家教策略

对于智力障碍儿童而言，父母的态度是最关键的干预因素。0～3岁是婴幼儿大脑发育的关键期，而3～6岁是儿童认知飞速发展的关键期，主要是来自家庭和幼儿园的影响。此外，学前期也是儿童塑造性最强的时期，如果父母、教师能够早发现、早干预，实施针对性的特殊教育与训练，能为儿童的认知、言语、社会性发展保驾护航。

### （一）早期干预越早越好

儿童早期是儿童神经发育和心理形成的重要阶段，早期干预的重要性不言而喻。研究表明，越早对智力障碍儿童进行干预，其效果往往越显著。家长需要尽早认识到儿童可能存在的智力障碍，并寻求专业的评估和诊断，从而为他们制订个性化的教育计划。此外，家长应积极参与儿童的教育和训练过程。这包括与专业的教育工作者合作，了解适合儿童的教育方法和策略，以及为儿童提供持续的刺激和支持。通过家庭与学校的密切合作，可以确保儿童在家中也能得到良好的教育和照顾。

### （二）进行感知觉和动作训练

儿童往往是通过动作探索来获得对周围世界的感知，而感觉是知觉的基础。对于智力障碍儿童来说，都或多或少存在感知障碍，进行感知觉训练可使智力障碍儿童存在的各种感知觉缺陷得到补偿。感知觉的训练主要包括视、听、触、味、嗅等方面。在日常生活中，父母可以通过带领儿童做一些粗大动作、精细动作来训练儿童的感知觉。粗大动作有抬头、坐、爬、站、走、跑等，精细动作有抓、捏、穿珠子等。家长还可以学习一些儿童体育游戏，在家里陪着儿童进行体育游戏活动，加强对儿童感知觉的刺激。

### （三）进行言语训练

智力障碍儿童除智力低下外，还常伴有语言障碍，表现为语言能力发育迟缓，理解能力和沟通能力较差。2～3岁是儿童口语发展的关键期，要抓住机会，对智力障碍儿童进行言语训练。例如，利用具体形象的实物，多与孩子交流，还可以多采取对话、提问、讲述等方法，鼓励其多发音多说话，刺激儿童言语的发展。语言不仅是思维的外壳，也是社会交往的工具，父母和儿童的沟通、对话也会让儿童习得简单的交往用语，帮助儿童进行简单的人际交往。

### （四）重视社会适应能力训练

智力障碍的儿童由于受到认知、言语发展的局限性，导致其在社会适应方面也存在一定的困难。一方面，他们想与其他同伴一起玩耍，但是自身的表达、理解能力和活动能力受限；另一方面，可能有的儿童会介意智力障碍儿童，表现出嘲笑、讽刺等，加深对智力障碍儿童的伤害。因此，需要家长创造一些机会和条件，尽量使其有与正常儿童共同玩耍的机会。在与正常儿童玩耍的过程中，通过模仿正确的行为举止，从而培养正常的情绪情感和个性品质。在此过程中家长要参与指导，让智力障碍儿童懂得与同伴共同分享玩具和食物，学会关心他人，懂得社会的基本生活准则，以提高社会适应能力。

### （五）进行生活自理能力训练

智力障碍儿童的生活自理能力较差，通常需要父母的照护或帮助。其实对于轻度智力障碍儿童而言，只要父母耐心引导，儿童可以自己完成基本的生活自理能力。然而，在实际生活中，父母总是会过度担心、疼爱儿童，替儿童包办他的活动，这样不利于儿童的发展。家长要摆正心态，耐心指导，可以把一个个生活技能分解成若干个动作，让儿童练习掌握。比如洗手，可分解为几个步骤：打开水龙头→先用清水洗手→按压洗手液到手心→两只手交叉搓洗→再用清水冲洗→用毛巾把手擦干。通过一个步骤一个步骤地练习，直至掌握洗手技能。还可以用同样的方法，让儿童掌握吃、喝、拉、撒、睡等基本能力。

# 第三节 孤独症儿童的家庭教育

案例导入

小乐是一个6岁的小男孩，被医生诊断为孤独症。他常常沉浸在自己的世界里，对于周围的事物和人表现出冷淡甚至回避的态度。小乐的沟通能力有限，很难用言语来表达自己的想法和需求，这也使得他与同龄伙伴的交流变得异常困难。在学校，他常常独自坐在角落里，不参与任何集体活动。但是，他对声音和光线比较敏感，常常因为一些微小的声响或光线变化而显得焦躁不安。此外，他还对一些特定的物体活动产生过度的兴趣和依赖，如反复开关电灯或旋转某个玩具。

思考：孤独症有什么样的表现？如何帮助孤独症儿童成长？

随着孤独症儿童数量的持续递增，人们对其关注度也不断提高。1943年，美国的儿童精神科医生坎纳首次提出了“自闭症”（现称“孤独症”）这一概念，他认为这是一种非常罕见的心理疾病，当时的发病率约为0.04%。在他的《自闭症性的情绪困扰》的观察报告中，记录了11个儿童的共同表现，包括对他人和周围的环境表现出明显的冷漠、不喜欢与人交往，对事物表现出刻板兴趣、自发性语言有限、动作能力正常或接近正常等。坎纳将这11名儿童命名为“自闭症儿童”。

近年来，孤独症的发病率持续上升，已经成为全球关注的重点问题之一。我国政府相关部门出台了一系列政策文件关注孤独症儿童的发展。如2014 年，国务院办公厅印发的《关于推进特殊学校孤独症教育和康复工作的意见》，鼓励特殊教育学校在目前我国各地现有的特殊教育学校中率先成立开展孤独症学生教育和儿童康复试点工作部门，并在其他具备条件的国家地区率先建立和规范开展教育试点。2022年8月国家卫健委印发了《0～6岁儿童孤独症筛查干预服务规范（试行）》，规范了儿童孤独症筛查、诊断和干预服务。

## 一、孤独症儿童的发现与鉴别

### （一）孤独症概念的含义

孤独症全称为孤独症谱系障碍，是一类发生于儿童早期的神经发育障碍性疾病，以社交沟通障碍、兴趣狭隘、行为重复刻板为主要特征，严重影响儿童社会功能和生活质量。我国儿童孤独症患病率约为7‰，通常起病于婴幼儿期，3岁前就能表现出一定的患病特点，且以男孩居多，严重危害儿童健康和家庭幸福。我国最早对自闭症（现称“孤独症”）进行研究是在1982年，儿童精神病学家陶国泰教授首次正式报告了4例患儿，此后引起了儿童精神病学相关领域人士的关注和研究。

### （二）孤独症儿童的特点

在20世纪70年代以前，关于孤独症的发病原因主要以“冰箱母亲”理论盛行，认为孤独症是由于父母亲在情感方面的冷漠和教养过分形式化而造成的。但在近现代，大量研究表明了孤独症并非单一病因造成的，而是综合性的。目前，心理学、医学、教育学、社会学等专业领域都在持续进行孤独症的相关研究，认为孤独症与遗传因素、大脑器质病变、神经生物学因素、孕产期危险因素等息息相关。尽管目前还没有关于孤独症发病原因的绝对答案，但是确定了孤独症往往在儿童3岁前就已经表现出明显的症状。一般而言，孤独症儿童往往具有以下特点。

1. 存在一定的认知障碍

孤独症儿童在认知发展上也有异于普通儿童。例如，有的孤独症儿童对感觉、痛觉表现迟钝，打针时不会觉得疼，摔倒磕破皮肤也不会有任何反应。孤独症儿童对声、光特别敏感，听到某种声音就捂耳朵，看到某种光线就捂眼睛等。有些儿童表现为对某些视觉图像的恐惧或偏爱；不喜欢被人拥抱和抚摸。有研究表示，70%左右的孤独症儿童智力落后，但这些儿童却在某些方面有特殊能力，如记忆数字、年份、弹钢琴、绘画等，约20%的孤独症儿童智力在正常范围，约10%智力超常。

对点案例

电影《雨人》原型——库克

吉姆·皮克是一名记忆力超群的孤独症患者，是电影《雨人》的原型。皮克在生活方面异常低能，但他却拥有超强的记忆能力，精通从文学到历史在内的15门学科，能一字不漏地背诵至少9000本书的内容。

皮克出生时，医生发现在他的头颅右侧有一个水泡，此后经过多项检查，发现他的左右脑半球体没有正常分开，而是形成了一个超大容量的大脑，正是由于这种罕见的大脑结构失常，使皮克具有某方面超乎常人的记忆能力。当皮克16个月大时，他的父母就像一般家长一样，开始读诵一些书给他听，而且边念边拉着皮克的手指顺着每一本书的内容滑过这些字里行间，没想到皮克竟能记下父母念的每一本书，并能立即将方才听到的内容说出来。

2. 表现出明显的语言障碍

大多数的孤独症儿童在语言发展方面存在明显的障碍，有的仅能说几个字或词汇；有的在表达时名词、代词使用混淆，不在乎句子是否表达正确；有的会说话但也不愿意开口表达、交流，宁愿用手势代替来表达自己的愿望和要求；还有的患病儿童会机械刻板地重复别人的语言等。

3. 兴趣范围狭窄，行为刻板单一

相比于普通儿童而言，孤独症儿童感兴趣的事情并不多，但当确定了某一个感兴趣的事情，他们会特别迷恋，常常专注于所喜欢的事情而不觉得累和枯燥。例如，喜欢看转动的物体、只喜欢听一首曲子等。此外，他们还会表现出一定的刻板行为或动作，比如家里物件的摆放必须一成不变、每次出行的路线必须一样等，如果稍有改变就会表现出明显的反抗、焦虑等。

4. 孤独不合群，存在社会交往障碍

孤独症儿童不易哭闹，常常远离人群，不喜欢群体，即使玩玩具等也喜欢自己玩，不会主动与其他人建立联系，就连与自己的父母、家人都没有亲近之情，不会主动寻求安慰及协助，更不会向父母索求拥抱、亲吻等亲密行为。面对亲人和生人时，其反应无显著的差别，不会认生也不怕生。此外，孤独症儿童也通常不会与人进行直接的对视，会躲避目光。

### （三）孤独症儿童的鉴定标准

目前，我国对于孤独症儿童的诊断主要是依据《中国精神疾病分类与诊断标准》第3版

（CCMD-3）、《国际疾病分类》第10版（ICD-10）等，二者对孤独症的诊断标准略有差异，在这里主要介绍CCMD-3诊断标准。

1．症状标准

在下列（1）（2）（3）项中，至少有7条，且第（1）项至少有2条，（2）（3）项至少各有1条：

（1）人际交往存在质的损害，至少符合2条：

①对集体游戏缺乏兴趣、孤独，不能对集体的欢乐产生共鸣。

②缺乏与他人交往的技巧，不能以适合其智龄的方式与同龄人建立伙伴关系，如仅以拉人、推人、搂抱等作为与同伴的交往方式。

③自娱自乐，与周围环境缺乏交往，缺乏相应的观察和应有的情感反应（包括对父母的存在与否也无相应的反应）。

④不会适当地运用眼对眼的注视，以及用面部表情、手势、姿势与他人交流。

⑤不会做扮演性游戏和模仿社会的游戏（如不会玩过家家）。

⑥当身体不适或不愉快时，不会寻求同情和安慰；对别人的身体不适或不愉快也不会表示关心和安慰。

（2）言语交流存在质的损害，主要为语言运用功能的损害，至少表现出下列中的1项：

①口语发育延迟或不会使用语言表达，也不会用手势、模仿等与他人沟通。

②语言理解能力明显受损，常听不懂指令，不会表达自己的需要和痛苦，很少提问，对别人的话也缺少反应。

③学习语言有困难，但常有无意义的模仿言语或反响式言语，应用代词混乱。

④经常重复使用或使用与环境无关的言词，或不时发出怪声。

⑤有言语能力的儿童，不能主动与人交谈、维持交谈及简单的应对。

⑥言语的声调、重音、速度、节奏等方面异常，如说话缺乏抑扬顿挫，言语刻板。

（3）兴趣狭窄，活动刻板，坚持环境和生活方式不变，至少具有下列中的1项：

①兴趣局限，常专注于某种或多种模式，如旋转的电扇、固定的乐曲、广告词、天气预报等。

②活动过度，来回踱步、奔跑、转圈等。

③拒绝改变刻板重复的动作或姿势，否则会出现明显的烦躁和不安。

④过分依恋某些气味、物品或玩具的一部分，如特殊气味、一张纸片、光滑的衣料、汽车玩具轮子等，并从中得到满足。

⑤强迫性地固执于执行特殊而无用的常规性或仪式性动作或活动。

2．严重程度

标准社会交往功能受损。

3．病程标准

通常起病于3岁以内。

4．排除标准

排除Asperger综合征、Heller综合征、Rett综合征、特定感受性语言障碍和儿童精神分裂症。

**【真题链接】**

（2021年下半年）下列哪一项不是孤独症的特征？（　　）

A．言语发展迟缓　B．仪式性行为　C．记忆力低下　D．极度退缩

正确答案：C

## 二、孤独症儿童的家教策略

### （一）正确面对、接纳孤独症儿童

首先，当儿童确诊为孤独症后，父母要摆正心态，认识到孤独症儿童不同于正常儿童身心发展的特殊性，加强自身情绪调试和自我心理建设能力。其次，正确认识、接纳孤独症儿童，尽管他们与普通儿童相比有一些发展上的差异，但是仍要耐心地照护、教育引导儿童成长，承担起参与孩子教育的责任和义务。最后，父母应化被动为主动，建立积极乐观的心态，学习相关的知识和技能，尽早针对孤独症儿童开展基本的感觉训练、生活技能、社会适应性能力的训练。

### （二）提升父母亲职教育素养

从亲子的角度而言，父母是孤独症儿童最亲近的人，也是最了解儿童特点和需求的人。孤独症儿童的生活、成长离不开父母和亲人的照料，尽管患病严重的孤独症儿童可能与父母之间缺少依恋关系，但每天生活在一起，儿童也熟悉了身边这个照料者的形象和味道。更何况，在家庭中，父母的一言一行都会影响到儿童心理的发展。因此，父母应该意识到自己在孤独症儿童养育过程中的重要作用，不断学习相关知识，提升自己的亲职教育能力，帮助孩子更好地成长。

### （三）增加孤独症儿童的语言交往和社会交往

孤独症儿童与人交往的愿望和兴趣很低，父母必须采取各种方法增加孤独症儿童的语言交往。例如，父母可以通过大量的语言刺激，提高孤独症儿童听的能力，还可以通过播放儿歌、故事动画片等方式，为儿童营造一个有声的语言模仿环境，丰富其语言信息量。父母还可以在家创设不同情境，训练儿童基本的社会生活技能，如打电话、买东西等。通过训练使他们掌握基本的社会生活技能，缓解其社会交往障碍。

【真题链接】

1.（2018年下半年）下面关于学前特殊儿童的解释正确的是（　　）。

A．是指学前有特殊教育需要的儿童

B．是指学前期不正常的儿童

C．是指0～6岁期间心理发展远离常态标准的儿童

D．是指学前期出现某种疾病症状的儿童

正确答案：A

2.（2021年下半年）下面关于特殊儿童的说法中符合新儿童发展观的是（　　）。

A．特殊儿童是身心“不正常”儿童

B．特殊儿童是身心“异常”儿童

C．特殊儿童是身体不健康儿童

D．每一个儿童都可能出现发展性特殊需要

正确答案：D

3.（2021年下半年）能够激励和促进特殊儿童潜能发展的最好环境被称为（　　）。

A．发展性不利环境　　B．赔偿性发展环境

C．回归主流环境　　D．支持性教育环境

正确答案：D

## 章节测验

### 一、思考与练习

1. 简述智力超常儿童的特点。针对智力超常儿童，可以采取的家庭教育策略有哪些？
2. 简述智力障碍儿童的诊断依据及智力障碍等级与症状表现。
3. 简述孤独症儿童的表现特点及诊断依据。
4. 简述患有孤独症儿童的家庭应该如何开展家庭教育。

### 二、材料分析题

涵涵4岁半，就读于家附近的一家幼儿园的中班。班里的老师观察到涵涵经常独自玩耍，其他小朋友邀请他一起玩，他也不说话，平时也不愿意参与集体活动。老师问他问题，他也不回答，仿佛没听见一样。有时他会突然冷不丁地说一句话，大家都无法理解。此外，涵涵喜欢按照固定的顺序摆放物品，对环境的改变非常敏感，一旦环境发生变化就会表现出不安或焦虑。

请结合案例分析以下问题：

1. 分析涵涵可能属于什么心理问题。
2. 针对涵涵的情况，提出具体的教育策略和建议。

第七章

# 学前教育机构家庭教育指导

## 学习目标

1. 理解学前教育机构家庭教育指导的意义。
2. 了解学前教育机构家庭教育指导的原则。
3. 掌握学前教育机构家庭教育指导的内容和途径。

## 知识导图

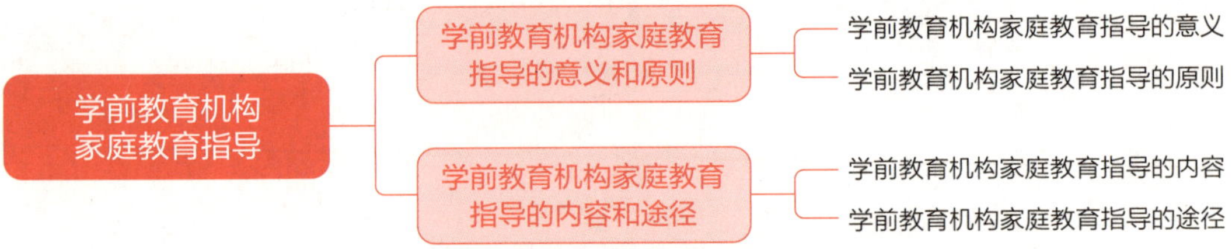


# 第一节　学前教育机构家庭教育指导的意义和原则

**案例导入**

幼儿园大班的丽丽跟着妈妈在站台上等公交车。当公交车停下来的时候，妈妈使劲推着在人流中的丽丽向前挤，并且说道："快点上车，否则占不上座位了。"丽丽非常配合地挤上公交车，并且大声地提醒妈妈："妈妈，给我卡，我要刷卡。"妈妈边刷卡边说："你还小，我来吧，等你长大了再自己刷卡。"丽丽噘着小嘴向空座位跑过去，和妈妈并排着坐了下来。这时候，有一个抱着孩子的妈妈走了过来，妈妈把丽丽抱起来，说："把座位让给这个阿姨吧，你坐在妈妈腿上。"丽丽有点儿不高兴地说："这是我占的座位，为什么要让给别人呢。"妈妈在丽丽耳边小声说了几句，丽丽看了看抱着孩子的阿姨说："阿姨，你来我的座位上坐吧。"抱着孩子的妈妈对丽丽说："谢谢你，好孩子。"丽丽脸上露出灿烂的笑容。

思考：丽丽的成长发展出现哪些特点？妈妈的教养方式如何？家庭教育指导对孩子的成长有什么意义？

随着教育理念的更新和社会的进步，学前教育越来越受到社会的关注。家庭是孩子成长的第一课堂，家长的教育方法和态度对孩子的成长具有深远的影响。因此，通过学前教育机构的专业指导，帮助家长更好地履行家庭教育职责，对促进孩子全面健康发展具有重大意义。



## 一、学前教育机构家庭教育指导的意义

学前教育机构要想把家庭教育指导做好，一个必要的前提是能够认识到学前教育机构家庭教育指导的意义。学前教育机构家庭教育指导，从总体来说是为了家庭教育指导人员更好地了解各个年龄阶段的孩子，并且掌握家庭教育的指导策略，主动地、灵活地、有创造性地、有效地开展指导活动，通过加强亲子关系沟通、提供儿童身心保健等方面的服务，帮助家长掌握和提升家庭教育的能力，营造有利于儿童青少年健康成长的家庭氛围。

### （一）协调多方面力量实现幼儿全面发展



幼儿教育是一个复杂的过程，幼儿的成长发展受到周围环境的影响。这个环境除了幼儿园、

家庭，还包括更广泛范围内的社区和其所在的自然环境。在幼儿教育这个整体中，社会、家庭和幼儿园三者缺一不可。家庭、幼儿园、社区三方合作教育，既有现代化教育研究的理论支持，同时又有国家的教育政策、法规的规定和支持，是教育现代化的必然趋势。

因此，以家庭教育为基础，学校教育为主体，社会教育为依托，积极构建全面、健康和谐的三位一体的教育网络①，发挥教育合力，有计划、有步骤、分层次地开展各种教育活动，对全面促进孩子身心健康的发展有着重要的意义和价值。幼儿园开展家庭教育指导，能对这些因素进行有效的调节、整合和提高，实现家园同步同态，形成教育合力，给幼儿创造一个舒适、健康的成长环境，有利于幼儿身心健康成长。陈鹤琴先生曾提出：儿童教育是一件很复杂的事情，不是家庭一方面可以单独胜任的，也不是幼稚园一方面可以单独胜任的，必定要两方面都发挥充分的功效。

### （二）提高家长的教育素质，进而提高国民整体素质

家庭环境和家长的道德文化素质直接影响孩子的成长，家庭教育对培养下一代、促进家庭幸福和睦、提高全民族素质具有重要的意义。家庭教育指导工作使家庭教育和科学育儿知识得以宣传和普及，使广大家长的整体素质和教育子女的能力得到全面提高，促进家长和孩子共同成长；在家庭教育指导过程中，幼儿园通过家长学校、家长论坛、开展讲座等形式帮助家长树立正确的儿童观和教育观，使家长意识到言传身教的重要性和自己身上肩负的教育责任，进而努力提高自己的思想水平和改进行为习惯，提高其整体素质。

实践证明，成功的家庭教育有利于培养下一代、促进家庭幸福和睦、提高全民族素质。

### （三）推进现代家庭教育理论体系建设

家庭教育指导不仅需要掌握与学前教育学相关的最新理论和理念，包括儿童心理智力开发、非智力开发、家长的教育角色、家庭教育方法、胎教与优生、情商与心理健康教育等，而且还需要丰富的实践经验的积累。这一系列的理论和实践经验的积累和总结作为学前教育理论体系不可分割的一部分，必将对充实整个学前教育学学科体系有极大的作用，能够推进现代家庭教育理论体系建设，提高家庭教育指导者和管理者的理论水平服务意识、指导和研究能力，使家庭教育指导工作水平和家庭教育质量都有新的提高。

**【真题链接】**

（2008年下半年）在学前儿童家庭教育指导过程中，指导者与家长是一种（　　）关系。

A. 主客体　　B. 师生　　C. 供求　　D. 平等

正确答案：D

## 二、学前教育机构家庭教育指导的原则

### （一）相互尊重原则

幼儿教师作为儿童家庭教育的指导者，一般来说，经过专业训练，掌握精深的专业知识和广博的科学文化知识，能够从家庭的实际情况出发，运用所学的最新教育理论对家长进行指导。但

① 王春燕，刑少颖，刘云红. 家庭与幼儿教育一致性的调查研究［J］. 学前教育研究，1998（5）.

是指导者不能以权威者自居，以一种高高在上的态度对待家长，特别是有的家长文化水平不高，甚至只有小学或者初中文化水平，如果带着这样的态度对家长进行指导，盲目指出家长的错误和不足之处，或者认为幼儿园教师作为专业人员所提出的解决问题的方法肯定是对的，就不能充分了解幼儿在家庭里的行为和表现，不能达到指导的目的，甚至会让家长产生反感和抵触心理。

只有互相了解、互相尊重，平等合作才能共同教育好孩子，服务于家长。在家长指导活动中，要把家长看成朋友，真诚合作，交流意见，认真倾听家长对幼儿的行为的看法。教师和家长做到以心换心，以心感心，不仅使家长乐于接受教师提出的意见和建议，配合幼儿园的工作，还可以调动家长的积极性，为家庭教育指导活动出谋划策，吸引更多的家长加入家庭教育指导活动。指导者应确立为家长服务的观念，了解不同类型家庭的家长需求，尊重家长愿望，调动家长参与的积极性，重视发挥父母双方在指导过程中的主体作用，指导家长确立责任意识，不断学习、掌握有关家庭教育的知识，提高自身修养，为子女树立榜样，为孩子健康成长提供必要条件。

### （二）个别差异性原则

指导家庭教育工作要注重个别差异性，因材施教。家长是千差万别的，每个家长的性格、文化程度、经济收入、社会地位都是不同的。父母、祖辈等不同家庭成员在教育上也存在着观念、方法的差异，因此在家庭教育指导的内容和方式方法上，应该充分考虑家庭与家长的不同特点，根据他们的需要提供不同的教育策略。

家庭教育指导要从家庭教育的具体问题出发，进行分类指导，例如，把过度溺爱孩子的家长归为一类，把单亲家庭归为一类，把祖母祖父隔代抚养的家庭归为一类，进行有针对性的指导。

### （三）理论联系实际原则

在家庭教育指导中应该始终贯彻理论联系实际原则，在引导家长进行家庭教育时，必须紧密结合儿童发展的科学理论与每个家庭的具体生活实际，确保教育策略既根植于深厚的理论基础，又能灵活适应孩子的个性特点和家庭环境，实现教育理论与教育实践的无缝对接，促进学前儿童的全面发展。教师在进行家庭教育指导时应注意下面两种情况。

#### 1. 切忌空谈理论

空谈理论会让家长认为学习的内容是空洞的，在实际家庭教育中无法应用。家庭教育理论知识和幼儿身心发展规律反映了家庭教育和儿童身心发展最普遍的规律，对家庭教育实践具有广泛的适应性和指导作用，但不能把理论看作是亘古不变的真理，认为理论适用于所有的情况。家庭教育指导内容应该来源于家庭教育的实际，以家庭教育实际存在的问题为突破口，利用理论知识进行分析、思考，去伪存真，去粗取精。

#### 2. 盲目相信自己的实践经验

有些幼儿园教师认为自己教了那么多孩子，有了一定的实践经验，就排斥学习理论知识，进而缺乏科学的育儿理念和信仰。理念是左右人的态度、行为的一种无形而强大的观念力量。正如贺麟先生所说：“观念在人的精神生活上所占的地位，就好像光在人的实际生活和行为上所占的地位一样。没有光，整个世界黑暗了。没有观念，整个人盲目了。”因此，在家庭教育实践中不能简单地功利化、形式化，而不靠理论指导，过分盲目相信自己的实践经验。

### （四）“多向互动”原则

在家庭教育指导过程中，教师和家长必须始终以儿童为中心进行指导，发挥儿童的主体作用。家庭教育指导应尊重儿童身心发展规律，尊重儿童合理需要与个性，创设适合儿童成长的必要条件和生活情景，保护儿童的合法权益，特别关注女孩的合法权益，促进儿童自然发展、全面发展、充分发展。在尊重儿童主体性的同时，家庭教育指导应建立指导者与家长、儿童，家长与家长，家庭之间，家校之间的互动，努力形成相互学习、相互尊重、相互促进的环境与条件。

**【真题链接】**

（2022年上半年）在家庭教育指导的整个过程中，随着指导工作的推进，使参与其中的组织管理者、指导者、家长和学前儿童四类对象都得到发展并一起成长，这是家庭教育指导的（　　）。

A．共同成长原则　　　　B．分类指导原则

C．因地制宜原则　　　　D．整体性原则

正确答案：A

## 第二节　学前教育机构家庭教育指导的内容和途径

**案例导入**

对于即将升入小学的幼儿，重要的是养成良好的学习习惯，但很多家长却过于重视知识和技能。“老师，今天你们学习了7的分解吧？我朋友的孩子都学到13的分解了，我家孩子是不是太笨了？上小学跟不上怎么办？今天教她认识钟表，教了很多次，她都不认识，我还拍了一个视频，您看看她的表现怎么会这样呢？”视频中，孩子趴在桌子上使劲地哭泣。联想到平时，这个小女孩在班里一遇到小的困难就退缩：“老师，这个太难了，我不想参加。”老师终于明白，生活在这样焦虑和否定的环境中，孩子能自信起来吗？

思考：该家长的教育方式存在什么问题？如果你是这名幼儿的老师，你打算从哪些方面对其家长进行家庭教育指导？

### 一、学前教育机构家庭教育指导的内容

上海市精神文明建设委员会、上海市教育委员会和上海市妇女联合会共同推出的《上海市0～18岁家庭教育指导内容大纲（试行）》提出了家庭教育指导工作任务，即以人的发展为本，遵循孩子身心发展的规律和家庭教育指导工作规律，满足家长自身的需求和社会发展的要求，帮助家长更新教子观念，树立正确的育人观，明确为国教子的责任和义务；传授家庭教育的基本知识，指导家长掌握科学育儿的方法，交流和推广家庭教育的成功经验，提高家长教养孩子的能力，促进家长和孩子共同成长；优化家庭教育环境，增强家庭、学校、社会共同参与素质教育的意识与合力。家庭教育旨在促进孩子身心健康发展，促使孩子成人、成才和成功。家庭教育指导要在明确各年龄段孩子身心发展特点的基础上，形成各阶段有机衔接、螺旋上升和全面系统的指导内容体系。具体内容一般包括以下几个方面。

## （一）帮助家长更新教育观念的知识和活动

帮助家长树立正确的儿童观、人才观是家庭教育指导工作的基础内容之一。家长的儿童观是指家长对儿童的看法、观念、态度，其内容自然也涉及对儿童的权利与地位等问题的看法。儿童早期唯一的社会联系就是与父母的关系，父母如何看待自己与子女的关系是其进行家庭教育的根本所在，决定其家庭教育的动机，影响其教养态度和教育方式。

在我国封建社会时期，家长把孩子当作家庭的附属品，孩子没有权利，只能依赖于父母，父母打孩子仿佛是天经地义的事情，在现代社会依然存在具有这种观念的家长。这样的观点严重影响儿童的身心发展。家庭教育指导内容中应该帮助家长树立正确的儿童观，让家长明白儿童的主体地位。家长的人才观是指家长对子女成才的价值取向，即家长对什么是人才以及期望子女成为什么样的人的认识和期望。家长的人才观会影响他们对子女的期望，并进而影响家庭教育的目标定位、内容选择、投入重点及教育方式，培养家长形成正确的家庭教育方式必然是家庭教育指导内容之一。

## （二）帮助家长了解幼儿认知发展规律

学前教育机构家庭教育指导的对象是3～6岁幼儿的家长，帮助家长了解3～6岁幼儿的认知发展特点是其重要内容和指导工作的前提。很多家长误以为孩子识字多、记忆力好就是聪明的表现，花费大量的时间运用机械记忆的方法让孩子学习文化知识。因此，只有家长充分了解幼儿年龄特点，才能采取有针对的措施对儿童进行更高层次的智力开发和创造性培养。3～6岁幼儿的认知处于快速发展时期，具体表现在：幼儿的大脑、神经、动作技能等方面取得长足的进步；儿童直觉行动思维相当熟练，并逐渐掌握具体形象思维；儿童开始表现出一定兴趣、爱好、脾气等个性倾向以及与同伴一起玩耍的倾向。家长要认识幼儿认知发展的规律并意识到游戏是促进幼儿智力发展的最佳方式，所以要充分利用家庭中丰富的智力教育资源。教师应该引导家长对幼儿的智力开发从其兴趣和可接受性出发，让幼儿乐于接受，让幼儿在玩中学，在游戏中发现，在操作中探索，注重幼儿情感态度、方法、习惯等多方面的和谐发展；引导家长做有心人，善于发现幼儿的兴趣和特长，采取针对性教育，发掘他们的优势潜能，多带幼儿参加各种活动，激发兴趣，扩大视野，积累经验，增长才干。

由于3～6岁幼儿的年龄特点之一就是对世界充满着好奇，有强烈的求知欲。教师应该保护并满足幼儿的好奇心和求知欲。幼儿常常会提出许多让成人认为是很幼稚的问题，并刨根问底，例如“为什么星星长在天上”“为什么小鸟会飞，我不会飞”等。

有些家长对孩子的问题感到特别无奈，常常忽视孩子的提问，对孩子的问题置之不理，甚至对孩子的提问感到厌烦，这会导致孩子不敢或不愿再提问。还有些家长对孩子因好奇而破坏家中的玩具或物件行为给以训斥打骂。教师应该指导家长如何正确对待幼儿的提问。例如，当孩子提出的问题家长也不知道答案，应如实告诉孩子，并与孩子一起寻找答案；家长应理性对待孩子因好奇而导致的破坏性行为，并为孩子提供科学探索的机会。

## （三）帮助家长了解幼儿卫生保健知识

幼儿期是幼儿一生中生长发育的关键阶段。幼儿所需营养成分与标准和成人相比也有较大不同。幼儿的食物喜好、饮食行为、饮食经验等，与家长的素质、观念、行为有着特别密切的关系。因此家长对幼儿营养知识的了解会在一定程度上影响幼儿的生长发育。教师应该使家长认识到不能过分溺爱孩子，不能在饮食上毫无节制，孩子喜欢吃什么就吃什么；更应该让家长意识到有些食品，例如碳酸饮料、炸鸡腿和方便面对孩子身体发育的影响，鼓励家长让孩子多吃营养均衡的健康食品。家长只有掌握了幼儿卫生保健方面的知识，才能针对每个幼儿的特点，制订科学合理而又能被幼儿所接受的膳食方案。

另外，教师应该指导家长掌握诸如食物中毒、烫伤、溺水等突发事件的急救措施，以便在紧急时刻保障孩子的安全。同时鼓励家长结合实际生活的例子，随时对幼儿开展有针对性的安全教育，培养孩子分辨是非、善恶的能力，进而增强孩子的自我保护意识，并让幼儿了解一定的安全常识，掌握保护自我安全的方法。

最后一项重要工作是指导家长开展家庭体育活动，以促进幼儿体质发展。生动活泼、形式多样、方便易行的家庭体育活动，是增强幼儿体质十分有效的手段。家长应确保幼儿每天有1～2小时的体育活动时间，让幼儿多在阳光下玩耍、多呼吸新鲜空气；节假日带幼儿外出活动，在自然环境中锻炼幼儿的体质；可利用民间的传统游戏因地制宜地开展体育游戏活动，全家一起参与。

### （四）培养幼儿的意志力和自理能力

意志力和抗挫能力是一个人生存竞争和适应社会的必备条件。当孩子遇到挫折时，指导家长要以肯定、鼓励的方式引导孩子，并给予其必要的帮助。家长应给孩子树立面对挫折时的良好榜样并积极暗示孩子，让孩子在各种实践活动中体验生活、经历挫折；为孩子创设一定的情境，给孩子提供更多的锻炼机会。面对社会的激烈竞争，孩子更需要接受挫折教育、逆境教育、独立教育。

幼儿的自理能力是可以通过在家庭生活中自我服务、适当参加家务劳动和公益性劳动来培养的。自理能力差的儿童将直接影响其今后的生活、工作和才能的发挥。幼儿自理能力的培养和劳动习惯的初步形成，完全取决于家长的做法和要求。家长要放手让幼儿去做力所能及的事情，即使初期出现一些反复，但还要坚持下去；要根据孩子的具体情况提出具体的要求和做法。在日常生活中，采取奖励、游戏等方法，鼓励孩子去尝试和完成。

### （五）培养幼儿的社会交往能力

幼儿社会交往和行为规范的培养需要家长给予较大的关注。自古以来我国家庭教育就非常重视对子女的礼仪教育，孔子说“不学礼，无以立”，可见礼是人立于世必不可少的条件；荀子说“人无礼则不生，事无礼则不成，国无礼则不宁”，更进一步表明礼不仅仅关乎个人自身修养的成败，也关乎整个社会秩序的稳定。因此，作为家长，应该懂得如何培养孩子社交礼仪方面的知识。

培养幼儿的社会交往能力是帮助入园儿童消除其焦虑、担忧、孤单等负面情绪的重要途径，也是儿童身心全面发展的必然要求。家庭教育指导者要指导家长培养幼儿热情友好、文明谦让等好品质、好习惯，帮助幼儿打好交往的基础；指导家长平时注意培养幼儿多方面的兴趣、爱好和特长，增强幼儿人际交往的自信心；指导家长鼓励孩子多到社区和儿童游乐场所活动，积极为幼儿创造与同伴交往的机会；指导家长留意幼儿在生活中的交往行为、交往水平，适时适当地对其交往技能技巧、态度、行为进行指点和帮助。

教师应指导家长关注儿童日常交往行为，对儿童的交往态度、行为和技巧及时提供帮助和辅导；开展角色扮演游戏，帮助儿童在家中练习社交技巧，培养儿童乐于与人交往的习惯和品质。

### （六）帮助幼儿减少入园焦虑

大多数新入园幼儿初次离开熟悉的家庭环境，离开母亲，会产生不安全感，表现出焦虑、害怕、厌恶，甚至反抗等情绪反应。往往入园初期孩子的家长也有一定的焦虑情绪，和孩子分离也会产生不适感，在这个时候，幼儿园教师的介入就更加重要。幼儿园教师应该指导家长平稳度过这段时期，并指导家长随时关注幼儿在家中的情绪、胃口、睡眠等情况，当幼儿出现较为强烈的情绪反应时，不要采用打骂、恐吓等方法，需通过不断的情感交流来稳定幼儿的情绪。

### （七）帮助幼儿做好幼小衔接

如何让幼儿更好地适应小学生活，做好幼小衔接是家长面临的重要问题之一。很多家长不愿意让孩子输在起跑线上，在幼儿教育阶段就让孩子学习大量的小学一年级的内容，给幼儿造成了严重的负担。进入小学对幼儿是一项挑战，需要做好生理、心理、学习、社会性适应等多方面的辅导，而不仅仅是单纯学习小学知识。做好幼儿的入学准备并不等于提前“小学化”。所以幼儿能否适应这一挑战，很大程度上取决于家长的认识和做法，以及家庭与幼儿园是否能配合一致。引导家长在幼儿入学前有意识地带孩子到小学参观了解，较早和小学老师接触；经常和幼儿亲切交谈，介绍入学读书的快乐、要求和应该注意的事项；有意识地要求幼儿改变一些生活方式，延长专注于完成某一项活动的时间；在家庭中注意培养幼儿一些良好的学习习惯；提供必要的学习用品等。

### （八）帮助家长选择关于幼儿教育的热点知识

现代社会发展日新月异，新生事物层出不穷，在社会上流行的关于儿童教育方面的理论也五花八门，各种传播媒体和网络中心也都在宣传自己的育儿理念。这个时候，家长不能被表面的一些宣传所迷惑，要有一定的鉴别能力。教师可以给家长提供专业引领服务，找到适合自己孩子的教育方式和方法，是家庭教育指导工作的内容之一。

### （九）帮助家长学习关于儿童保护和教育法律法规的知识

家长作为幼儿的法定监护人，学习关于儿童的权利和义务方面的法律法规知识很有必要，例如学习《儿童权利公约》《中华人民共和国未成年人保护法》《3～6岁儿童学习与发展指南》等。

首先，可以让家长更好地履行自己的责任和义务。受到我国封建传统观念的影响，很多家长把孩子当作是家庭的附属品和父母的私有财产，认为自己对幼儿有绝对的支配权，因此很多家长无视儿童法律上的权利，根据自己的喜恶随意打骂儿童，严重侵犯了儿童的权益，学习相关法律知识可以很好地预防这种情况发生。其次，可以在儿童权益受到幼儿园和社会损害的时候，使用法律武器维护自身权益。《中华人民共和国未成年人保护法》规定，学校、幼儿园、托儿所的教职员工应当尊重未成年人的人格尊严，不得对未成年人实施体罚、变相体罚或者其他侮辱人格尊严的行为。学校、幼儿园、托儿所教职员工对未成年人实施体罚、变相体罚或者其他侮辱人格行为的，由其所在单位或者上级机关责令改正；情节严重的，依法给予处分。《中华人民共和国侵权责任法》规定，无民事行为能力人在幼儿园、学校或者其他教育机构学习、生活期间受到人身损害的，幼儿园等教育机构应当承担责任。

**【真题链接】**

1.（2022年下半年）学前儿童家庭教育指导的任务不包括（　　）。

A．指导家长优化家庭教育环境　　B．指导家长提高教育水平

C．指导家长与社区合作教育　　D．向家长进行法制教育

正确答案：C

2.（2022年上半年）下列属于家庭教育指导内容要求的是（　　）。

A．时代性　　B．连续性　　C．差异性　　D．全面性

正确答案：A

## 二、学前教育机构家庭教育指导的途径

家庭教育指导是通过多种形式的家庭教育知识普及活动、主题教育、实验活动等搭建平台，为家长创造学习、参与、分享的条件和氛围，动员家长参与其中，组织他们共同探讨相关问题，展示、点评家庭教育的得与失，促进家长思考问题、践行研究成果，在自我教育和实践过程中，达到科学教育理念的升华，更有效地找到适合自身的家庭教育方法。

### （一）举办家庭教育讲座

幼儿园应定期聘请学前教育专业人员，包括儿童保健专家、教育专家和儿童心理学家，也可以由园长和幼儿园教师不定期与家长进行交流，举办各种类型的讲座。主要讲解与儿童教育有关的知识内容，以扩充家长的育儿知识、转变家长教育观念①。一场好的讲座和报告会是主讲人知识和智慧的集中绽放。主讲人在现场通过自己的人格魅力，与家长互动所传递的正能量是其他方式不可替代的，会极大地调动家长的热情和求知欲。

其实施注意事项包括以下几点：

（1）确定时间、地点和对象。在讲座开始前，确定时间、地点并必须保证大部分家长能准时参加和比较方便地到达讲座地点。尽量选在周末或者家长不忙的时间，并保证地点的环境良好，有足够的空间容纳家长。

（2）发通知或者邀请函。时间和地点确定后，学前教育机构要向家长公布详细的计划，这样便于家长有所准备，找到自己家庭教育中的问题和主讲人或者其他家长讨论。

（3）讲座中精心准备，讲座内容和方式要体现家长的需求。

（4）讲座后通过各种途径，例如派发讲座效果调查表、家长需求调查表或者进行个别和群体访谈，获取讲座反馈信息，做出效果评价，以不断提高讲座质量。

### （二）开设家长园地

家长园地是幼儿园家庭教育指导的重要形式。家长园地主要是指幼儿园通过设置宣传栏、展示台等，展示对家长有益的科学教养知识。将教学主题内容如幼儿的作息时间表、食谱、集体活动照片等及时告知家长，让家长能在最快的时间里了解孩子的情况，以便配合幼儿园教育工作，达到家庭教育指导的作用。有学者曾对上海市②17所不同级别、不同类型的幼儿园进行研究，结果表明，“家长园地”名称新颖，富于创新，内容较丰富，语言亲切，能考虑到不同家长的需求，设计布局注重精美性，颜色鲜艳，外观新颖等。

其实施注意事项包括以下几点：

（1）利用好幼儿园的墙壁。幼儿园教室门口的墙壁或者园所里面的墙壁都是开展家长园地常用的地方，因为家长每天接送孩子都会经过这些地方，很容易引起家长的注意。教师可根据本班幼儿和家长的具体情况，也可以根据幼儿园相关的一些活动，将园地分成若干小栏目，如“智慧

① 丁连信．学前儿童家庭教育［M］．2版．北京：科学出版社，2013：142-143.

② 王岫．幼儿园“家长园地”的研究［D］．上海：华东师范大学，2007.

星活动”“家长育儿指导”“幼儿园一日常规”“请您配合”“请您留言”等。

（2）体现家长的意愿。家长园地的栏目应该体现家长的意愿，鼓励家长积极参与，可以邀请家长参与家长园地栏目内容的设计。因为栏目内容需经常更换，尤其是介绍本班活动内容的栏目最好是每周更换，其他内容的更换时间最长不超过一个月。这对教师的能力和时间要求比较高，而且有时家长对栏目内容也不满意，便会忽略栏目中的内容。如果家长参与栏目设计，就会极大地调动家长关注家长园地的积极性，并在一定程度上减轻教师的负担。同时，在版面的装饰上，切忌过满、过杂，各栏目要相对独立，让家长阅读时一目了然。

### （三）组织家长俱乐部和沙龙

家长沙龙是为解决某个学前教育问题而进行的共同商议和探讨活动，以获取解决问题的方法，其优点在于能发挥家长的主动性、积极性，群策群力。随着社会的发展，互联网成为家庭的必需。家庭教育指导形式也呈现出线上线下的多样化。

近年来，广大家长对家庭教育表现出极大的热情，并自愿组织家长沙龙和俱乐部来共同协商解决教育问题。家庭沙龙主要包括两种形式：一种是虚拟的形式，例如利用网络建立各种各样的家长群、网上论坛等；另一种是实体的形式，即人员聚集一堂，讨论问题。大多数家长俱乐部、家长沙龙是以民间、自治、自愿、公益等为主要特性。家庭教育指导应善于调动家长自身积极性，倡导和鼓励相同问题孩子的家长、相同个人特质的家长组建小组、结对子，自己组织、互帮互助，在探寻中自行解决家庭教育中的问题；同时对他们的活动加以引导、提供方便。这同样能够达到指导家庭教育的目的。

### （四）开展家长开放日活动

家长开放日是指教师在特定的日子里向家长开放班内外的各种教育教学活动。这种形式生动直观，可以使家长亲身参与，耳闻目睹发生在幼儿身上的各种事情，从而能更加深入地了解自己的孩子，全面地认识教师的工作，科学地掌握幼儿教育的规律。同时，通过家长开放日，密切家园关系。家长开放日结束后，教师可以进行自我反思，促进自己的专业成长。

家长开放日实施过程中应注意以下几点：

（1）提高家长对活动价值的认识。提升参与意识是促使家长积极参与活动的内在动力，但是很多家长尤其是部分男性家长对家长开放日活动的兴趣不高，仅仅把家长开放日当作是单纯的玩乐活动和参观活动，不了解这一活动对于自己和孩子的价值。因此，幼儿园教师应该让家长意识到家长开放日活动的重要性，并让其积极参与到活动中来。

（2）确立家长的主体地位。①在活动开始前，家长作为计划的制订者、协商者、倡导者、筹备者，应充分发挥自身的主体性。家长的主体地位表现在家长和教师一起确定活动目标，选定参观主题，选择内容、制订计划，布置环境、准备材料等。②在活动过程中，家长要成为活动的组织者、实施者、参与者和学习者，帮助教师组织好开放日活动，在活动中积极与教师、幼儿互动交流，收获经验，提升自身的育儿能力。③在活动结束后，家长还应成为活动的评价者、反思者。其反思主要涉及以下几个问题：幼儿是否在开放日活动中获得了发展？家长自身是否与教师和幼儿进行了有效互动，收获了育儿经验？教师是否成为家长与幼儿之间联系的桥梁，帮助家长解决疑惑并给予适当的指导？

（3）在时间和地点上充分考虑家长的意愿和实际情况。家长开放活动应该尽可能照顾绝大多数家长的时间，让大多数家长有机会参与。平时家长都有自己的工作要做，生活和工作的压力较大，如果幼儿园不考虑家长的实际情况，那么活动效果肯定大打折扣。在活动地点设计上，幼儿园应该充分利用园外场地和资源，如附近的公园、农场等。在一个环境优美、开放的地方参加活动会让家长感到放松，尽情享受亲子时光带来的快乐。家长开放日活动能够更加高效、顺利地进行也需要幼儿园把家长开放日活动与幼儿园的教研活动有机联系，以开放日活动促教研，以教研成果指导开放日活动，促进家长和园方的共同进步。

（4）教师在设计活动主题之前，应该考虑家长的接受能力和幼儿的发展水平，如果有必要，教师可以适时地选择几名不同层次幼儿的家长进行电话交流或家访，确定活动主题设计。同时，设计的活动应该是丰富多彩的，带有趣味性的。

另外，需要注意家访应该避开吃饭时间，以免引起误会。在家访中教师要有礼貌，以诚相待，避免“告状式”家访。在交谈中，教师诚恳的态度、亲切的话语能使整个家访的过程充满友好的气氛，拉近彼此的距离，使家长对教师更加理解、尊重和信任，有些平时在幼儿园不便谈论的话题，在家访过程中可以尽情交流，以便达到家园一致。家访后，教师要认真总结，找出幼儿在家庭中存在的共性和个性的问题，以此设计主题活动。

## 【真题链接】

（2022年下半年）家庭教育指导形式的要求不包括（　　）。

A．多样性　　B．发挥家长的主体作用

C．封闭性　　D．开放式

正确答案：C

## 拓展阅读

### 家庭教育指导中增加父亲的参与度

由于社会学习理论强调榜样在个体社会化过程中的作用，所以父亲了解其在家庭教育中的地位有着十分重要的意义。孩子是父母的影子，家庭中的父母是孩子社会化过程中的第一源泉，孩子最早是在家庭中通过对双亲行为的模仿而进行学习的，并进而通过模仿其他人的行为，形成自己独特的行为。作为被模仿者之一，父亲是男孩子天然的模仿对象，而对于女孩子来说，父亲既是榜样，又是女儿将来对男人的认识参照，其认识很大程度上是以父亲的形象为基准的，一个父亲是否具备合格的男人形象，对女儿将来与异性交往能力的影响是很大的。同样，对于男孩子来说，其男子汉气质的形成，与早期同父亲接触过程中的模仿、学习是分不开的。而且父亲在孩子成长过程中的这一作用，是母亲无法替代的，因为母亲无法为儿子提供完全的模仿榜样，更无法给女儿提供参照。

幼儿心理学家格塞尔认为：“失去父爱是人类感情发展的一种缺陷和不平衡。”在孩子成长的过程中，家庭教育也会相伴一生，父亲的性别特征对于孩子来说是一笔巨大的财富，父亲的地位与作用是母亲所无法替代的。

一、在孩子成长的不同阶段，父亲的地位与作用是不同的

在婴儿时期，父亲可以加速孩子与母亲的分离。刚出生的婴儿需要依靠母亲的哺育才能生存下去，此时母子之间虽然生理上已经分离，但是心理上却没有完全分开。因此作为父亲来说，应该多抱抱孩子，与之建立感情，及早形成家庭三方的关系。

在童年时期，父亲是孩子规则的代表，是其仿效的对象。同时，这个时期儿童还有

一项十分重要的发展任务，就是形成性格特征。此时的儿童将会以父亲为榜样，从中学习各种父亲所应承担的各种社会角色。因此，父亲应该以身作则，为子女树立一个良好的榜样。

在青春期，父亲则是子女超越的标杆。青春期少年渴望独立，因此他们会以自己的父亲为竞争对手，试图在各个方面超越他们。此时的父亲应该有一个良好的心态，让孩子在与自己“竞争”的过程之中体验到成就感。

在孩子成长的不同阶段，父亲都在其中有着特殊的地位并起着十分重要的作用，而且这些地位与作用是不可替代的。

二、父亲参与子女成长，会对其身心发展产生积极正向的影响

父亲能帮助子女形成良好的个性品质。一般来说，男性通常是阳刚、勇敢、坚强的代表，在参与教育子女的过程中，一方面父亲所代表的这些特征会对孩子产生潜移默化的作用；另一方面孩子通过对父亲的模仿，也能学到这些特征，从而形成良好的个性品质。

父亲的参与有利于儿童情感的满足。父亲是儿童重要的游戏玩伴，在玩的游戏类型中，父亲与母亲参与的游戏类型也是不同的。母亲通常陪孩子玩动作小、技巧性的游戏；而父亲则陪孩子玩动作较大、冒险性的游戏。这些不同类型的游戏，可以帮助孩子体验不同的角色，从而获得积极的情感体验。

父亲能促进儿童性别角色的发展。发展性别角色意识是儿童在童年期的一项重要任务，儿童性别角色意识最早是在家庭中形成的。对于男孩来说，他们通过对父亲的模仿来学着做父亲，而如果童年期与父亲的交往过少，则容易形成女性化的倾向；对于女孩来说，她们则通过观察父亲来形成对男性角色的认同。

父亲的参与有利于儿童智力的发展。耶鲁大学一项长达12年的研究表明，由父亲带大的孩子更聪明，智商更高，更容易在学校的学业测评中取得好成绩。

（资料来源：马莉. 学前儿童家庭教育［M］. 长沙：湖南师范大学出版社，2002：184-185.）

## 章节测验

### 一、思考与练习

1. 结合当前家庭教育的状况，谈谈家庭教育指导的意义有哪些。
2. 学前家庭教育指导的原则有哪些？试着论述各个原则的含义和要求。

### 二、实践分析题

1. 自主选择两所幼儿园作为调查对象，分别调查两所幼儿园开展家庭教育指导工作的内容和途径，并对其优缺点进行分析。
2. 以“培养幼儿社交能力”为活动主题，要求本次活动达到如下效果：①家长认识到培养幼儿社交能力的重要性，积极参与到幼儿的社交能力培养中；②幼儿的社交能力得到提升，能够主动与他人进行交流；③家长和幼儿之间的亲子关系得到加强，家庭教育的效果得到提升。设计一个家庭教育指导方案。

# 第八章 幼儿园与家庭、社区合作共育

## 学习目标

1. 了解幼儿园与家庭、社区合作共育的意义。
2. 熟悉家园合作的原则，幼儿园与社区合作共育的特点。
3. 掌握幼儿园与家庭合作共育的内容和途径，并能应用到实践指导中。

## 知识导图

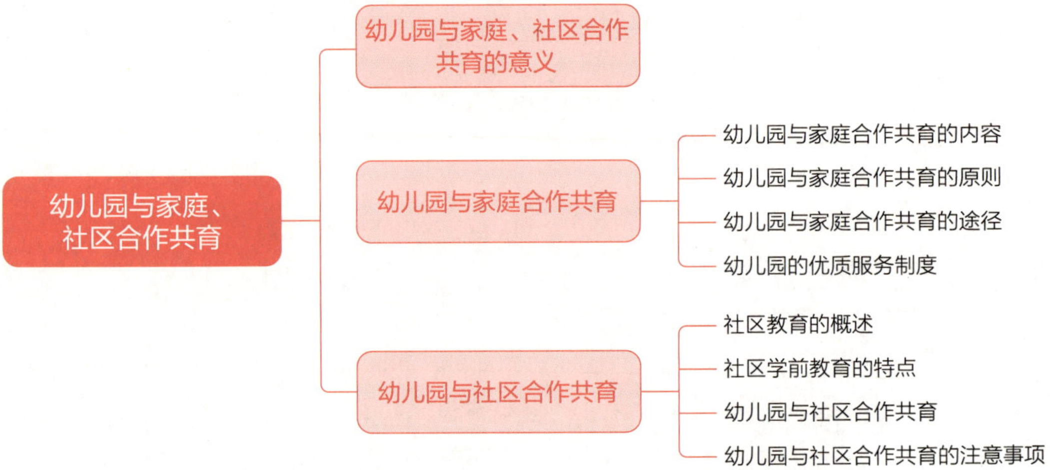


# 第一节 幼儿园与家庭、社区合作共育的意义

**案例导入**

一位家长抱怨道："我的孩子在幼儿园已经很长时间了，但我现在对孩子在幼儿园的情况很不了解。孩子每天在幼儿园8小时，晚上接回家和家长也就待上两小时。孩子回到家后基本上不说幼儿园的情况。问老师，老师也说'挺好的'。真不知道'挺好的'到底好到什么程度，我们家长应该为孩子做哪些准备?"言语间，这位家长充满了对孩子教育的焦虑，对了解孩子在园情况的渴望，以及对"挺好的"的困惑。

思考：

1. 此案例说明了哪些问题？你认为幼儿园与家庭合作共育的内容有哪些？
2. 如果你是老师，你会怎么做？

## 一、有利于贯彻实施学前教育法律法规

幼儿园与家庭、社区都是实施教育的主体，三者是相互合作的伙伴关系，共同担负着教育幼儿的重要任务。三者合作的核心是幼儿园与家庭、社区以及教师与家长的相互配合，共同促进幼儿的发展。20世纪90年代以来，我国政府接连颁布了一系列政策与法规，明确提出幼儿园与家庭、社区的共同合作，以实现教育影响的一致性和连续性。《幼儿园工作规程》(2016)规定："幼儿园应主动与幼儿家庭沟通合作，为家长提供科学育儿宣传指导，帮助家长创设良好的家庭教育环境，共同担负教育幼儿的任务。"

《幼儿园教育指导纲要（试行）》(2001)提出："家庭是幼儿园重要的合作伙伴。应本着尊重、平等、合作的原则，争取家长的理解、支持和主动参与，并积极支持、帮助家长提高教育能力"。《幼儿园教师专业标准（试行）》(2012)则指出"与家长进行有效沟通合作，共同促进幼

儿发展，协助幼儿园与社区建立合作互助的良好关系”。《幼儿园园长专业标准》（2015）则指出：“建立幼儿园对外合作与交流机制，开放办园，形成幼儿园与家庭、社会（社区）及园际的良性互动”，以及“加强幼儿园与社会（社区）的联系，利用文化、交通、消防等部门的社会教育资源，丰富幼儿园的教育活动”。幼儿园与家庭、社区的合作共育，有利于贯彻和实施以上的学前教育法律法规。

## 二、契合世界学前教育的发展潮流

当下幼儿园与家庭、社区间的合作共育，是世界学前教育的发展潮流，儿童家庭教育专家沙布尔·拉塞克和乔治·维迪努认为，“学校不可能垄断教育，因而必须把学校同家庭、孩子周围的人们以及大众传播媒介的影响协调起来”[①]。美国的“早期开端计划”，以及风靡世界的“意大利瑞吉欧学前教育体系”也都是幼儿园与家庭、社区合作共育的典范。

同时，当今发达国家都开始关注幼儿园对家庭、社区教育资源的开发和整合，例如，美国《0～8岁儿童适宜性发展教育方案》（1997年）和日本《幼儿园振兴计划（1991—2000年）》中都倡导儿童在家庭和社区整合资源的环境中进行学习，同时更加关注儿童的社会化学习方式。1999年，OMEP（世界学前教育组织）和ACEI（国际儿童教育协会）在《全球幼儿教育大纲》中明确指出儿童的发展是“家庭、教师、保育人员和社区共同的责任”，教师要和家长“就儿童的成长以及和儿童家庭有关的问题，经常进行讨论、交流”，教师“要和心理学工作者、社会工作者、健康卫生人员、工商人员、公共服务机构、学校、宗教组织、休闲娱乐机构及家庭联合会等建立合作关系”[②]。

## 三、有利于学前教育整体功能的发挥

在教育生态系统的理念下，教育行为易受其他生态因素的共同影响，正所谓“牵一发，动全身”，教育生态圈中的“家庭、学校和社区”必须走向协同合作和开放融合。管理学中“花盆效应”告诉我们：传统的封闭、半封闭的教育系统中，学校独大，社区教育和家庭教育常被隔离，最终导致学生学习和生活严重脱节，降低学习的应用性和实践性。建立幼儿园与社区的“合作共同体”的思想逐渐被达成共识，也必然成为学前教育的发展趋势。

《幼儿园教育指导纲要（试行）》提出：“幼儿园应与家庭、社区密切合作，与小学衔接，综合利用各种教育资源，共同为幼儿的发展创造良好的条件。”[③]所以，我们必须促进幼儿园与社区的深度合作，增强教育的生态化合力。“学前教育是一项极为复杂的系统工程，既不是幼儿园单方面能够完成的，也不是家庭或社区单方面能够胜任的，必定需要三方面的通力合作”[④]，才能谋求儿童发展的福祉，才能实现学前教育的整体功能。三者之间是一种共赢合作，合作也会带来机遇和受益。

---

① 陶秋月，张志慧．浅谈如何进行家园合作［J］．教师教育，2010：162-163．
② 李毅译．全球幼儿教育大纲［J］．幼儿教育，2001（4）：6．
③ 中华人民共和国教育部．幼儿园教育指导纲要（试行）［M］．北京：北京师范大学出版社，2001．
④ 李生兰．幼儿园与家庭、社区合作共育的研究［M］．上海：华东师范大学出版社，2013．

## 四、有利于幼儿身心和谐健康发展

在幼儿身心和谐健康发展中，家庭和幼儿园在目标和方向上具有一致性，并且都是对儿童发展影响最大的环境和场所。两个环境能否形成促进幼儿发展的一致影响，取决于两个环境之间的联系。《幼儿园教育指导纲要（试行）》提出："幼儿园应与家庭、社区密切合作，与小学衔接，综合利用各种教育资源，共同为幼儿的发展创造良好的条件。"①因此，在促进幼儿身心和谐健康发展上，幼儿园和家庭、社区需要密切配合，共赢合作，最终才能形成整体性的生态化合力。

## 五、有利于加强家、园、社沟通，保持良好合作

在促进幼儿身心和谐健康发展上，幼儿园与家庭社区的相互合作能够加强三者之间的沟通联系。通过建立定期的沟通机制，例如开展家长会、座谈会等形式，定期对幼儿的教育情况进行交流，发现问题及时解决。通过幼儿园、家长和社区相互信任、尊重和理解，共同为孩子的成长创造一个和谐的环境。同时建立起反馈机制，对于合作过程中出现的问题，应及时反馈并寻求解决方案，不断完善合作机制，维持良好的合作关系。

## 六、有利于家、园、社相互支持与优势互补

幼儿园应该发挥服务家庭的功能，只有了解和分析家庭教育的特点与问题，才能更有针对性地指导家长树立正确的教育观念，给予家长一定科学的育儿理论和实践的指导，不断更新其育儿理念。幼儿园应赋予家长更多亲子教育的理念和策略，如与孩子一起做亲子游戏、一起阅读等，指导家长创设良好宽松的教育环境，更加有效地实现家庭中良好的亲子互动，建立健康和谐的亲子关系。亲子关系是人生中形成的第一种人际关系，是家庭中最基本、最重要的一种固定关系，亲子教育最高的目标就是实现"共创共享"，体现在父母和子女相互促进、共同发展，它是子女的社会性、情感性、道德性的全面生成，是父母自我的成熟、教育理念更新的过程。②

对于幼儿园、家庭和社区的合作共育中如何综合利用各种资源，除了《幼儿园教育指导纲要（试行）》外，《幼儿园教师专业标准（试行）》也指出："与家长进行有效沟通合作，共同促进幼儿发展，协助幼儿园与社区建立合作互助的良好关系"，"幼儿园和社区应发挥各自的优势，进行人力资源、文化资源、物质资源、信息资源的优化与互补，实现教育在时空上的紧密衔接，在管理中汇聚更丰富的智慧与教育资源，有利于家长、社区了解教育、参与教育，实现资源的有效开发整合，弥补教师在知识、技能方面的不足"③，间接促进学习型社区的形成。例如，在消防演练活动中，当消防员的家长可以提供相关资源，同时教育资源的开发整合也具有地域性，比如农村地区的幼儿园可以更多地开发乡土资源。

① 中华人民共和国教育部．幼儿园教育指导纲要（试行）[M]．北京：北京师范大学出版社，2001.

② 邓丽群．论和谐亲子互动关系的构建[J]．四川理工学院学报（社会科学版），2008（5）：53.

③ 蔡东霞，韩妍容．幼儿园对社区教育资源的开发与利用[J]．学前教育研究，2008（11）：55-56.

# 第二节　幼儿园与家庭合作共育

**案例导入**

小班幼儿的家长会上年轻的父母齐聚一堂；到了大班，出席家长会的则大多是被“委以重任”的祖辈。对此，一些教师感慨道：“现在的家长越来越不重视家园共育了。”是什么原因使家长渐渐失去了参与幼儿园活动的热情呢？

一位家长抱怨参加幼儿园的家长会令人迷茫：“家长会像教师的工作计划交流会。教师把自己的教学计划读一遍，其中还有许多行话，比如角色意识、区角活动等，我们听不懂，所以不想参加。”

又一位家长向老师道出不想参加家长会的无奈原因：“每次家长会像是开批斗会，我家小孩很顽皮，老师讲着讲着就把她当反面典型提出来，让我很难堪、也很失望。”

还有位家长告诉老师：“开家长会就是老师的报告会，轮到我们家长提建议的时候，老师一般不认真听，我们还没有说完就宣布散会了。”

思考：请结合《幼儿园教育指导纲要（试行）》中关于“幼儿园与家庭合作”的原则，试分析上述案例的家园合作中教师是否遵循了相应原则。

《幼儿园教育指导纲要（试行）》指出：“家庭是幼儿园重要的合作伙伴，应本着尊重、平等、合作的原则，争取家长的理解、支持和主动参与，并积极支持、帮助家长提高教育能力。”我国著名的教育家陈鹤琴先生说过：“幼稚教育是一件很复杂的事情，不是幼稚园一方面可以单独胜任的，也不是家庭一方面能单独胜任的，必定要两方面共同合作方能得到充分的功效。”[①]苏联教育家苏霍姆林斯基也提出学校应是“家外之家”，家庭应是“校外之校”。因此，对于儿童来说，最理想的教育模式应该是“家园共育”。所谓“家园共育”，是指幼儿园与家庭共同完成孩子的教育，而不是家庭或幼儿园单方面进行教育工作。

## 一、幼儿园与家庭合作共育的内容

### （一）加强幼儿园与家长之间的沟通

幼儿园与家长之间的有效沟通常常被称作“家园沟通”，家园沟通是建立相互尊重、信任关系的基础，是做好幼儿园和家庭合作的重要前提和重要内容。幼儿教师通过与家长的联系，了解幼儿的家庭环境与家长的教养方式等，有针对性地进行教育，同时也能使教师及时获得反馈信息，不断改进工作；另一方面家长也可以及时了解幼儿在园情况，了解幼儿园的教育要求和教育内容等，与幼儿园相互配合对幼儿实施教育。[②]



① 朱燕，李霞．学前教育学［M］．长沙：湖南师范大学出版社，2015：244．
② 时松．幼儿园管理［M］．长春：东北师范大学出版社，2014：214．

### （二）幼儿园积极为家长提供优质服务

幼儿园与家庭双向合作的框架中包含了“积极为家长提供优质服务”。幼儿园的服务对象主要是家长和幼儿。随着市场竞争的日益激烈，幼儿园全方位的服务质量已经成为影响家长评价幼儿园工作的关键因素。幼儿园应该树立为家长服务的意识，以质量求生存，以服务求发展。①

幼儿园应主动了解家长的需要、面临的困难等，可以推出服务于家长的富有弹性的幼儿园制度，如早送和晚接制度、寒暑假轮休制度、设立家长意见箱等，主动考虑家长反馈的建议和意见，多站在家长角度换位思考，提高服务的针对性和有效性。

### （三）家长帮助幼儿园打开通向社会的资源

幼儿园和家庭合作是互利共赢的过程，如果幼儿园为家长提供了满意、优质的服务，进而会唤起家长对幼儿园的服务。家长可以利用自己的人际关系进行宣传，增加幼儿园的社会知名度，争取社会各方面对幼儿园工作的关心和支持；还可以凝聚社会力量，筹募人力、物力和财力，帮助幼儿园解决面临的问题与困难，充分整合“悠闲型家长资源”，利用不同家长的性别、职业等优势资源，积极参与幼儿园的教育和管理，如邀请家长参与课程设计与研发，做一些手工、整理材料、维持秩序等课程助教等工作，对幼儿园的经费走向进行监督等；同时，家长也是家长委员会的重要人员来源。

## 二、幼儿园与家庭合作共育的原则

幼儿园与家庭合作共育的原则是合作过程中双方必须遵循的基本要求，也是家园合作取得良好效果的前提和保证。其主要包括以下几个方面。

### （一）互相尊重，平等合作

幼儿教师和家长都是儿童的重要影响人。幼儿教师受过专业培训，掌握着新的教育理论和教育方法；而儿童家长作为孩子的监护人，对孩子的了解非常深刻，在家庭教育中也积累了许多宝贵的经验。幼儿教师与家长各有各的优势，因此双方在家园合作的过程中应本着互相尊重的原则，建立平等合作的关系，互相学习和借鉴，形成合作共育的良好局面。

### （二）及时互相沟通

家园合作时应经常互相沟通，这有利于幼儿教师和家长及时掌握儿童的最新情况，发现并鼓励儿童的新进步，分析并解决儿童身上存在的新问题。幼儿教师和家长可以通过诸如家长会、家长开放日、家园联系栏等多种方式进行交流和沟通。



### （三）注重沟通的针对性

每个儿童都有不同的生长环境、个性特点和发展情况，因此，家园合作中既要有面向全体家长的交流，也要有针对个别儿童家长的沟通。个别的沟通方式包括家访、电话联系、接送孩子时的交流等。

---

① 屈玉霞. 幼儿园经营与管理［M］. 北京：科学出版社，2011：172.

## 三、幼儿园与家庭合作共育的途径

### （一）日常型的合作途径

#### 1．入园、离园交流

入园、离园交流是最直接有效的家园合作方式。利用每日入园和离园时机，教师可以和家长进行短暂的沟通，及时交换彼此的教育信息，相互了解幼儿在家和在幼儿园的表现情况。入园、离园交流随机但不随意，除了日常交流，教师还可以对幼儿近期的个性化的行为表现与家长进行交流，有针对性地解答家长的困惑，家长还可以对教师的教学等提出自己的建议甚至质疑等。

教师如何与家长进行有效沟通

#### 2．家访

家访也称为家庭访问或家庭拜访，是教师对幼儿全面、深度了解的重要渠道，一般可分为入学家访和日常家访两种。家访有利于教师更好地了解儿童、家长，有利于教师设计出更符合儿童发展需要的活动的家庭环境，帮助家长为儿童提供更好的保教活动，增强儿童的自豪感、帮助儿童攻克入园难关，使家长和教师有效沟通，使教师与儿童和家长的友好关系得到强化。

教师要认真做好家访前的准备工作，准时到达儿童家里进行访问，全面落实家访后的强化工作：通过电话、微信等方式向家长解释家访的目的，协商家访的时间、地点，备齐家访时需要的物品（如儿童的照片、作品等）。

#### 3．信息化平台沟通

针对部分工作繁忙的家长，幼儿园可以采用信息化平台与家长进行日常性的沟通，如家校通、家园联系簿、宣传页、家园布告栏、宣传网站、园长信箱、家长手册、班级钉钉群等，同时还可以采用私人的方式进行沟通，如电话、微信、钉钉、QQ等。

### （二）学习型的合作途径

#### 1．家长学校

对家长进行教育指导的家长学校是“学习型合作”的新形态，主要功能在于帮助家长学习科学育儿知识，举办讲座、家教咨询和家长培训，提高家长教育子女的科学性、自觉性；幼儿园可以按照幼儿年龄将家长分班，或是根据家长类型分班，针对不同教育对象或教育者的特点分别进行培训①。例如，针对隔代教养家长、单亲家长、通勤家长划分不同的班级，进行有针对性的培训。家长学校的对象可以不限于在园幼儿的家长，而是扩大到社区范围内的学前儿童的家长。家长学校的活动要具有针对性和多样性，可以采用“线上和线下”的方式，利用网络课程的优势，最大化地保证学习效率。

#### 2．家长工作坊

“家长工作坊”就是针对固定议题，采用轻松、有趣的互动方式，经过小组讨论，相互提问、相互交流、相互凝聚共识的一种学习方式，是进行家长教育的一种方式。家长工作坊具有即时性，可以讨论解决当下家长最关注的教育问题；可以根据不同的话题组成小组，也可以根据各小组的兴趣来确定话题，如原生家庭对孩子成长的影响、怎样处理亲子关系等，家长在这里可以获得交流经验的机会。同时有利于了解不同儿童的差异性，还可以和孩子一起参与实践性的学习活动，如参加亲子活动，通过共同制作艺术作品，更深层次地了解儿童。



① 邢利娅．幼儿园管理［M］．北京：高等教育出版社，2010：218．

## （三）参与型的合作途径

### 1. 家长委员会

幼儿园家长委员会是在幼儿园指导下，由家长代表组成的代表全体家长和幼儿利益的常设性群众组织。家长委员会既是联系幼儿园与家庭的桥梁和纽带，也是家长直接参与幼儿园教育和管理的组织形式，更是家园共育的重要途径。2010年7月颁布的《国家中长期教育改革和发展规划纲要（2010—2020年）》明确要求“建立中小学家长委员会”。2012年3月，教育部下发了《关于建立中小学幼儿园家长委员会的指导意见》，将建立家长委员会上升到国家教育政策层面。《幼儿园工作规程（修订稿）》（2016）第54条提出：幼儿园应成立家长委员会，其主要任务有：对幼儿园工作计划和重要决策，特别是事关幼儿和家长切身利益的事项提出意见和建议；发挥家长的专业和资源优势，支持幼儿园保育教育工作；帮助家长了解幼儿园工作计划和要求，协助幼儿园开展家庭教育指导和交流。

家长委员会可以发挥家长的榜样示范作用，激发更多家长参与幼儿教育工作中。然而，国内的家长委员会存在着主体性缺失的困顿，它的参与权、监督权、决策权并未得到保证，究其原因主要有权利主体间的张力、民主制度的缺失、教育的专业性、家长委员会的自我遮蔽等。要改变这一现状，家长委员会必须由他主走向自主，创新模式改变利益主体，完善法规明确身份主体，规范运作凸显自我主体，加强引导，规范利益主体。

### 2. 家长会

家长会是面向学生、学生家长，以及教师的交流、互动、介绍性的会议或活动，一般由学校或教师发起，包括全园家长会和班级家长会。家长会是一种很受家长和教师欢迎的家园合作形式，它具有家园交流内容广、参与人员多，交流时间长等优势。园长一般会在家长会上介绍幼儿园的教育教学概况、幼儿园的办学理念及规章制度等，以便赢得家长的支持。以班级为单位的家长会主要由本班教师组织，在班级家长会上，家长与教师交换孩子的学习情况等信息，目的是通过共同努力，更好地促进孩子发展。家长会内容必须具有针对性，能够根据不同年龄阶段幼儿的需求提出合适的建议。例如，小班可以针对入园焦虑、大班可以针对幼小衔接等问题进行讨论。

如何有效召开家长会

### 3. 家长助教活动

家长助教活动也称作妈妈（爸爸）教师活动，顾名思义，就是邀请不同行业、不同职业、不同学科背景，以及乐意做志愿者的家长，来幼儿园协助教师做助教活动。家长资源是一笔宝贵的教育资源，不同学科背景下的家长在参与教学和管理活动时，也会产生“倍增效应”，能拓宽教师的视野。整合家长资源，可以提升家园合作的水平。家长可以承担课程任务，协助小组活动，准备材料，整理教室，做儿童发展记录，在特定时段督导小组儿童的活动。例如，让家长组织故事分享活动、艺术活动，分享关于自己职业（消防员、石油工人、警察等）有趣故事的活动。

### 4. 家长开放日活动

幼儿园家长开放日活动指的是幼儿园在每学期特定的一天（节假日或定期）向家长开放教育教学活动。开放日活动主要形式有以下几种。

（1）环境参观，这是一种比较浅层的开放形式，教师引导家长参观幼儿园环境等。

（2）观看演出（节日演出）或参加活动（亲子活动、庆典活动、幼儿成果展示），如庆“六一”等联欢活动、亲子游戏活动（做亲子游戏，做手工、绘画等）

家长开放日活动

等，其中亲子游戏活动是一种极具趣味性、深受家长欢迎的开放日活动。

（3）观摩集体教学活动，这种活动使家长以直观方式了解幼儿园教学和教师的工作情况。

（4）观摩幼儿生活常规活动或区角活动，如晨间区域活动、早操、早点、课间活动、集体教育活动、喝水、户外体育活动、午餐等各个环节，方便家长了解孩子在园的生活学习情况。家长开放日活动需要增加更丰富的活动形式，幼儿园可以根据不同时间段、不同年龄班家长的需求调整开放内容。例如：在幼儿入园前，允许家长参观访问幼儿园的环境设备及师资力量；在幼儿入园后，允许家长选择不同时段进行参观和听课。开放时间也可以灵活安排，可以根据家长的空余时间随时调整。因此，还需要制定和执行适用于家长的活动规则，同时，要注重对开放日活动的评价和反馈，可以发放家长反馈表，鼓励家长留下对幼儿园教学、管理、设施、师资的建议和意见。

## 四、幼儿园的优质服务制度

为了给幼儿和家长提供更加优质的服务，以下列举了幼儿园已经实施的具体做法。

### （一）开设优质服务项目

如果孩子病未痊愈，需要继续服药，家长可把药品和就诊卡带来，幼儿园的保健老师可按时完成喂药任务。

如果孩子患病不能吃鱼腥等食品，家长可与保健老师联系，营养员可提供色香味俱全的菜肴，让孩子品尝，保证让孩子吃饱吃好。

对肥胖和体弱儿童，幼儿园会与家长配合进行矫治，让孩子健康成长。

由于孩子年龄小，有时难免便溺在身，幼儿园会及时为孩子替换衣服，保证让孩子在园干干净净。

如果孩子在园突然生病，园方会及时带孩子去医院就诊，并及时与家长取得联系。如果有难事、要事，也可以直接与教学部联系。

### （二）开设家长信箱

每日随时接待家长，公布园长、分管园长、班主任的电话，随时听取家长意见。

### （三）幼儿园家委会、膳委会工作制度

每学年开始，由教师推荐，家长自愿建立组织；定期开会，审核学校各项工作。旨在促进家园合作，为幼儿健康成长创造良好环境。

### （四）家园联系制度

每天利用来园、离园时间加强与幼儿家长联系，争取家长配合；开设家园联系栏；召开家长会、开放日活动，发放幼儿成长档案，加强联系；幼儿生病缺席及时与家长联系。

### （五）家访制度

班主任根据幼儿实际情况，与家长联系，进行家访；选择家访形式（随访、电访、登门访问）；对连续三天不来园的幼儿进行电访或家访；每学期对每个孩子上门家访一次，并做好记录。

### （六）《幼儿成长档案手册》发放制度

每月发放，及时收回；教师记录幼儿活动表现并进行评估；认真阅读“家长的话”，开展针对性教育。

### （七）家长会制度

根据班级情况，每学期至少召开一次家长会；家长会由班主任组织并记录；班主任汇报家长班级计划并组织讨论；家长了解幼儿园工作任务，班主任了解幼儿在家情况，双方加强沟通。

### （八）向家长开放半日活动制度

各班每学期向家长至少开放一次半日活动；在幼儿园领导组织下，统一开展各类活动。

### （九）亲子活动制度

由幼儿园统一组织、安排，面向社区免费开展亲子活动；每学年至少开设2次；活动内容按年龄不同进行设计，备有奖品；由班主任事先准备活动内容，提供材料，做好宣传；写好活动分析记录。

## 第三节　幼儿园与社区合作共育

**案例导入**

在某城市的一个居民社区，幼儿园与社区紧密合作，共同为0～6岁儿童创造一个温馨、安全、富有教育意义的成长环境。这一合作模式不仅得到了家长和社区居民的积极响应，还为孩子们提供了更为丰富的学习资源和活动平台。

社区充分利用其内部资源，如公园、图书馆、文化活动中心等，为幼儿园提供了丰富的实践教育场所。例如，幼儿园定期带领孩子们到社区公园进行户外探索，观察植物生长、学习环境保护；在社区图书馆开展亲子阅读活动，培养孩子们的阅读习惯。幼儿园积极参与社区活动，为社区居民提供早教咨询、亲子活动等服务。

思考：分析上述案例体现了哪种幼儿园与社区合作共育的模式。

纵观教育发展史发现，教育最初是在家庭中进行的，家庭承担了教育孩子的主要职能。学校则是社会发展到一定阶段之后才出现的，幼儿社会教育机构的出现则更晚。但是随着社会的发展，家庭教育功能日渐削弱，正规的教育机构日益受到人们的重视和依赖。但是，人们普遍把知识、技能作为追求的目标，而忽视了儿童的社会教育，产生了幼儿园的“围墙式”教育，限制了儿童综合能力的提高和全面素质的发展。

因此，社区应该发挥重要作用，要充分利用和开发社区教育资源，把社区教育作为幼儿园的补充，为儿童创造一个良好的大教育环境，促进儿童的全面发展。

## 一、社区教育的概述

社区教育是指反映和满足社区发展需要，为实现社区全体成员素质和生活质量的提高及社区发展的一种社区性的教育活动过程，包括社区内为儿童或全体居民提供的文化教育设置和开展的教育活动等。①

社区教育突破了以往教育的时空局限，是教育社会化与社会教育化的统一。其一方面强调教育向社会开放，增强教育与社会的联系和协调，发挥教育的社会功能；另一方面强调社会要根据其成员的需求提供多种多样的教育并形成体系，从而创造学习化社会，实现全民教育和人的终身教育。

**【真题链接】**

（2010年下半年）以一个街道、一个乡或一个区为范围，将这个社区里的机关、企业、学校等组织起来，共同关心这个社区内的年轻一代的教育。这种教育是（　　）。

A．幼儿教育　　B．家庭教育　　C．社区教育　　D．学校教育

正确答案：C

## 二、社区学前教育的特点

社区学前教育是指在社区内根据婴幼儿的生理和心理发展特点，为婴幼儿设置的教育机构、设施和教育活动，它是多层次、多内容、多种类的社会教育。其对象不仅包括幼儿，还包括家长和社区全体成员。②目前，我国已形成幼儿园教育、家庭教育、社区教育一体化的新格局。社区学前教育的特点主要包括以下几点。

### 1．社区学前教育具有广泛性和普及性

社区学前教育不仅面向社区内每一个幼儿，而且面向每一个幼儿家庭乃至全体社区成员，为他们提供优生、优育、优教方面的服务指导，从而为儿童实现生命权、生存权、发展权提供保障。无论是来自贫困家庭的儿童，还是社区内暂住者的子女以及残障等有特殊需要的儿童，均可从社区学前教育中获益。

### 2．社区学前教育具有地域性

社区性或地域性是社区教育的基本特点。社区即街、镇，通常作为最基本的社会生活共同体，社区居民、邻里之间有着密切的联系。特别是随着社会的变革，人们由单位人转变为社会人，其日常生活与社区的联系增强了，社区的功能也随之增强。幼教工作及相应设施是社区生活的重要组成部分，关系到社区公众的切身利益并受到人们关注。切合当地居民实际需要，因地制宜地实施富有地域特色的各种保健、教育与服务，可以有效地促进儿童身心健康发展，并增强社区公众的认同感和凝聚力。

### 3．社区学前教育具有系统性和整合性

要为社区全体成员提供早期教育服务，就需要动员社区各方面的力量乃至全体成员广泛参与，将社区内教育、卫生保健、文化娱乐、社会服务福利保障等相关部门及工作有机联系起来，

① 桂景宣．学前教育概论［M］．北京：高等教育出版社，2007：197．

② 常瑞芳．幼儿家庭教育与指导［M］．2版．北京：高等教育出版社，2012：91．

有效地整合各种资源，开展适合本社区需要的多种形式的教育服务，推动家庭、机构和社区的合作。社区学前教育的发展前景是形成全方位开放的系统工程，为社区成员提供跨领域的综合管理和服务，其时限可以延伸至新婚期、孕期，内容可涉及医疗保健、婴幼儿保育、早期教育等。

## 三、幼儿园与社区合作共育

### （一）幼儿园与社区合作共育的意义

社区是社会大环境中与幼儿园关系最密切、对儿童影响最大的那一部分。幼儿园与社区合作共育是指幼儿园与其所处的社区、与儿童家庭所处的社区密切结合，共同为儿童的健康成长服务。

#### 1. 幼儿园是社区建设的支持者

幼儿园有完善的硬件设施和环境、专业的师资力量、有计划有组织的教育内容和活动等，因而幼儿园教育在社区教育中处于核心地位，能够带动社区学前教育资源的发展。另外，社区的精神文化发展也需要幼儿园的支持。首先，作为社区环境的两个组成部分，幼儿园教师和儿童的文明礼仪可以成为社区的典范，推动社区其他单位、群众的精神文明建设。其次，教师、儿童组织开展的各种宣传活动和讲座，可以活跃社区的文化氛围。由此可见，幼儿园走进社区、融入社区和服务社区，都是在为社区建设做贡献，社区需要与幼儿园合作。

#### 2. 社区对幼儿园具有教育性

随着社会经济、文化的发展，幼儿园已经不是儿童学习的唯一场所，教师也不再是儿童的信息的主要源泉。幼儿园必须在与社会的合作共育中去完成自身的教育任务，发挥教育在儿童成长中的导向作用。社区促进儿童的发展主要体现在以下几个方面。

（1）社区环境的教育性。社区的自然环境和人文环境对儿童的成长有特殊的意义。将幼儿园教育扩展到社区，不仅扩大了幼儿园教育的空间，还丰富和深化了教育内容。社区环境中有很多富有教育意义的景观，包括自然景观、名胜古迹、公园、图书馆等，这都是儿童游玩、参观、开阔视野、增进身心健康的好去处。

（2）社区资源的教育性。儿童教育事业的发展需要广泛动员社会各方面的力量。社区能为幼儿园提供教育所需要的人力、物力、财力、教育场所等多方面的支持。首先，社区内的商店、超市、银行、邮局、敬老院等是丰富儿童社会认知、帮助儿童积累社会经验、进行社会性教育的重要资源；其次，社区内各行各业的工作人员都具有一定的职业优势，可以为幼儿园教育活动提供人力和智力支持。总之，社区的参与将使幼儿园教育变得更生动、更富有时代气息。

（3）社区文化的教育性。社区文化无形地影响着幼儿园的教育，优秀的社区文化是幼儿园教育的宝贵资源。一般来说，精神文化建设较好的社区，幼儿园的园风相对较好，教育质量也比较高。

由此可见，幼儿园加强与社区的联系和合作共育，无论对幼儿园还是对社区来说都具有重要意义。

### （二）幼儿园与社区合作共育的方法

每一所幼儿园都坐落于一定的社区之中，所在社区的环境、生活氛围、设施等，都是宝贵的教育资源。因此，幼儿园要主动与社区合作，通过“走出去”和“请进来”，在将各种教育资源与幼儿园教育整合的同时为社区建设出一份力。

#### 1. 让儿童走到社区中去

（1）关心周围的人。利用社区资源培养儿童互相尊重、互相关爱等品质。例如，可以让儿童去拜访社区的保安、清洁工、邮递员等工作人员，儿童在参与中会体会到：正是有了社区中大家在不同工作岗位上的奉献，才有这么整洁、安全、美丽的社区。

（2）感受社区文化。教师可以带领儿童到社区内的图书馆、美术馆、科技馆、博物馆等文化机构去参观，使之扩大视野。例如，带儿童参观小区阅览室，观看图书管理人员是如何整理书刊、读者是怎样安静阅读的，使儿童萌发认真读书的想法。

（3）亲近自然。教师可以经常带儿童去社区里的花园、街心广场等地点散步、玩耍、游戏，让儿童亲近自然、亲近社会，感受不同于幼儿园内部的环境。教师还可以在此过程中教育儿童爱护环境、不乱扔垃圾，做一个文明的小公民。

（4）参加社会实践。首先，教师可以带领儿童参加一些劳动实践，培养儿童的劳动意识。其次，教师还可以带领儿童为社区做一些力所能及的事情，让儿童从中体验关心小区、为他人服务的快乐。

#### 2. 将社区资源“请进来”

幼儿园还可以采用“请进来”的形式，把社区里不同职业人士请来与儿童一起活动，参与幼儿园教育教学活动。例如，请消防员讲解遇到火灾时的自救方法；在季节交替时，请社区医生讲解如何预防疾病等。社区成员参与儿童教育，将扩展儿童的生活和学习范围，使儿童在真实的环境中得到情绪的感染，从而有效增强学习效果。

#### 3. 利用幼儿园自身优势为社区服务

幼儿园是社区的组成部分，社区的发展和幼儿园的进步是相互影响的。因此，幼儿园在利用社区资源发展自身的同时，还应该发挥自身的优势，以多种形式为社区提供服务，实现社区、幼儿园的共同发展。

幼儿园与社区合作的教育形式符合我国国情，我们应不断加强幼儿园与社区的沟通和合作，为儿童的发展提供最佳的社会环境。

### （三）幼儿园与社区合作共育的模式

一般来说，幼儿园与社区合作共育具有四种模式：“解决问题型”模式、“资源开发型”模式、“组织引领型”模式、“社会交往型”模式。

#### 1. “解决问题型”模式

“解决问题型”模式是两者的合作，是被动的、浅层次的合作，是基于问题为导向的，如果不发生问题，两者不产生任何交集。比如幼儿园室外广播扰民了，两者才会出现互动的交集。也就是说，幼儿园与社区的合作是建立在幼儿园或者社区之间出现突发问题后被动解决问题的基础上的。当前，国内幼儿园与社区合作的模式大多属于该类型。

#### 2. “资源开发型”模式

“资源开发型”模式是常规的教育资源开发，该模式包含以下几个方面的内容。

（1）物质资源方面的开发：社区可以给幼儿园提供社区教育活动实践基地，所辖单位的自然环境、动植物园、博物馆、图书馆、公园、文化站、信息中心等一切可以利用的资源，而幼儿园给社区提供校内活动基地，并开放体育场、图书馆、运动设施等资源。

（2）人力资源方面的开发：社区给幼儿园提供大量关心教育的群体，如社区“公仆”企业界人士、专家学者、离退休干部、学生家长等，通过家长委员会和家长学校等幼儿园给社区提供培训和教学师资，发挥向社区辐射教育的功能。

（3）文化资源方面的开发：幼儿园可以从社区获取社区文化、特色文化、乡土文化等资源，转变成教育资源；社区也可以从幼儿园的办学文化中汲取养分，从而反哺社区。

（4）资金资源方面的开发：通过合作，幼儿园可以借助人力资源，从社区争取资金支持。

### 3．“组织引领型”模式

“组织引领型”模式是比较高层次的沟通模式，它是在相对规范的组织引领下的主动合作模式。在合作中，幼儿园与社区之间的沟通和合作是以组织的目标、规范等来约束和推动的。这种相对规范的组织包括：社区委员会、社区大学、家长委员会、家长学校、教师-家长协会、幼儿园的公关小组等。例如，某幼儿园发生了突发事件，声誉受损，幼儿园的发言人召开新闻发布会，统一消息的来源，主动向媒体大众道歉，最终挽回了部分声誉等。

## （四）“社会交往型”模式

“社会交往型”模式，是以社交活动为依托的双向交往模式。社区和幼儿园是该交往模式的两个主体。幼儿园与社区合作还应遵循双向交往的原则。即幼儿园服务社区，社区参与幼儿园活动，两者产生互动。社区活动的主要目标包括加强学校与社区间的了解，利用学校的教育资源，为社区内的青少年提供培训等。[①]幼儿园教师是居民参与社区培训的重要师资。通过参观、访问、开放设施、课程开放、幼儿园志愿者活动等形式实现学校反哺、指导社区的功能：社区可以通过给幼儿园提供社区活动、保健活动、娱乐活动、实践活动等实践基地和服务设施，实现社区服务幼儿园的功能。幼儿园与社区的交往是两个主体之间的交往，二者通过合理的沟通，进而获取彼此的支持与合作。双方在交往时运用各种媒介也至关重要，如广告、电视、报纸、期刊、网络等，大众传媒有助于学校与社区进行有效的沟通与合作，不失为一种便捷良好的方式。[②]

# 四、幼儿园与社区合作共育的注意事项

幼儿园与社区合作共育过程中遇到了很多问题，主要有：较多流于形式，实质性的教育效果不大；打乱了幼儿园的生活常规，加重了教师和儿童的负担；将与社区结合的活动和幼儿园教育活动分离开来，不能有效地利用社区环境来深化幼儿园教育；等等。因此，我们在实施幼儿园与社区合作的过程中需要注意以下几个方面。

（1）在利用社区有利资源时，教师要注意情感渗透和各种能力培养的有机结合，还要加强与社区的联系，让社区人士、家长了解幼儿园的教育目的、具体教育内容和要求，实现真正意义上的合作。

（2）幼儿园与社区合作共育并不是要求幼儿园在本职工作之外去搞活动，参与社区活动也不是增加教师与儿童的负担。幼儿园要将与社区合作的活动纳入自己的教学内容中，只有让两者有机地结合起来，才能相得益彰。

（3）为了顺利开展与社区合作共育的活动，关键在于教师能否敏锐地发现社区教育资源的教育价值，并有效地加以利用。

## 章节测验

### 一、思考与练习

1. 论述幼儿园跟家庭、社区合作共育的意义。
2. 简述幼儿园与家庭合作的内容有哪些。
3. 论述幼儿园与家庭合作的途径。

---

① 黄葳，王晓燕．学校与社区关系及其改善策略［J］．教育科学，2006（5）：25.

② 孙璐．学校与社区合作伙伴关系的建构研究［D］．福州：福建师范大学，2011：20.

4. 论述幼儿园与社区合作的模式。

## 二、材料分析题

1. 星期一的早上，幼儿园刘老师埋怨地说："孩子在家过了一个双休日，再回到幼儿园后，许多良好的行为习惯都退步了，不认真吃饭，乱扔东西，活动时喜欢说话，真不知孩子在家时家长是怎么教育的。"站在一旁的王老师也颇有同感地说："是啊，如果家长能够按我们的要求去教育孩子，我们的工作就好做多了！"刘老师接着说："家长不按我们的要求去做倒也罢了，还经常给我们提这样那样的意见，好像我们当老师的还不如他们懂得多……"

   请运用幼儿园与家庭相互配合的有关理论，分析和评论材料中两位老师的教育观点，并具体谈谈家园合作对幼儿发展的重要意义与目前存在的误区。

2. 某幼儿园非常重视对幼儿的环保教育。园内有高大的银杏树、皂荚树，碧绿的爬山虎布满整幢教学楼，操场是孩子们参加劳动实践的基地。幼儿园聘请了园林局的伯伯为环境保护做园外辅导。伯伯经常给孩子们讲有关桃、李子、葡萄等植物的生长环境与特点。伯伯还带着孩子们做植物科学实验，将桃树和李子树嫁接在一起，并给这棵树取名为"桃李满天下"。看着这棵嫁接树，孩子们好像看到了在老师的辛勤培育下已走向各个工作岗位的人们，也更加理解了老师工作的辛苦。在孩子们的精心培育下，果树的生长状况良好，每到收获的季节孩子们品尝着自己亲手劳动的果实觉得格外甜美。3月份幼儿园还搞了"为大地添一份绿"的主题活动。孩子们在园内亲手栽种了伯伯捐给幼儿园的树种。在主题活动中，看着小树苗沐浴着春日的阳光，孩子们情不自禁地说："我和小树一起长大！"通过活动，孩子们懂得了保护环境与自己的生活息息相关，他们用自己真诚的心灵和稚嫩的双手给幼儿园献上了一份绿意，给社会送来了缕缕春风。

   请结合上述材料分析幼儿园与社区合作的方法。

# 第九章 我国新形势下的学前儿童家庭教育

### 学习目标

1. 了解我国新形势下学前儿童家庭教育面临的挑战。
2. 掌握我国新形势下学前儿童家庭教育中的问题。
3. 宏观把握我国学前儿童家庭教育未来发展的趋势。

## 知识导图

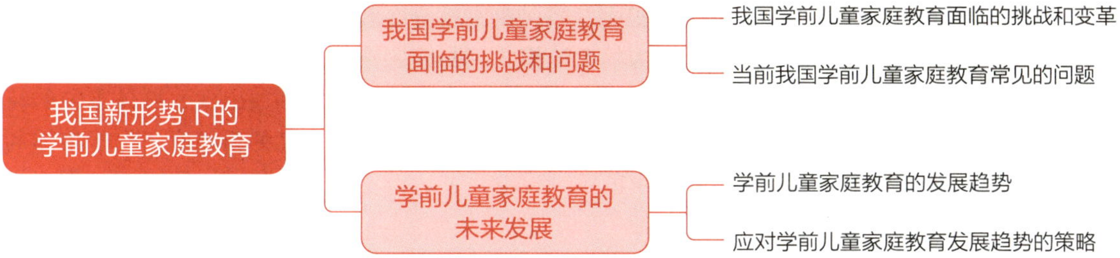


# 第一节　我国学前儿童家庭教育面临的挑战和问题

**案例导入**

佳佳今年5岁，虽然佳佳的家里经济条件比较紧张，但佳佳的爸爸妈妈还是给她报了4个兴趣班。佳佳的爸爸妈妈觉得现在别人家的孩子都在学这学那，自己的孩子不学将来会没有出息。于是每到周末，佳佳爸爸就背着电子琴，佳佳妈妈背着塞满舞蹈衣、舞蹈鞋的背包，“转战”于市区的东西南北中。一天下来，一家三口都很疲惫。但想到这一切都是为了佳佳以后能成才，心里也就舒坦了些。可是佳佳最近的兴趣没有以前高了，表示压力太大，不想学这么多的班，佳佳的爸爸妈妈不知道现在该怎么办。

思考：你怎么看待佳佳的爸爸妈妈给佳佳安排报班的事情？为什么很多父母会有这样的行为？

家庭是社会的细胞，是社会的缩影。家庭不是脱离现实社会而存在的，任何家庭总是处在一定的历史时代背景下，具有历史时代特征。家庭教育虽然是在家庭内部、在具有血缘关系或法律上认可的收养关系的家长和子女之间进行的，是一种私人教育，但是，家庭不是和社会生活相隔绝的，社会政治、经济、文化的变革，势必会通过种种渠道渗透到家庭生活中，作为家庭生活重要内容和家庭基本职能的家庭教育就会受到影响，也同样会具有鲜明的时代特征。

## 一、我国学前儿童家庭教育面临的挑战和变革

当前随着社会转型升级，知识信息更新速度的加快，人们对家庭教育的重要性的认识也在不断加深，家庭教育在大教育体系中的地位不断变化，特别是教育行政部门和相关社会团体也采取了相应措施，加大了对家庭教育的管理力度。同时，随着家长学校的成立和学校对家庭教育指导职能的发挥，家庭教育已成为一种规范的、科学的组织行为。因而长期以来形成的一些传统的家庭教育观念、目的、内容、方法等都在经历着一系列的变化[①]。



① 邹强．中国当代家庭教育变迁研究［D］．武汉：华中师范大学，2008：172–170.

### （一）家庭教育目的价值取向上个体本位特征突出

与我国传统家庭教育的群体本位倾向相比，当代家庭教育在教育目的的价值取向上表现出个体本位的特征。在古代，由于我国家国同构的政治模式和封建宗法制度的存在，家庭教育在目的上具有明显的家族主义倾向，个人的存在与教育更多是从家庭、家族的利益出发，群体本位的特征明显。新中国成立后，尽管废除了封建宗法家庭制度，建立了社会主义的新家庭，出于集体利益和政治需要，家庭教育在目的上更多考虑的是国家的需要，改革开放前的这一段时期，家庭教育在目的上仍然具有明显的社会本位倾向。

改革开放后，社会转型对人的发展提出了新的要求，而市场经济体制的建立在价值观念上对个人利益与价值的尊重，使家庭教育在目的取向上发生了较大的变化，既兼顾国家集体利益与需要，同时兼顾个人利益与发展需要，个体本位特征越来越突出。家庭教育在"为国教子"的前提下，日益注重子女的发展与幸福。在促进子女发展方面，日益注重"成人"与"成才"教育，致力于将子女培养成为一个具有健全人格的、具有独立个性的、有益于社会的合格公民。

当然，家庭教育的个人本位倾向的突出，并不意味着家庭教育不注重社会发展的需要。其实，个人发展与社会发展是密不可分的，两者互为因果，共存共荣。

### （二）家庭教育内容日益表现为知识与能力并重

与传统家庭教育的伦理型特征相比，当代家庭教育表现出知识型与能力型并重的特征。在古代，受政治伦理化的影响，整个社会都披上血缘亲情的面纱。家庭作为古代社会的基本单位，其教育内容自然就是封建伦理道德规范，其培养目标是培养封建社会所需要的顺民。在古代，即便出现一些文化知识教育，也都是从属于伦理道德教育，服务于封建伦理秩序的需要，伦理道德教育是古代家庭教育的主要内容。新中国成立后到改革开放前的一段时间，出于为社会政治服务的目的，家庭教育在内容上具有明显的政治化倾向，劳动教育、集体主义教育和阶级教育等具有意识形态特征的教育成为家庭教育的主要内容。

改革开放后，随着中西文化交流的加强，西方的文化观念和科学精神逐渐浸润到中国，从而改变了国人对知识价值的认识，而"科学技术是第一生产力"的战略决策，使知识的价值日益凸显，所有这一切，突破了传统家庭教育的藩篱，使家庭教育的内容注入了知识的时代内涵，智育逐渐摆脱作为道德载体的功能并形成相对独立的形态，成为家长教育子女的重要内容。家长对智育的重视，使这一时期的家庭教育在内容上具有知识型倾向。但随着知识教育"工具性"特征的无限扩展，人的价值性出现缺失，人的片面发展越来越难以适应社会发展的需要。培养具有健全人格的、全面发展的人是时代发展的必然趋势。当教育改革逐渐围绕这一目标展开时，家庭教育也及时进行调整，表现在家庭教育内容上的变化是，家庭教育内容日益丰富，除了加强孩子的德育、智育、体育等教育外，生存教育、挫折教育、金钱教育等具有时代特色的内容也成为家庭教育中的重要内容，从而使家庭教育表现出知识型与能力素质型并重的特征。

### （三）家庭教育方法向科学化转向

在家庭教育原则方法上，当代家庭教育逐渐从"经验型"向"科学化"方向发展。纵观我国古代家庭教育家训和家教故事，可以发现，家教的内容基本上是长辈们修身、学习、为政、处世、立志、理财等诸方面的个人经验总结。家庭教育注重的是长辈人生经验的传授与教诲。即便到改革开放前期，家庭教育中的经验主义色彩依然浓厚。

改革开放以来，随着西方教育理论（包括幼儿教育和家庭教育）的引进，那些建立在对儿童心理和儿童教育规律深刻把握基础上的家教原则，有力地推动了我国家庭教育原则由经验型向科学型的转变。当前随着互联网时代的到来，最新脑科学知识的发现和传播，使越来越多的年轻父母不再依赖传统经验进行育儿，随着各类育婴机构和育婴讲座的推广，科学化的育儿理念和育儿方法得到了广泛应用。

### （四）家庭亲子关系日趋民主化

随着时代的发展，在儿童观上，当代家庭教育逐渐从传统“等级依附型”儿童观向“民主互动型”儿童观转变。在我国古代，由于“三纲五常”在社会道德价值体系和伦理秩序中的核心地位，“父为子纲”成为父母与子女关系的基本准则，亲子关系具有明显的等级性与依附性。随着新中国的成立，传统的封建宗法制度和家长制土崩瓦解，亲子关系也发生了根本性的改变。一种符合时代精神的民主、平等的儿童观开始在家庭教育中占据主导地位。尊重儿童的独立性、自主性，建立一种民主、平等、互动的亲子关系已经成为改革开放以来亲子观、儿童观的基本价值取向。

### （五）家庭教育形式更加开放

当代家庭教育逐渐由封闭型向开放型转变。在古代社会，自给自足的自然经济占据统治地位，“家自为政”的现象十分突出。在家庭教育中，家长、族长主要通过家庭日常生活和行为习惯的培养来对幼辈进行教育，从而使传统家庭教育具有明显的封闭性。新中国成立后，家庭教育在目标上尽管体现出社会取向，但养育形式发生了变化，一些新的家庭教育形式相继出现，如大量家长学校的成立、家校合作的日益加强，形成了家庭教育的广泛的社会支持系统；同时广大家长也主动探寻家庭教育的有效形式，如聘请家庭教师，送子女参加各种培训班，乃至出国交流等。多样化的家庭教育形式，充分体现出当代家庭教育的开放型特征。

“学习型家庭”的解读

### （六）家庭教育向制度化、法制化发展

在家庭教育制度上，当代家庭教育逐渐表现出制度化、法制化的特征。在中国古代家庭教育主要是家庭教育内部的“私事”，传统家庭教育不仅教育制度发育不完善，更缺乏使其法制化的深厚土壤和根基。新中国成立后，家庭教育逐渐纳入政府国家的事业之中，为了保证家庭教育职能的有效实现，国家和政府相继从婚姻家庭、儿童权益保护、教育等方面出台了一系列制度、政策和法规，有力地推动了家庭教育制度的建立与发展。

## 二、当前我国学前儿童家庭教育常见的问题

近年来，随着人们生活水平的提高和早期教育理念的普及，很多家长普遍接受了“不能让孩子输在起跑线上”等竞争思想的影响，导致在家庭教育中出现很多误区。

### （一）重视物质的满足，忽视幼儿身心健康

“望子成龙”是天下父母共同的愿望。尤其是独生子女家庭，家长普遍有“输不起”的心理，期望自己的孩子可以出人头地，于是竭尽所能为孩子创造优越的物质环境。再加上父母大多经历过物资匮乏的年代，所以格外关注孩子的身体发育和物质享受。许多父母补偿心理严重，希望通过孩子将自己年少未得到的和未完成的愿望完成，因此非常重视对孩子的投资。有不少父母不惜自己节衣缩食，给孩子设计了“吃的讲营养、穿的讲漂亮、玩的讲高档、用的讲排场”的“理想生活方式”。而在孩子的心理发展方面关注不够，培养不足，这样的结果是不少孩子在吃饱穿暖、长高变胖的同时，养成了骄横任性、唯我独尊的不良习气。对孩子的学前教育应该是身心和

谐全面发展的教育，儿童心理的畸形发展将会造成儿童发展的不对称性和不均衡性，影响到孩子的健康。

### （二）重视知识的教育，忽视孩子做人的教育

学校教育、社会教育和家庭教育各有职能，教会孩子做人是家庭教育的主要职能。但是，近年来家庭教育的职能发生了“异化”，其主要表现就是“家庭教育学校化”。一些学校急功近利，为了片面追求升学率，不断削弱家庭教育功能，并强化学校教育的“权威性”，从而将家庭纳入了学校升学的轨道。更有甚者，有些家长进一步“加码”，把课堂延伸到家庭，额外布置作业、聘请家庭教师、让孩子参加特长班和提高班等。即使在幼儿园阶段的孩子，也被迫开始参加各种读写算的训练，随着国家对“幼儿园小学化”倾向的打击力度，很多家长担心孩子的“幼小衔接”跟不上，责怪幼儿园不学知识，宁愿周末把孩子送到各类“幼小衔接班”，足见家长对于孩子“学习”的重视。

### （三）重视金钱的投入，忽视情感的陪伴

当代父母因为舍得给孩子花钱，导致各类兴趣班、特长班赚得盆满钵满。据统计，城市幼儿园中，有近2/3的孩子参加了各种培训班，有相当多的孩子同时参加了多个培训班。特别是近年来儿童学乐器、美术、舞蹈等，被作为早期教育的重要措施畸形地发展起来，很多孩子从一出生就背上了沉重的包袱，孩子的自由游戏时间被缩短或占用，幼儿的户外活动时间也相应减少。父母由于经济负担过重，疲于工作，进而忽视了对孩子的情感陪伴。这种畸形教育使儿童过早地背上学习的十字架，失去了快乐的童年，给儿童的成长带来极大的危害。

**拓展阅读**

**错误的家庭教育方式**

一、放任自流

一些父母采用放任自流的家庭教育方式，对孩子几乎是不管不问。有些是因为父母本身就不负责任，觉得孩子是一种负担，所以也不想花费时间教育。而另一些是因为父母两人都要工作，忙于生计，无暇顾及孩子的教育，所以就把孩子交给爷爷奶奶或者是其他亲戚或保姆。这样的家庭早期教育，最明显的后果就是孩子和父母关系疏离，亲情淡薄。并且会因为缺乏父母的关爱而变得自卑，孩子长大以后，会将对父母的不满转移到社会上，从而对社会生活充满怨恨。

二、望子成龙

“望子成龙”本是人之天性，但是太过于执着，就会陷进家庭教育的误区。这类父母会在孩子出生时甚至未出生之前就为他们规划好蓝图，比如要学习多国语言，要成为数学神童等。但是这种填鸭式的教育要么让孩子变得抑郁，要么让孩子变得呆滞，不但缺乏想象力，还会失去生活的独立自理能力。所以，孩子长大以后，也会容易被社会所排挤淘汰。

三、过分溺爱

在独生子女或者是隔代教育中，最大的问题就是过分溺爱。这样的家庭早期教育最常见的后果就是孩子因娇惯而形成唯我独尊的性格，一般也都比较自私，不会与人分享，在团体中也不受欢迎。

四、暴力粗野

传统的家庭早期教育推崇棍棒之下出孝子，虽然目前这种情况有所减少，但是不乏极端的父母仍会对孩子进行非常严厉的管教，甚至动用体罚。在这样的教育下，孩子会变得非常没有安全感，畏惧大人。甚至因为内心的愤恨不平，而走向反抗的极端。

所以，针对以上家庭早期教育的误区，家长应修正教育方式。做到有奖有罚，有慈有严，多通过自己的行为来给孩子树立一个良好的榜样。这样的家庭早期教育才会简单、有效。

# 第二节　学前儿童家庭教育的未来发展

案例导入

“超级奶爸”训练营活动

一个小生命的降临一定是每个家庭最幸福的时刻，同时也会增加越来越多忙碌的时刻，小宝贝的衣食住行都需要大人亲力亲为来照顾。为了打破以往只有宝妈照顾宝宝，爸爸一旁“吃瓜”的刻板印象，呼吁更多的爸爸参与到宝宝的点滴成长中，从而带动全家更多关注婴儿的日常护理，提升家庭的幸福指数，湖南省儿童医院自2014年起每年举办“超级奶爸”公益训练营活动，并选择8月8日为“奶爸节”，正是取“爸爸”的谐音。

该活动理论授课包括怎样处理宝宝的常见症状、新生儿喂养、0～12月早期训练计划等。在实践操作课上，奶爸们围上橙色的围裙，由经验丰富的新生儿科护士带领，利用仿真宝宝及其他道具学习如何给新生儿洗澡、穿衣、抚触以及喂奶、配奶等一系列“高难度”动作。

思考：你怎么看待爸爸加入育儿行列这件事情，以及湖南省儿童医院的举措？

随着科学技术的迅猛发展，人才竞争的不断加剧，各行各业的发展都将发生重大变革。家庭教育作为教育的重要组成部分，是学校教育与社会教育的基础，又是学校教育的补充和延伸，家庭教育的发展也将随之发生变革。基于对学前儿童家庭教育生态系统的全面考量，未来学前儿童家庭教育发展可能呈现新的发展趋势，必须采取新的举措。

## 一、学前儿童家庭教育的发展趋势

### （一）家庭教育成为政府行为的格局更加明朗化

长期以来，家庭教育被视为群众性的自发行为，或是学校教育的附属品，家庭教育的研究及家庭教育知识的普及在一些人眼里只是“小儿科”。改革开放后，家庭教育事业有了很大的发展，家庭教育的社会地位得到了逐渐提高。为了发扬中华民族重视家庭教育的优良传统，引导全社会注重家庭、家教、家风，增进家庭幸福与社会和谐，培养德智体美劳全面发展的社会主义建设者和接班人，2021年10月23日第十三届全国人民代表大会常务委员会通过了《中华人民共和国家庭教育促进法》，强调国家和社会要为家庭教育提供指导、支持和服务；国家工作人员应当带头树立良好家风，履行家庭教育责任。由此说明，家庭教育已明确主要由教育行政部门管理，成为政府行为，已经是社会主义教育体系中不可或缺的组成部分。

在新世纪里，由于教育在推动社会进步中的凸显地位，家庭教育由个人行为转变为政府行为的格局将会更加明朗化，国家将会采取更加有力的措施统筹管理家庭教育，如出台相应的家庭教育法律法规，把家庭教育作为考核教育行政部门的重要内容，设立权威性的家庭教育管理和指导机构，并提供专项家庭教育事业发展经费等。

### （二）家庭教育指导需求呈多元化发展趋势

随着社会交往和交流的逐渐扩大化，信息流通日渐发达，文化的更新转型也日益加快。人们的观念不断更新，对于事物的追求也不再完全统一化和标准化，而以更为开放的姿态来接受和包容世事。在家庭教育方面，家长对于学前儿童发展的期望也不再局限于单一的某一方面，而是能提出更加切合学前儿童发展实际的目标和要求。儿童兴趣、需要和潜能不同，其发展的需求也不同，那么与之相对应，家长所需要的家庭教育指导也会随之呈现出多元化的发展趋势。

### （三）社区教育对家庭教育的影响将逐渐扩大

社区不仅是人们生活、居住的共同体，同时也是实现现代化的基础。在我国现代化建设进程中，社区建设的力度将逐渐加大，以“社区为主，政府协调，社会参与，共建文明，共育新人”为核心的社区教育模式，将对家庭教育产生重大影响。家庭将通过社会获取更为优质的教育资源，获取社区教育指导，通过社区这一平台认识更多的家长群体，交流家庭教育经验，提升家庭教育质量。总之，社区教育对家庭教育的影响将逐渐扩大化。

### （四）素质教育将成为家庭教育的主旋律

随着社会对人才素质要求的变革，以及学校教育中全面推行素质教育力度的加大，素质教育将成为家庭教育的主旋律。在今后的家庭教育实践中，父母不再单一强调儿童智力的发展和学业成绩的进步，而会从德智体美等方面考量儿童全面、和谐的发展状况，重视儿童心理的健康发展和良好个性品质的养成，将儿童的审美观念、生活自理能力、行为习惯的培养等视为培养内容。



### （五）“学习型家庭”将成为时代发展的必然产物

终身教育思潮与全民教育思潮的产生与影响的扩大化，使得“学习型家庭”将成为时代发展的必然产物。“学习型家庭”是指家庭成员具有较强的学习意识、学习习惯，营造良好的家庭学习氛围，形成终身学习的理念，家庭成员之间互相学习、共同成长，促进家庭持续、动态地发展。“学习型家庭”将有利于提高家庭教育质量，促进家庭成员在思想道德、知识能力和个人素养等方面的进步和提高，这是时代发展的必然产物。

### （六）互联网将成为提高家庭教育质量的重要手段

科学技术的不断发展，数字化时代的来临，使得互联网将作为一种重要的教育资源和手段走进家庭教育。目前我国的互联网市场庞大、网民数量众多，互联网已走进大众家庭。互联网对家庭的影响是多方面的，仅就获取家庭教育信息而言，它将为家长带来极大便利。互联网的开放性、互动性、专业性等特点，使家长能通过更为便捷的方式获取教育信息和教育资源，也可根据自身的现实需求，筛选和收集网络教育信息，进而解决遇到的困难和问题，从而帮助家长更为科学地实施家庭教育。例如，通过网络共享资源，家长能够快速、便捷地获取关于学前儿童发展过程中遇到的难题，进而寻求解决问题的方式、方法；通过网上互动，家长可以与教育专家深入探讨疑难问题，可与遇到同样问题的家长进行交流，共同探讨解决策略。互联网能够帮助家长丰富家庭教育的内容和方式，能为家长提供更为快速、便捷的指导，从而成为提高家庭教育质量的重要手段。

拓展阅读

科学育儿，不偏信自媒体

当下，各种育儿理念层出不穷，育儿类公众号、视频节目不断涌现，如何在海量信息中去伪存真、去粗取精，着实让年轻父母头疼。经过调查发现，遇到育儿困惑时，91.0%的受访家长会搜索育儿类自媒体，但60.5%的受访家长认为自媒体中无用信息过多。

营造科学育儿的信息环境，需要各方携手，去伪存真，提质升级。从行业来看，一些育儿类自媒体缺少培训或教育资质，自创的理论五花八门、漏洞百出；从业人员整体素质参差不齐，专业育儿知识匮乏。对此，监管部门必须提高行业准入门槛，加大监管力度。从社会层面来看，教育并不仅仅是家庭内部事务，也需要更多专业力量介入，因此应鼓励社区、医院等开展保育知识与技能培训，广泛传播科学育儿观念。

## 二、应对学前儿童家庭教育发展趋势的策略

促进家庭教育持久、稳定地发展，需要全社会的共同努力。作为与家庭有着密切联系的教育行政部门、学校，在促进家庭教育发展过程中负有重大职责，需要注意做好以下几项工作。

### （一）规范家庭教育领导体制

教育行政部门应义不容辞地承担起支持与促进家庭教育发展的工作，在各级政府的统筹领导下，形成由教育部门牵头，妇联、共青团、关工委等部门参与的家庭教育领导体制。在过去的家庭教育领导体制中，妇联对家庭教育事业的发展做出了巨大的贡献，然而，由于妇联的局限性，其工作过程中的权威性和实效性还有待提高。随着家庭教育工作重要性的凸显及其发展的客观需求，社会各界开始呼吁由教育行政部门牵头的领导体制为家庭教育的规范化保驾护航。

### （二）做好家庭教育发展规划

“十年树木，百年树人”，由教育工作周期的长期性可知，发展家庭教育是一项庞大而系统的工程。在这样的客观形势下，各级教育行政部门应结合当地的现实情况，参照国家有关家庭教育的发展规划，如国务院制定的《中国儿童发展纲要（2021—2030年）》等文件，制定当地教育发展规划。

### （三）促成家庭教育观念的转变

家庭教育观念会对家庭教育行为产生直接影响，诚然，先进的家庭教育观念对提高和优化家庭教育质量能起到积极的促进作用，反之，将会对家庭教育效果产生消极影响。因此，学校和教师应做好家长教育工作，办好“家长学校”，促进家长教育观念朝着日益科学化的方向发展，进而促进教育的一致性和提高教育的实效性。

### （四）提高教师的指导水平

新的时代背景对教师指导家庭教育的能力提出了更高的要求。教师要满足这一要求，顺利完成这项艰巨又长期的任务，必须秉持终身学习的理念，做好家庭调研工作，不断参加继续教育，通过自学、自我反思等方式不断提高和充实自己。根据教师工作需要，在培养师资的过程中，师范院校应普遍开设“家庭教育学”及“家庭教育指导”等相关课程。教师入职之后，学校应加强与家庭教育及家长合作相关方面的专业培训，以专题讲座、培训班的形式使广大教师掌握家庭教育方面的基本知识、基本技能，增强教师做好家庭教育指导的本领。

### （五）加强生态式家庭教育体系的建立

从社会生态系统理论视角来看，家庭、幼教机构、社区三者都对学前儿童的发展产生重要的影响作用，完整的教育应是这三者的有机结合。因此，应充分利用三者各自蕴含的教育资源，使各项资源实现优化配置，使三者相互促进、相互支撑，从不同方面促进学前儿童的全面发展。生态式家庭教育体系建立得越完善，家庭教育的质量就越高，效果就越好。

## 章节测验

一、思考与练习

1. 请结合自身经验，谈谈当前我国学前儿童家庭教育面临的问题还有哪些？
2. 你如何看待当前学前儿童家庭面临的挑战？
3. 你如何看待学前儿童家庭教育的未来发展趋势？结合自己学过的理论和经验，说说你的应对措施。

二、实践分析题

随着我国社会的快速发展和教育理念的更新，学前儿童家庭教育面临着新的挑战和机遇。请结合当前的社会背景和教育理念，选择一个具体的学前儿童家庭教育案例，描述该家庭的教育环境、教育方法和教育成果。然后，根据新形势下的教育理念，分析该家庭教育中可能存在的问题和改进空间。